2014—2015年
中国工业和信息化发展
系列蓝皮书

# 2014-2015年中国电子信息产业发展蓝皮书

The Blue Book on the Development of Information
Technology Industry in China（2014-2015）

中国电子信息产业发展研究院　编著

主　编／罗　文
副主编／安　晖

人民出版社

责任编辑：邵永忠

封面设计：佳艺堂

责任校对：吕　飞

**图书在版编目（CIP）数据**

2014～2015年中国电子信息产业发展蓝皮书 / 罗文 主编；

中国电子信息产业发展研究院 编著 . —北京：人民出版社，2015.7

ISBN 978-7-01-014998-1

Ⅰ . ① 2… Ⅱ . ①罗… ②中… Ⅲ . ①电子信息产业－产业发展－白皮书－

中国－ 2014 ～ 2015 Ⅳ . ① F49

中国版本图书馆 CIP 数据核字（2015）第 141331 号

2014-2015年中国电子信息产业发展蓝皮书

2014-2015NIAN ZHONGGUO DIANZI XINXI CHANYE FAZHAN LANPISHU

中国电子信息产业发展研究院　编著

罗　文　主编

**人 民 出 版 社** 出版发行

（100706　北京市东城区隆福寺街 99 号）

北京艺辉印刷有限公司印刷　新华书店经销

2015 年 7 月第 1 版　2015 年 7 月北京第 1 次印刷

开本：710 毫米 ×1000 毫米　1/16　印张：20.5

字数：345 千字

ISBN 978-7-01-014998-1　定价：98.00 元

邮购地址　100706　北京市东城区隆福寺街 99 号

人民东方图书销售中心　电话（010）65250042　65289539

# 代　序

## 大力实施中国制造2025　加快向制造强国迈进
### ——写在《中国工业和信息化发展系列蓝皮书》出版之际

制造业是国民经济的主体，是立国之本、兴国之器、强国之基。打造具有国际竞争力的制造业，是我国提升综合国力、保障国家安全、建设世界强国的必由之路。新中国成立特别是改革开放以来，我国制造业发展取得了长足进步，总体规模位居世界前列，自主创新能力显著增强，结构调整取得积极进展，综合实力和国际地位大幅提升，行业发展已站到新的历史起点上。但也要看到，我国制造业与世界先进水平相比还存在明显差距，提质增效升级的任务紧迫而艰巨。

当前，全球新一轮科技革命和产业变革酝酿新突破，世界制造业发展出现新动向，我国经济发展进入新常态，制造业发展的内在动力、比较优势和外部环境都在发生深刻变化，制造业已经到了由大变强的紧要关口。今后一段时期，必须抓住和用好难得的历史机遇，主动适应经济发展新常态，加快推进制造强国建设，为实现中华民族伟大复兴的中国梦提供坚实基础和强大动力。

2015年3月，国务院审议通过了《中国制造2025》。这是党中央、国务院着眼国际国内形势变化，立足我国制造业发展实际，做出的一项重大战略部署，其核心是加快推进制造业转型升级、提质增效，实现从制造大国向制造强国转变。我们要认真学习领会，切实抓好贯彻实施工作，在推动制造强国建设的历史进程中做出应有贡献。

**一是实施创新驱动，提高国家制造业创新能力。**把增强创新能力摆在制造强国建设的核心位置，提高关键环节和重点领域的创新能力，走创新驱动发展道路。加强关键核心技术研发，着力攻克一批对产业竞争力整体提升具有全局性影响、带动性强的关键共性技术。提高创新设计能力，在重点领域开展创新设计示范，推广以绿色、智能、协同为特征的先进设计技术。推进科技成果产业化，不断健全以技术交易市场为核心的技术转移和产业化服务体系，完善科技成果转化协同推进机制。完善国家制造业创新体系，加快建立以创新中心为核心载体、以公共服务平台和工程数据中心为重要支撑的制造业创新网络。

**二是发展智能制造，推进数字化网络化智能化。**把智能制造作为制造强国建设的主攻方向，深化信息网络技术应用，推动制造业生产方式、发展模式的深刻变革，走智能融合的发展道路。制定智能制造发展战略，进一步明确推进智能制造的目标、任务和重点。发展智能制造装备和产品，研发高档数控机床等智能制造装备和生产线，突破新型传感器等智能核心装置。推进制造过程智能化，建设重点领域智能工厂、数字化车间，实现智能管控。推动互联网在制造业领域的深化应用，加快工业互联网建设，发展基于互联网的新型制造模式，开展物联网技术研发和应用示范。

**三是实施强基工程，夯实制造业基础能力。**把强化基础作为制造强国建设的关键环节，着力解决一批重大关键技术和产品缺失问题，推动工业基础迈上新台阶。统筹推进"四基"发展，完善重点行业"四基"发展方向和实施路线图，制定工业强基专项规划和"四基"发展指导目录。加强"四基"创新能力建设，建立国家工业基础数据库，引导产业投资基金和创业投资基金投向"四基"领域重点项目。推动整机企业和"四基"企业协同发展，重点在数控机床、轨道交通装备、发电设备等领域，引导整机企业和"四基"企业、高校、科研院所产需对接，形成以市场促产业的新模式。

**四是坚持以质取胜，推动质量品牌全面升级。**把质量作为制造强国建设的生命线，全面夯实产品质量基础，提升企业品牌价值和"中国制造"整体形象，走以质取胜的发展道路。实施工业产品质量提升行动计划，支持企业以加强可靠性设计、试验及验证技术开发与应用，提升产品质量。推进制造业品牌建设，引导企业增强以质量和信誉为核心的品牌意识，树立品牌消费理念，提升品牌附加值和软实力，加大中国品牌宣传推广力度，树立中国制造品牌良好形象。

**五是推行绿色制造，促进制造业低碳循环发展。**把可持续发展作为制造强国建设的重要着力点，全面推行绿色发展、循环发展、低碳发展，走生态文明的发展道路。加快制造业绿色改造升级，全面推进钢铁、有色、化工等传统制造业绿色化改造，促进新材料、新能源、高端装备、生物产业绿色低碳发展。推进资源高效循环利用，提高绿色低碳能源使用比率，全面推行循环生产方式，提高大宗工业固体废弃物等的综合利用率。构建绿色制造体系，支持企业开发绿色产品，大力发展绿色工厂、绿色园区，积极打造绿色供应链，努力构建高效、清洁、低碳、循环的绿色制造体系。

**六是着力结构调整，调整存量做优增量并举。**把结构调整作为制造强国建设的突出重点，走提质增效的发展道路。推动优势和战略产业快速发展，重点发展新一代信息技术产业、高档数控机床和机器人、航空航天装备、海洋工程装备及高技术船舶、先进轨道交通装备、节能与新能源汽车、电力装备、新材料、生物医药及高性能医疗器械、农业机械装备等产业。促进大中小企业协调发展，支持企业间战略合作，培育一批竞争力强的企业集团，建设一批高水平中小企业集群。优化制造业发展布局，引导产业集聚发展，促进产业有序转移，调整优化重大生产力布局。积极发展服务型制造和生产性服务业，推动制造企业商业模式创新和业态创新。

**七是扩大对外开放，提高制造业国际化发展水平。**把提升开放发展水平作为制造强国建设的重要任务，积极参与和推动国际产业分工与合作，走开放发展的道路。提高利用外资和合作水平，进一步放开一般制造业，引导外资投向高端制造领域。提升跨国经营能力，支持优势企业通过全球资源利用、业务流程再造、产业链整合、资本市场运作等方式，加快提升国际竞争力。加快企业"走出去"，积极参与和推动国际产业合作与产业分工，落实丝绸之路经济带和21世纪海上丝绸之路等重大战略，鼓励高端装备、先进技术、优势产能向境外转移。

建设制造强国是一个光荣的历史使命，也是一项艰巨的战略任务，必须动员全社会力量、整合各方面资源，齐心协力，砥砺前行。同时，也要坚持有所为、有所不为，从国情出发，分步实施、重点突破、务求实效，让中国制造"十年磨一剑"，十年上一个新台阶！

工业和信息化部部长　苗圩

2015 年 6 月

# 前　言

2014 年，"新常态"成为我国经济发展的历史性转折点，经济增长开始从高速转向中高速发展阶段，国内外环境更加错综复杂，经济发展也面临更多的困难和挑战。作为国民经济基础性、先导性、战略性、支柱性的电子信息产业虽然也面临增速下滑态势，但其基本面仍然较好。2014 年，我国电子信息产业销售收入达到 14 万亿元，同比增长 13%；其中，电子信息制造业实现主营业务收入 10.3 万亿元，同比增长 9.8%；2014 年，我国规模以上电子信息制造业增加值增长 12.2%，高于同期工业平均水平 3.9 个百分点；收入和利润总额分别增长 9.8% 和 20.9%，高于同期工业平均水平 2.8 和 17.6 个百分点。因此，我国电子信息产业发展虽然也进入"新常态"发展阶段，但其对经济发展的支撑作用日益凸显，电子信息产业已然成为新常态下促进我国经济可持续发展的主力军，同时其经济增长的"倍增器"、发展方式的"转换器"、产业升级的"助推器"的价值更显重要。

## 一

当前，我国电子信息产业发展的内外部环境正在发生深刻变革，产业发展进入由大变强的重要战略节点。同时也面临着一些实质性制约和障碍，产业发展已进入攻坚克难的关键阶段。概括而言，在相当一段时期内，产业将主要面临以下形势。

第一，电子信息产业仍是全球竞争的战略重点。电子信息产业具有集聚创新资源与要素的特征，仍是当前全球创新最活跃、带动性最强、渗透性最广的领域。新一代信息技术正在步入加速成长期，带动产业格局深刻变革。金融危机以来，不仅美国、日本、欧盟等主要发达国家和地区纷纷将发展电子信息产业提升到国家战略高度，抢占未来技术和产业竞争制高点，巴西、俄罗斯、印度等国也在着力发展电子信息产业，竞争在全球范围内更加激烈。

第二，"互联网＋"成为推动产业变革的新机遇。随着互联网加速从生活工具向生产要素转变，互联网与其他产业的结合更加紧密、以互联网为基础的新兴业态密集涌现，互联网在经济社会发展中的地位不断提升。在通信领域，互联网＋通信有了即时通信；在交通领域，通过把移动互联网和传统的交通出行相结合，改善了人们出行的方式，增加了车辆的使用率；在金融领域，互联网金融的普惠金融特性在让更多企业和用户受益的同时也倒逼传统金融机构改革创新；在零售、电子商务等领域，互联网＋思维促使传统零售业升级换代，并成为撬动信息消费的新引擎。在"互联网＋"对第三产业全面渗透的同时，也正在形成对第一和第二产业的变革。工业互联网正在从消费品工业向装备制造和能源、新材料等工业领域渗透，全面推动传统工业生产方式的转变。农业互联网也在从电子商务等网络销售环节向生产领域渗透，为农业带来新的机遇，提供广阔发展空间。未来，"互联网＋"模式将成为竞争新常态，也为电子信息产业的跨界融合和跃升式发展带来了难得的机遇。

第三，智能制造成为产业转型升级的重要抓手。智能制造被普遍认为是信息化和工业化融合的突破口，是推动我国制造业转型升级并最终实现由大变强目标的催化剂。目前，多国政府均将此列入国家发展计划，大力推动实施。我国也在积极布局，在今年"两会"期间李克强总理在政府工作报告当中提出实施"中国制造2025"后，智能制造成为"中国制造2025"实现的有效路径和重要支撑。工业和信息化部（以下简称工信部）也相继发布《关于开展2015年智能制造试点示范专项行动的通知》以及《2015年智能制造试点示范专项行动实施方案》，正式启动智能制造试点。未来，移动互联网、大数据、云计算、物联网等新一代信息技术将全面渗透进企业生产的全过程，产品质量和生产效率明显提升，个性化定制成为可能，物耗和能耗显著降低。智能制造将成为推动企业转型升级、产业发展提质增效的重要抓手。

第四，产业发展环境机遇与挑战并存。目前，我国在电子信息领域的关键技术不断取得突破。集成电路领域的28纳米工艺制程实现量产；国内首款智能电视SoC芯片研发成功并量产；自主可控国产软件系统已基本具备国产化替代能力；企业创新意识和能力不断提升；国际标准制定的话语权不断增强。同时国家信息化建设全面深化，城镇化进程持续加速，居民收入增长、内需扩张、消费结构升级和市场机制完善等，都为产业发展提供了源源不断的动力。但与此同时，产业发展也面临诸多制约因素。如推动经济高速增长的投资拉动模式将难以为继，低成本优势逐步消失，资源环境的承载能力已接近上限，"两头在外"现象依然比较突出，而且围绕着电子信息产业的国家间竞争明显加剧，贸易摩擦持续增加，这些因素将长期存在并对产业发展产生更深层次的影响。

## 二

目前，电子信息产业新技术、新业态、新模式不断涌现，新兴领域加速成长，融合渗透不断增强，一批企业迅速成长，但基础研发能力较弱，核心装备长期处于跟随状态，信息安全形势严峻等一些困扰产业发展的突出矛盾和问题依然存在，产业发展进入攻坚克难阶段。为此，我们我们应当密切结合产业面临形势、深入把握产业发展规律，着力推进以下几项工作。

第一，进一步优化优势产业集群和区域新增长极。通过贯彻落实京津冀和长江经济带发展战略，继续发挥东部地区的辐射带动作用，进一步增强长三角、环渤海等优势地区的集聚效应。支持中西部地区和东北等老工业基地立足自身优势，积极吸引国外投资，因地制宜地承接产业转移，提高在产业分工体系和价值链中的地位。形成东、中、西部优势互补、良性互动、特色突出、协调发展的产业格局，培育一批具有较强辐射带动作用的新型工业化产业示范基地，加快推动中西部地区形成新增长极。

第二，以"互联网＋"思维推动传统行业的转型升级。目前，互联网企业的跨界进入使传统制造企业转型升级的压力倍增，同时互联网思维也为传统制造业企业变革提供了新思路。为此，应以"互联网＋"为契机引导传统行业从业者转变思维方式，借助互联网思维进行创新。在互联网与传统行业结合的过程中，充分发挥互联网思维对产业的引领和改造作用，使互联网平台具有更高的透明度和参与度、更低的成本和更有利的便捷性。同时引导和支持企业提高学习、创新能力。提高传统行业对互联网的认识水平，积极培养引进符合性人才，将企业业务与互联网的结合，从技术和产品层面，扩展到商业模式、服务方式层面，加速实现依托互联网的全方位创新。

第三，多措并举实现智能制造进程快速推进。一是推进关键业务环节的智能化应用。如在设计研发环节广泛运用计算机仿真系统和智能化设计软件，并通过即时通信技术及时了解客户的最新需求；在制造环节，充分应用新一代信息通信技术和物联网技术，实现机器间的互联互通，并通过模块化设置实现产品的个性化定制；在经营管理和市场营销环节，充分运用大数据、云计算以及相关智能化管理软件，及时捕获最新、最全的市场信息，提升企业管理的智能化水平。二是针对不同行业制定智能制造推进的行动方案。对于流程型行业，通过发展机器人、全自动生产线等技术实现生产控制的智能化；对于离散型行业，通过运用高级排产系统和智能化的供应链管理系统，实现生产管理、供应链管理的智能化。对于高能耗、高污染行业，通过建立智能化的能源管理中心，实现绿色智能制造。

第四，全面优化和完善电子信息产业的投融资体系。投融资支持对电子信息产业健康发展、转型升级具有举足轻重的作用。为此，应打造与电子信息产业发展特点、发展需求相适应的投融资体系。引导、鼓励金融机构加强金融产品创新，不断推出有针对性的金融服务方案。打通资本市场，鼓励企业使用股权吸引资本进入，大力推进资本市场市场化进程，充分发挥主板、中小板、新三板与场外交易市场的作用，扩充电子信息企业融资渠道。创新政府财政资金支持方式，构建长效支持机制，兼顾企业资金需求和财政资金投入效果，实现企业受益与国有资产的保值增值的统一。

第五，推动建设合作共赢的产业生态体系。引导企业树立生态圈、产业链竞争的新思维，鼓励和支持企业围绕系统平台建设、应用软件开发、数字内容集成、硬件更新换代的互动发展，形成良性发展机制。进一步支持开放的产业生态体系的建设，推动产业链上下游企业形成竞合发展模式。鼓励制造业企业与电信运营商、软件和信息服务企业建立开放公共服务平台，将用户资源和创新资源有效结合、互惠互利。加快制定新兴领域发展的统一服务标准和规范，实现不同产品间互联互通，规范信息服务市场并保证用户信息安全。

## 三

基于上述思考，赛迪智库研究编撰了《2014—2015年中国电子信息产业发展蓝皮书》。本书从推动产业转型升级的角度出发，系统剖析了我国电子信息制造业发展的特点与问题，并根据当年产业发展情况，对产业运行、行业特征、重点区域、特色园区和企业近况进行了全面阐述与展望。全书分为综合篇、行业篇、区域篇、园区篇、企业篇和展望篇共6个部分。

综合篇，从2014年我国电子信息制造业基本发展情况、整体发展特点、产业政策环境等角度展开分析，并总结论述了2014年我国电子信息制造业的热点事件。

行业篇，选取计算机、通信设备、家用视听设备、平板显示、太阳能光伏、LED、电子材料、元器件及仪器设备等重点行业进行专题分析，对各重点行业及细分领域在2014年的发展情况进行回顾，并总结了2014年各行业的发展特点。

区域篇，根据我国电子信息制造业发展态势，选取长三角、珠三角、环渤海、福厦沿海、中西部等国内重点发展区域和新兴增长区域，对各区域的整体发展情况、产业发展特点、主要行业发展情况和重点省市发展情况展开分析。

园区篇，结合已有的国家级电子信息制造业园区和电子信息类新型工业化产业示范基地，在全国范围选取了中关村国家自主创新示范区、深圳市高新技术产业园区、苏州工业园区等15个重点电子信息制造业园区，对园区发展历程、发展特点、发展情况及发展趋势进行分析。

企业篇，依托于行业篇，在每个行业选取4到5家经营规模、技术水平、核心竞争力居于前列或富有特色的企业展开研究，主要分析企业在2014年的总体发展情况和重大战略举措。

展望篇，结合我国电子信息制造业发展面临的国际国内形势及发展现状与趋势，对我国电子信息制造业2015年运行情况做了展望，并同时展望了行业篇与区域篇选取的重点行业与重点区域的2015年发展走向。

目前，我国电子信息制造业已经进入攻坚克难、转型升级的关键阶段。面对全球产业分工和竞争格局剧烈变革带来的机遇和挑战，我们既要肯定过往实践中取得的发展成果和经验，更要正视积累形成的结构性矛盾和深层次问题，坚持贯彻落实科学发展观，开创产业发展的新局面、新气象！

工业和信息化部电子信息司司长

# 目 录

# 行 业 篇

# 区 域 篇

# 企 业 篇

## 展望篇

# 综 合 篇

# 第一章　2014年中国电子信息制造业基本发展情况

2014年以来，我国电子信息制造业与中国宏观形势走向一致，产业增速出现下滑，结束了近20%—30%的高速增长。突如其来的出口负增长态势，埋下了产业发展的严峻基调。但同时应看到，集成电路政策效应的显现，以及智能硬件和跨界转型的加速，将为产业注入新鲜活力。我国电子信息制造业由大变强的历史任务面临严峻挑战，但也呈现新的契机。

## 第一节　整体规模增速进入稳定的低速增长区间

自2014年一季度起，我国信息产业增速陡然下滑，直至二季度企稳回升，三季度之后保持稳定增长。从增速区间来看，全年共有6个月增速为个位数，再

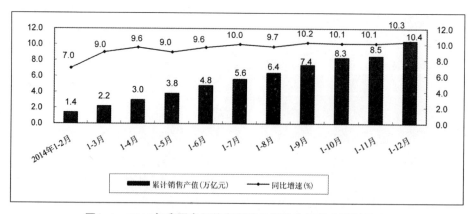

图1-1　2014年我国电子信息制造业销售产值月度增长情况

数据来源：赛迪智库整理，2015年1月。

2

创 2009 年以来产业增速新低。其余 6 个月产业增速处于 10%—10.5%，低速增长常态化，表明我国电子信息制造业彻底告别高速增长期，进入稳定的低速增长区间。计算机、彩电等成熟市场产品增速不断下滑，手机产品增速开始下降，产业缺乏量大面广的增长极。

## 第二节　进出口负增长态势贯穿全年

受国内外宏观经济的深刻影响，出现了自金融危机后的首次出口负增长。2014 年，我国电子信息产品进出口额增长由正转负，但增速不断回暖。2014 全年我国电子信息产品进出口额达到 13237 亿美元，较 2013 年同期下降 0.5%。其中，电子信息产品出口达 7897 亿美元，较 2013 年同期增长 1.2%，电子信息产品进口达 5304 亿美元，较 2013 年同期降低 2.8%。其中，电子器件出口额降幅较大，同比下降 19.0%。内资企业进出口均呈下降态势，主要在于民营企业降幅明显，出口额和进口额分别同比下降 6.1% 和 12.2%。

### 一、进出口总体情况

2014 年 1—12 月，与全国外贸进出口增速相比，电子信息领域外贸增速低了 3.9 个百分点。其中，出口占全国外贸出口比重为 33.5%；进口占全国外贸进口比重为 27.1%。从主要产品进出口来看，手机、笔记本电脑、集成电路、液晶显示板和手持式无线电话用零件位居电子信息产品出口金额前五位。其中，除手机保持 21.3% 的增长外，其余主要产品出口下降明显；进口额排前五位的依次为集成电路、液晶显示板、手持式无线电话用零件、硬盘驱动器和印刷电路，进口额增速均呈下降态势。

### 二、行业结构

出口方面，2014 年 1—12 月，电子器件出口额降幅较大，同比下降 17.9%，其余类别均呈增长态势。计算机行业出口额达 2267 亿美元，较 2013 年同期增长 1.0%；通信设备行业出口额达 1976 亿美元，增速为 11.5%；家用电子电器出口额为 1064 亿美元，同比增长 3.5%；电子元件行业出口 785 亿美元，同比增长 9.2%。

进口方面，通信设备、电子器件、家用电子电器、电子元件进口额呈不同程度下降态势，其余类别保持增长。其中，通信设备行业进口额为 460 亿美元，同比降幅为 5.6%；电子器件行业进口额为 2930 亿美元，同比下降 5.6%。其中，计算机（610 亿美元，1.8%）、电子元件（517 亿美元，-0.6%）、电子仪器设备（487 亿美元，12.3%）、家用电子电器（208 亿美元，-8.6%）、电子材料（81 亿美元，5.8%）、广播电视设备（46 亿美元，3.4%）。

## 三、贸易方式结构

2014 年 1—11 月，一般贸易出口额和进口额同比增速分别为 17.6% 和 13.3%，分别高于平均水平 17.6 个和 17.2 个百分点，其中，一般贸易出口额占比达 22.6%，高出上年 3.4 个百分点；加工贸易出口额和进口额均呈下降态势，分别较上年下降 0.2% 和 0.4%。

## 四、经济类型结构

内资企业进出口均呈下降态势，主要原因是民营企业降幅明显，出口额和进口额分别同比下降 6.1% 和 12.2%；国有企业和集体企业则保持了 6.5% 和 20.2% 的出口增长态势。三资企业进出口小幅下降，其中，中外合作企业降幅明显，出口额下降 24.7%，进口额下降 15.2%。

## 五、地区结构

2014 年 1—11 月，我国对香港地区出口持续大幅下降，降幅达 15.13%；对美国、日本、韩国、荷兰欧洲出口延续增长态势。进口五大来源地分别是中国台湾地区、韩国、日本、马来西亚和美国，除向韩国进口保持 0.3% 的小幅增长外，其他来源地的进口则呈不同幅度的下降态势。

# 第三节　细分行业领军者与追赶者角色正发生变化

通信设备制造业在过去两年内是产业增长的主要领军者，但是从 2013 年三季度开始，由于智能手机市场正逐渐饱和，行业增速持续下滑。2014 年全年增速降至 16.6%，同比下降 6.6 个百分点。家用视听行业和计算机行业出现缓慢增长，分别增长 4.2% 和 2.9%，但计算机行业占全行业比重仍继续下滑。集成电路产业在政策推进下不断追赶前进，前三个季度中国集成电路产业销售额达 2125.9 亿元，同比增长 17.2%，成为产业未来 3—5 年的最重要增长力量。

## 一、通信设备产业

通信设备行业增速稳居主要行业之首。2014 年，通信设备行业销售产值同比增长 16.6%，高出全行业平均水平 6.3 个百分点。其中，出口交货值增长 16.9%，高于 1—11 月 0.6 个百分点，高于全行业平均水平 10.9 个百分点；内销产值增长 16.4%，高于 1—11 月 0.7 个百分点，高出全行业平均水平 1.5 个百分点。通信设备行业销售产值占全行业比重为 19.5%，高于 2013 年同期 1.3 个百分点。

2014 年国内市场智能手机出货量达到 4.3 亿部，同比增长 19.9%，出货量规模继续上扬。1—11 月，我国手机类产品出口额高达 994 亿美元，同比增长 15.9%。我国智能手机产量占据全球比例超过 80%，国产厂商全球市场出货量占有率达到 38.6%，接近三星和苹果之和。从企业排名看，全球出货量排名前十中，我国厂商占据六个席位，分别为联想、华为、小米、酷派、中兴和 TCL，国产品牌全球竞争力和影响力显著提升。

## 二、计算机行业

计算机行业占全行业比重不断下滑。2014 年，计算机行业实现销售产值 22729 亿元，同比增长 2.9%，增速与 1—11 月持平，低于行业平均水平 7.4 个百分点，低于 2013 年同期 2.6 个百分点。计算机行业占全行业比重为 21.9%，比 1—11 月下降 0.1 个百分点，比 2013 年同期下降 2 个百分点；对全行业增长的贡献率 6.6%，比 1—11 月下降 0.1 个百分点，比 2013 年同期下降 5.8 个百分点。实现出口交货值 17373 亿元，同比增长 1.0%，高于 1—11 月 0.6 个百分点。

2014 年前三季度，全球前 5 大 PC 厂商中，联想出货量为 1570 万台，占全球市场份额的 19.8%，排名第一，进一步扩大其在全球 PC 出货量方面的优势。目前，我国计算机产品的出货量占全球总出货量的 90.6%，成为全球最大的 PC 市场。截至 2014 年上半年，在中国 x86 服务器市场中，国产厂商所占市场份额高达 61%，超过国外厂商。在塔式服务器方面，联想排名第一，在机架服务器和刀片服务器方面，华为排名第二。浪潮出货量为 8.09 万台，增长率高达 288%，已经成为中国第一、全球第五的服务器厂商。伴随着联想完成对 IBM x86 服务器的收购，联想已成为全球 x86 服务器第三大厂商。

## 三、家用视听行业

家用视听行业内销持续小幅回暖。2014年，家用视听行业实现销售产值7647亿元，同比增长4.2%，比1—11月下降0.3个百分点。其中，实现内销产值4113亿元，同比增长2.4%，高于1—11月0.4个百分点。出口交货值实现3534亿元，同比增长6.5%，比1—11月下降0.9个百分点。

2014年，全行业共生产彩色电视机14129万台，同比增长10.9%，其中，液晶电视机13866万台，同比增长13.3%。从月度看，除年初受节日因素影响增幅较小外，液晶电视全年基本保持两位数的增幅。

## 四、集成电路产业

2014年前三季度，全行业实现销售额2125.9亿元，同比增长17.2%，高于全球同期增长水平7.2个百分点，产业规模进一步扩大。其中，设计业继续保持快速增长态势，销售额为746.5亿元，同比增长30%；制造业销售额486.1亿元，同比增长7.9%；封装测试业销售额893.3亿元，同比增长13.2%。芯片设计业占全行业比重达35.1%，较2013年提高了3.4个百分点，设计环节快速增长为我国下游芯片制造和封测环节带来更多订单，有效降低这两个环节对外依存度过高带来的产业发展风险。我国集成电路产业结构逐步优化。预计2014年集成电路产业销售额达到3000亿元，同比增长11.4%。

## 五、平板显示行业

2014年前三季度，液晶面板进出口同步出现下滑，贸易逆差也随之下滑至为88.8亿美元，同比减少14.4%。随着国产面板产能的提升，2015年贸易逆差有望进一步缩减。从龙头企业发展情况来看，天马在中小尺寸领域按面积计算出货量规模达到全球第四。在华星光电面板的支持下，TCL彩电销量跻身全球前三，其中32英寸出货量位居全球第一。按出货金额计算京东方已经进入全球前五，通过调整北京8.5代线产品结构，目前已经占据平板电脑面板出货量全球第一的位置。

技术水平稳步提高。以TFT-LCD为主的平板显示产业已经进入成熟阶段，新技术产业化以及新产品量产化成为产业发展的重要驱动力，国内新一代显示技术布局加快，厦门5.5代低温多晶硅生产线、鄂尔多斯5.5代AMOLED生产线相继投产；氧化物半导体（Oxide）、四道光罩工艺等新技术逐步导入生产线；自主研发的电子设计自动化（EDA）软件被骨干企业大量采用；大尺寸、超高分辨率的 55 英寸 4K×2K 液晶电视面板实现量产；电视用 55 英寸以上有源有机发光二极管（AMOLED）面板样品研制成功。在新兴显示技产品方面，继 3D、4K 之后，显示技术高附加值化竞争的新竞争核心已经明确为扩大 TFT-LCD 的色彩表现范围。采用量子点的光学材料置于背光与液晶面板之间，使得 TFT-LCD 的色域达到或超过 OLED 水平。而夏普与高通子公司合作开发的微机电快门（MEMS）型显示器也达到了同样水平。为应对技术的不断加速发展，我国平板显示企业新技术量产进程也在明显加快。

## 六、光伏行业

2014 年，我国多晶硅开工企业约 18 家，产能为 15.6 万吨，产量约为 13.2 万吨，同比增幅近 57%，占全球多晶硅产量的 43%；我国硅片产量达到 38GW，同比增长 28%，约占全球硅片总产量的 76%；电池片产量达到 33GW，同比增长 32%，占全球总产量的 59%；光伏组件产量达到 35GW，同比增长 27.2%，占全球总产量的 70%。

从市场规模看，2014 年我国新增光伏并网装机容量达到 10.6GW，继续位居全球首位，累计光伏装机并网量达到 26.52GW，其中分布式光伏发电不超过 5GW，我国光伏市场仍以大型地面电站为主。

## 七、LED行业

2014 年前三季度国内 LED 向好态势继续延续，多家骨干芯片厂商达到满产，MOCVD 开工率达到 90%；销售收入和利税同步增长。骨干企业满负荷生产，如三安光电 LED 芯片产品供不应求，上半年三安光电营业收入为 21.77 亿元，同比增长 30%；净利为 6.66 亿元，同比增长 43.87%；华灿光电 8 月发布公告，公司上半年实现净利润 4414.5 万元，同比增长 239.25%，并且预计下半年营业收入会继续保持快速增长。鸿利光电上半年实现营业收入 42588.23 万元，比上年同期增长 33.72%；利润总额为 3768.41 万元，比上年同期增长 33.05%。2014 年 10 月，已经有国产设备进入芯片生产线应用。多种光、电、色、热性能检测仪器、专用设备等已经用于 LED 的生产，运行稳定。

## 第四节 产业固定资产投资增速缓慢回升

### 一、产业投资增速稳步回升

2014 年 1—12 月，电子信息产业 500 万元以上项目完成固定资产投资额 12065 亿元，同比增长 11.4%，增速比 2013 年同期低 1.5 个百分点，比同期工业投资低 1.5 个百分点。新开工项目达 8028 个，同比增长 1%，虽然改变了 2014 年以来多月负增长的局面，但增速比 2013 年同期下降 4 个百分点。其中，广播电视、电子元件行业新开工项目继续下滑，降幅分别为 22.9% 和 3.4%;通信设备、电子器件新开工项目增长由负转正，分别增长 0.2% 和 2.8% ; 计算机、电子专用设备、信息机电行业新开工项目分别增长 0.2%、6.2% 和 5.6%。

### 二、主要行业投资增速不一

2014 年 1—12 月，通信设备行业投资回升明显，完成投资 1085 亿元，同比增长 21%，增速低于 2013 年同期 16.1 个百分点，但比上半年回升 14.7 个百分点，成为全行业投资增速最快的领域。电子计算机行业投资逐步回落，完成投资 859 亿元，同比增长 4.3%，增速比上半年回落 6.9 个百分点。

### 三、集成电路投资连续回落

电子器件行业投资由年初超过 30% 的快速增长连续回落，全年完成投资 2825 亿元，同比增长 14.4%，增速高于全行业 3 个百分点，但比上半年回落 10.8 个百分点；其中集成电路领域完成投资 644.5 亿元，增长 11.4%；光电子器件完成投资 1972 亿元，增长 18.9%;半导体分立器件完成投资 106.5 亿元,同比下降 6%。

### 四、家用视听等领域投资转为正增长

电子元件行业投资稳中有降，全年完成投资 2441 亿元，同比增长 9%，增速低于 2013 年同期 9.5 个百分点。家用视听、信息材料及光伏相关行业的投资相继由负转正后，增速不同程度回升，全年分别增长 8.3%、3.9% 和 10.8%。

## 第五节　龙头企业效益回升引领全行业效益提升

2014 年，我国规模以上电子信息制造业实现利润总额 5052 亿元，同比增长 20.9%。产业平均销售利润率 4.9%，低于工业平均水平 1 个百分点，但比上年提高 0.4 个百分点；每百元主营业务收入中平均成本为 88.4 元，仍高于工业平均成本 2.8 元，但比上年下降 0.2 元；产成品存货周转天数为 12.2 天，低于工业 1.1 天。全行业亏损企业的亏损额下降 20.4%。

龙头企业转型升级有所成效，计算机世界巨头联想在个人电脑领域的利润增速超过 10%，再创新高；家电巨头海尔通过实践"管理创新、模式创新、技术创新"的转型战略，利润增速高达 18%；70 家元件百强企业利润总额平均增长 25.6%；集成电路制造企业中芯国际上半年毛利润率达 28%，达近年来最高水平。

# 第二章 2014年中国电子信息制造业整体发展特点

2014年，我国电子信息制造业整体发展表现出一系列新常态：产业面临国内外宏观经济普遍降温、增速面临降至个位数风险、通信设备行业的引领带动作用减弱、电子信息产品出口凸显负增长等，产业发展还从技术发展、生态体系竞争、跨界融合和政策支持等角度体现出新的趋势和特征。针对产业新常态的挑战和产业发展趋势，政策调控也体现出一系列新方向，包括尽快实施工业互联网战略、统筹布局集成电路和平板显示等电子基础产业、进一步优化优势产业集群和区域新增长极、引导发挥龙头企业的战略性作用、丰富新兴产业发展的监管方式和手段、推进电子信息企业跨界并购和发展。

## 第一节 产业发展进入新常态

### 一、全球经济进入新一轮疲弱状态

全球经济仍然处于低位徘徊，不同经济体面临挑战各异。国际货币基金组织（IMF）将2015年全球经济增速预期由4.0%下调至3.8%。有国际机构调查显示，38%的受访者认为全球经济正在恶化，达到两年来的最低谷。法、德等核心国经济回暖以及希腊逆转颓废态势，但多国政府仍然面临主权债务风险，欧元区表现令人担忧；由于长期经济结构失衡和石油能源收入下降，俄罗斯经济下行风险增强，而其他新兴经济体也面临通缩压力，难以开启高速增长。

### 二、中国产业环境面临新常态

中国经济也将在波折中低位运行，全年国内生产总值636463亿元，比上年增长 7.4%。全年全国规模以上工业增加值按可比价格计算比上年增长 8.3%。各行业领域皆面临下行压力，全年经济增速维持在 7.4% 已属不易。产业投资的持续下滑和外贸形势的急剧恶化，要求我国电子信息制造业尽快转变出口导向型发展战略，建立自主可靠的电子信息产业体系。

### 三、我国电子信息制造业结构调整面临新常态

2014 年，我国电子信息制造业的增速有 6 个月位于 10% 以下，其余 6 个月增速不超过 11%，预计产业增速将进入 10% 左右的新的低速增长区间。从产业增长引擎看，通信设备制造业产值增速下滑可能导致产业丧失量大面广的增长点。由于智能手机市场正逐渐饱和，从 2013 年三季度开始，行业增速持续下滑，但移动通信基站一直保持逾 150% 的高速增长，呈一枝独秀，有望拉动未来移动智能终端的再次增长。

### 四、中国信息制造业进出口呈现异常

受全球外贸形势低迷以及 2013 年部分月份异常贸易垫高技术的影响，2014 年全年电子信息产品出口一直处于负增长，其中，集成电路出口形势严峻。自年初出口转为负增长以来，经过 5 个月的发展和恢复，外贸形势有所缓和，直至 12 月，才扭转了电子信息产品出口的负增长，累计增速实现持平。1—12 月，集成电路出口同比下降 30.6%，仍然是电子信息产品出口负增长的主要因素。

## 第二节　全球科技革命进入实质期，中国亟待抓住产业互联网发展机遇

国内外正高度关注信息技术对经济发展的支撑促进作用。美国先进制造业战略、欧洲 2020 战略、德国 2020 高科技战略等发达国家制定的国家级战略中，都特别重视新一轮技术革命下信息技术对经济形态变化的影响，致力于培育和提升信息技术对社会经济的广泛深入影响。2014 年 3 月底，在美国商务部的支持下，由 AT&T、思科、通用电气（GE）、IBM、英特尔等发起成立的工业互联网联盟（IIC）力图通过设备与 IT 技术的融合，将高性能设备、低成本传感器、互联网、大数据分析等技术的结合，大幅提高现有产业的效率并创造新产业，进一步推进美国"再工业化"国家战略。我国亟待对产业互联网战略机遇做好顶层设计，发挥信

息产业已有优势，推动科技革命对经济社会的实质性变革。

## 第三节　生态体系竞争态势加速，智能手机领域亟待 塑造核心竞争力

　　我国智能手机产业增速及市场规模连续多年全球领先，已成为全球最大的智能手机生产和出口国。华为、中兴、联想、酷派、小米等国产品牌稳居全球出货量前十位，市场影响力持续扩大，迈入了国际化发展的新阶段。在新的起点上，我国智能手机行业必将面临同质化竞争加剧、专利诉讼风险加大、国际化发展遇阻等挑战。全球智能手机乃至智能硬件企业竞争逐渐呈现出生态体系竞争态势，以安卓和 iOS 为代表的两大阵营不断完善以操作系统为核心的生态体系，吸引开发者的加盟和用户的集聚，从智能手机领域不断延伸至可穿戴设备、智能汽车等领域。产业竞争规则正在重构，我国智能手机企业在加强品牌建设、产业链整合的同时，应更加注重研发与应用的结合、用户管理能力的提升。

## 第四节　信息企业跨界融合步伐加速，要求政府监管方式 和手段适时调整

　　当前，我国信息产业龙头企业正在加紧布局可穿戴设备、智能家居、智能汽车等领域，2015 年苹果的可穿戴手表 Apple Watch 可能引爆可穿戴市场，华为、小米、联想等国内智能手机巨头也积极布局可穿戴领域，纷纷推出智能手环、智能手表、智能血压计等明显产品；阿里巴巴与海尔电视联手进军智能电视领域，智能汽车更是 CES 2015 的重头戏，苹果、谷歌、微软将移动智能终端操作系统向汽车迁移，IBM 开发全方位联网移动汽车解决方案，而国内的小米、中科博太等企业，也开始积极关注向智能汽车领域的跨界发展。一系列跨界融合对政府的监管提出了更高要求，针对新兴行业领域，应尽快理顺政府部门的职责，统一统计口径、建立标准、明确产业归属；针对传统产业的互联网内容管理，需适当放松监管范围，为鼓励创新提供良好环境。

## 第五节　发挥产业政策引导作用，推进集成电路等产业有序发展

### 一、国家级集成电路政策重磅出台

2014 年以来，在集成电路、平板显示、光伏企业规范条件、彩电行业 / 手机行业品牌建设等方面都出台了国家级或部委级政策措施。最吸引产业界和投资界关注的，莫过于《国家集成电路产业发展推进纲要》。美国将其视为未来 20 年从根本上改造制造业的四大技术领域之首，而这份文件的出台将我国集成电路发展的战略地位从产业提升到了国家层面，在国家集成电路产业发展领导小组的指导下，建设性地设立 1200 亿国家集成电路基金，并配合地方集成电路基金，带动全产业链和生态链建设。

### 二、国家与地方集成电路配套政策的协调问题

《国家集成电路产业发展推进纲要》是 2014 年我国信息领域最重要的纲领性文件，随着国家集成电路发展基金管理公司的成立，北京、天津、安徽、山东、甘肃、四川等地方政府相继出台地方集成电路扶持政策。由于产业的进入门槛高、投资力度大、回首周期长等特点，在政策后续实施过程中，需注意加强基金对中小微企业和初创企业的支持，着眼于产业发展的长期收益，引导建立相对集中的产业竞争格局，加强设计与市场应用需求的紧密联系。同样，在云计算创新发展措施和平板显示行动计划的引领下，我国云计算和平板显示行业需特别注意较为集中、合理、有序的空间布局，形成具有全球竞争力的产业体系。

## 第六节　产业发展环境需进一步完善

### 一、尽快实施工业互联网战略

有步骤、有部署地推进我国工业互联网 / 企业互联网战略的制定与实施。尽快制定工业互联网的相关战略，在进一步推进信息化建设的基础上，加强互联网和智能制造技术对农业、工业和服务业的渗透，增强信息技术在企业生产、经营、

管理等方面的决策支撑作用。加强国内企业在金融、汽车制造、电力、铁路等领域的互联网化。当前，国内企业在云计算的技术和设备已经基本具有与国外企业竞争的实力，在操作系统、数据库、服务器、云计算、大数据等方面都具备实现去"IOE"的基础条件。应积极推动我国各行业领域应用的国产化替代。

## 二、统筹布局集成电路和平板显示等电子基础产业

进一步制定与贯彻《推进纲要》实施细则。统筹国家集成电路基金及地方集成电路的资金使用方式，明确基金使用的边界，引导更多市场资金投入集成电路相关行业。注重平板显示行业资源整合，推动资源聚集以提升整体效能，防范盲目建设和低水平建设，鼓励具有自主知识产权和较好产业基础的企业投资，引导投资主体进一步集中。从根本上提升我国广播电子器件、高频器件等长期薄弱元器件生产能力，推动刻蚀机等高精尖设备的自主研发，加快气相外延生长（MOCVD）等自主设备的市场推广，充分挖掘我国智能制造的潜力。

## 三、进一步优化优势产业集群和区域新增长极

通过贯彻落实京津冀和长江经济带发展战略，继续发挥东部地区的辐射带动作用，进一步增强长三角、环渤海等优势地区的集聚效应。支持中西部地区和东北等老工业基地立足自身优势，积极吸引国外投资，因地制宜地承接产业转移，提高在产业分工体系和价值链中的地位。形成东、中、西部优势互补、良性互动、特色突出、协调发展的产业格局，培育一批具有较强辐射带动作用的新型工业化产业示范基地，加快推动中西部地区形成新增长极。

## 四、引导发挥龙头企业的战略性作用

随着我国电子信息产业迅速做大做强并在全球居于重要地位，我国已经培育出一大批在国内外具有一流实力的电子信息龙头企业，企业规模大、品牌知名度高、研发创新能力和市场竞争力强，在汇聚与整合发展资源方面具有丰富经验。要实现我国电子信息产业的持续发展和转型提升，就必须发挥龙头企业作用，以之为引领、为核心，打造企业集团，形成业务间相互配套、功能互补、联系紧密的发展格局；引导和推动龙头企业瞄准产业链高端环节进行战略并购，实现企业发展能力的提升。对于竞争较为激烈骨干企业多，但龙头企业不突出，集中度不高，甚至已出现产能结构性过剩的领域，更要通过推动并购，使骨干企业达到必要规

模，为政府资金和社会资本集中投入创造条件，得以集中力量打造世界级大企业。

## 五、丰富新兴产业发展的监管方式和手段

一是对于互联网电视、视频带来的数字内容管理，首先应研判产业发展趋势，需迎合智能终端多屏合一、新媒体与传统媒体融合发展的大趋势，适当放松监管范围，为市场参与者提供自主发展的机遇。二是面对云计算、大数据、智能硬件、物联网等新兴行业领域，应尽快理顺政府部门的职责，统一统计口径、建立标准、明确产业归属，便于高效、集中、科学管理。

## 六、推进电子信息企业跨界并购和发展

电子信息产业的发展领域不断拓展、发展路径不断增多、商业模式不断创新、市场竞争不断激烈，在此新形势下，谁先突破既有领域，形成基于多领域的资源整合能力，谁就将率先确立竞争优势，龙头企业更能够借助在新进入领域的优势巩固自身行业的领导地位。同时，信息技术与其他产业领域的渗透融合，不断促成产业间交叉创新，将给电子信息产业带来新的发展空间。为此，应加强对企业跨界并购、跨界发展的研究，梳理企业发展需求和现阶段存在的限制与障碍，特别是对传统产业、传媒业、服务业等领域的行政审批等进行深入分析，出台有效措施，为电子信息企业开展跨界并购提供支持。

# 第三章 2014年中国电子信息产业政策环境

## 第一节 国务院《关于深化中央财政科技计划（专项、基金等）管理改革的方案》（国发〔2014〕64号）

### 一、政策背景

改革开放以来，我国先后设立了一批科技计划（专项、基金等），为增强国家科技实力、提高综合竞争力、支撑引领经济社会发展发挥了重要作用。但是，由于顶层设计、统筹协调、分类资助方式不够完善，现有各类科技计划（专项、基金等）存在着重复、分散、封闭、低效等现象，多头申报项目、资源配置"碎片化"等问题突出，不能完全适应实施创新驱动发展战略的要求。当前，全球科技革命和产业变革日益兴起，世界各主要国家都在调整完善科技创新战略和政策，我们必须立足国情，借鉴发达国家经验，通过深化改革着力解决存在的突出问题，推动以科技创新为核心的全面创新，尽快缩小我国与发达国家之间的差距。

电子信息制造业一直是国民经济的战略性、基础性、先导性行业，是高科技产业的典型代表，具有技术难度大、资金密度强、进入门槛高等特点，是我国科技专项和科技基金支持的重点领域，因此，科技计划管理改革将对我国电子信息制造业的支持方式产生深远影响。

### 二、政策内容

科技计划管理改革对工信部科技管理工作的调整主要体现在两个方面：

#### （一）进一步优化科技计划（专项、基金等）布局

根据国家战略需求、政府科技管理职能和科技创新规律，将中央各部门管理

的科技计划（专项、基金等）整合形成五类科技计划（专项、基金等）。这五类科技计划（专项、基金等）要全部纳入统一的国家科技管理平台管理，加强项目查重，避免重复申报和重复资助。中央财政要加大对科技计划（专项、基金等）的支持力度，加强对中央级科研机构和高校自主开展科研活动的稳定支持。

一是国家自然科学基金。资助基础研究和科学前沿探索，支持人才和团队建设，增强源头创新能力。二是国家科技重大专项。聚焦国家重大战略产品和重大产业化目标，发挥举国体制的优势，在设定时限内进行集成式协同攻关。三是国家重点研发计划。针对事关国计民生的农业、能源资源、生态环境、健康等领域中需要长期演进的重大社会公益性研究，以及事关产业核心竞争力、整体自主创新能力和国家安全的战略性、基础性、前瞻性重大科学问题、重大共性关键技术和产品、重大国际科技合作，按照重点专项组织实施，加强跨部门、跨行业、跨区域研发布局和协同创新，为国民经济和社会发展主要领域提供持续性的支撑和引领。四是技术创新引导专项（基金）。通过风险补偿、后补助、创投引导等方式发挥财政资金的杠杆作用，运用市场机制引导和支持技术创新活动，促进科技成果转移转化和资本化、产业化。五是基地和人才专项。优化布局，支持科技创新基地建设和能力提升，促进科技资源开放共享，支持创新人才和优秀团队的科研工作，提高我国科技创新的条件保障能力。

**（二）整合现有科技计划（专项、基金等）**

本次优化整合工作针对所有实行公开竞争方式的科技计划（专项、基金等），不包括对中央级科研机构和高校实行稳定支持的专项资金。通过撤、并、转等方式按照新的五个类别对现有科技计划（专项、基金等）进行整合，大幅减少科技计划（专项、基金等）数量。通过国有资本经营预算、政府性基金预算安排的支持科技创新的资金，要逐步纳入中央公共财政预算统筹安排，支持科技创新。

一是整合形成国家重点研发计划。聚焦国家重大战略任务，遵循研发和创新活动的规律和特点，将科技部管理的国家重点基础研究发展计划、国家高技术研究发展计划、国家科技支撑计划、国际科技合作与交流专项，发展改革委、工业和信息化部管理的产业技术研究与开发资金，有关部门管理的公益性行业科研专项等，进行整合归并，形成一个国家重点研发计划。该计划根据国民经济和社会发展重大需求及科技发展优先领域，凝练形成若干目标明确、边界清晰的重点专项，从基础前沿、重大共性关键技术到应用示范进行全链条创新设计，一体化组织实施。

二是分类整合技术创新引导专项（基金）。按照企业技术创新活动不同阶段的需求，对发展改革委、财政部管理的新兴产业创投基金，科技部管理的政策引导类计划、科技成果转化引导基金，财政部、科技部、工业和信息化部、商务部共同管理的中小企业发展专项资金中支持科技创新的部分，以及其他引导支持企业技术创新的专项资金（基金），进一步明确功能定位并进行分类整合，避免交叉重复，并切实发挥杠杆作用，通过市场机制引导社会资金和金融资本进入技术创新领域，形成天使投资、创业投资、风险补偿等政府引导的支持方式。政府要通过间接措施加大支持力度，落实和完善税收优惠、政府采购等支持科技创新的普惠性政策，激励企业加大自身的科技投入，真正发展成为技术创新的主体。

三是调整优化基地和人才专项。对科技部管理的国家（重点）实验室、国家工程技术研究中心、科技基础条件平台，发展改革委管理的国家工程实验室、国家工程研究中心等合理归并，进一步优化布局，按功能定位分类整合，完善评价机制，加强与国家重大科技基础设施的相互衔接。提高高校、科研院所科研设施开放共享程度，盘活存量资源，鼓励国家科技基础条件平台对外开放共享和提供技术服务，促进国家重大科研基础设施和大型科研仪器向社会开放，实现跨机构、跨地区的开放运行和共享。相关人才计划要加强顶层设计和相互之间的衔接。在此基础上调整相关财政专项资金。

四是国家科技重大专项。要坚持有所为有所不为，加大聚焦调整力度，准确把握技术路线和方向，更加聚焦产品目标和产业化目标，进一步改进和强化组织推进机制，控制专项数量，集中力量办大事。更加注重与其他科技计划（专项、基金等）的分工与衔接，避免重复部署、重复投入。

五是国家自然科学基金。要聚焦基础研究和科学前沿，注重交叉学科，培育优秀科研人才和团队，加大资助力度，向国家重点研究领域输送创新知识和人才团队。

六是支持某一产业或领域发展的专项资金。要进一步聚焦产业和领域发展，其中有关支持技术研发的内容，要纳入优化整合后的国家科技计划（专项、基金等）体系，根据产业和领域发展需求，由中央财政科技预算统筹支持。

### 三、政策影响

重构现有科技计划体系并转变相关政府部门科技管理职能。此次改革将部门之间简单协调和分工上升到国家层面，实现系统化改革。我国中央财政科技经费中，"科技项目"这块蛋糕就有国家自然基金会、中科院、发改委、科技部、中石油、卫计委、农业部、教育部、环保部、建设部等多个部门"分切"。当前，我国有近40个部门管理着近百个中央财政科技计划（专项、基金等）。在科技管理和项目支持上，也或多或少存在被戏称的"九龙治水"、"天女散花"的现象，这种局面有望通过此次改革得到扭转。

政府不再管资金分配和具体项目。本次改革倒逼政府职能转变最大的突破就是，政府各部门不再直接管理具体项目，改变过去既当运动员、又当裁判员的局面。通过建立公开统一的国家科技管理平台，由科技部门牵头，财政、发改等相关部门参加科技计划（专项、基金等）管理联席会议，共同制定议事规则，负责审议科技发展战略规划、科技计划（专项、基金等）的布局与设置、战略咨询与综合评审委员会的设立、专业机构的遴选择优等事项。有助于将政府部门从资金的具体分配和项目的日常管理中解放出来，抓战略、抓规划、抓布局、抓监督。

本次改革结合我国实际情况进行深入研究，认为专业机构的建设要兼顾现实可操作和未来长远发展。当前，主要依托现有具备科研管理专长的单位进行改造，形成若干符合要求的专业机构。除了这种本身已存在的专业机构之外，还要在改革过程中组建若干专业机构。但这些机构必须有标准，即准入门槛，同时机构内外有好的监管方式，如完善的法人治理结构、章程等行为规范，并非哪个部委的下属事业单位挂个牌"改头换面"。随着科技体制改革和事业单位分类改革的深化，以及法治环境和监管体系的成熟，专业机构将逐步市场化和社会化。

## 第二节　国务院《关于依托黄金水道推动长江经济带发展的指导意见》（国发〔2014〕39号）

### 一、政策背景

长江经济带覆盖上海、江苏、浙江、安徽、江西、湖北、湖南、重庆、四川、云南、贵州等11省市，面积约205万平方公里，人口和生产总值均超过全国的40%。长江经济带横跨我国东中西三大区域，具有独特优势和巨大发展潜力。改革开放以来，长江经济带已发展成为我国综合实力最强、战略支撑作用最大的区域之一。在国际环境发生深刻变化、国内发展面临诸多矛盾的背景下，依托黄金水道推动长江经济带发展，有利于挖掘中上游广阔腹地蕴含的巨大内需潜力，促进经济增长空间从沿海向沿江内陆拓展；有利于优化沿江产业结构和城镇化布局，推动我国经济提质增效升级；有利于形成上中下游优势互补、协作互动格局，缩小东中西部地区发展差距；有利于建设陆海双向对外开放新走廊，培育国际经济合作竞争新优势；有利于保护长江生态环境，引领全国生态文明建设，对于全面建成小康社会，实现中华民族伟大复兴的中国梦具有重要现实意义和深远战略意义。

长江三角洲是我国电子信息制造业的重要产业集群，长江中游地区也加强在平板显示、集成电路制造等方面的布局，长江上游地区正在积极打造计算机、服务器、智能手机等加工基地。可以说，长江经济带的区域化发展将对我国电子信息制造业发展产生深远影响。

## 二、政策内容

长江经济带政策通过构建长江流域的交通优势，通过一系列改革措施，促进对内对外发展环境的改善。在产业发展方面，长江经济带突出以创新驱动促进产业转型升级的总体思路，提出要顺应全球新一轮科技革命和产业变革趋势，推动沿江产业由要素驱动向创新驱动转变，大力发展战略性新兴产业，加快改造提升传统产业，大幅提高服务业比重，引导产业合理布局和有序转移，培育形成具有国际水平的产业集群，增强长江经济带产业竞争力。具体而言：

### （一）增强自主创新能力

强化企业的技术创新主体地位，引导创新资源向企业集聚，培育若干领军企业。设立新兴产业创业投资基金，激发中小企业创新活力。深化产学研合作，鼓励发展产业技术创新战略联盟。在统筹考虑现状和优化整合科技资源的前提下，布局一批国家工程中心（实验室）和企业技术中心。运用市场化机制探索建立新型科研机构，推动设立知识产权法院。深化科技成果使用、处置和收益权改革。发挥上海张江、武汉东湖自主创新示范区和合芜蚌（合肥、芜湖、蚌埠）自主创新综合试验区的引领示范作用，推进长株潭自主创新示范区建设，推进攀西战略资源创新开发。研究制定长江经济带创新驱动产业转型升级方案。

### （二）推进信息化与产业融合发展

支持沿江地区加快新一代信息基础设施建设，完善上海、南京、武汉、重庆、成都等骨干节点，进一步加强网间互联互通，增加中上游地区光缆路由密度。大力推进有线和无线宽带接入网建设，扩大4G（第四代移动通信）网络覆盖范围。推进沿江下一代互联网示范城市建设，优化布局数据中心，继续完善上海、云南面向国际的陆海缆建设。充分利用互联网、物联网、大数据、云计算、人工智能等新一代信息技术改造提升传统产业，培育形成新兴产业，推动生产组织、企业管理、商业运营模式创新。推动沿江国家电子商务示范城市建设，加快农业、制造业和服务业的电子商务应用。

### （三）培育世界级产业集群

以沿江国家级、省级开发区为载体，以大型企业为骨干，打造电子信息、高端装备、汽车、家电、纺织服装等世界级制造业集群，建设具有国际先进水平的长江口造船基地和长江中游轨道交通装备、工程机械制造基地，突破核心关键技术，培育知名自主品牌。在沿江布局一批战略性新兴产业集聚区、国家高技术产业基地和国家新型工业化产业示范基地。推动石化、钢铁、有色金属等产业转型升级，促进沿江炼化一体化和园区化发展，提升油品质量，加快钢铁、有色金属产品结构调整，淘汰落后产能。

### （四）加快发展现代服务业

改革服务业发展体制，创新发展模式和业态，扩大服务业对内对外开放，放宽外资准入限制。围绕服务实体经济，优先发展金融保险、节能环保、现代物流、航运服务等生产性服务业；围绕满足居民需求，加快发展旅游休闲、健康养老、家庭服务、文化教育等生活性服务业。依托国家高技术服务业基地，发展信息技术、电子商务、研发设计、知识产权、检验检测、认证认可等服务产业。积极推动区域中心城市逐步形成以服务业为主的产业结构。充分发挥长江沿线各地独具特色的历史文化、自然山水和民俗风情等优势，打造旅游城市、精品线路、旅游景区、旅游度假休闲区和生态旅游目的地，大力发展特色旅游业，把长江沿线培育成为国际黄金旅游带。

### （五）打造沿江绿色能源产业带

积极开发利用水电，在做好环境保护和移民安置的前提下，以金沙江、雅砻江、大渡河、澜沧江等为重点，加快水电基地和送出通道建设，扩大向下游地区送电规模。加快内蒙古西部至华中煤运通道建设，在中游地区适度规划布局大型高效清洁燃煤电站，增加电力、天然气等输入能力。研究制定新城镇新能源新生活行动计划，大力发展分布式能源、智能电网、绿色建筑和新能源汽车，推进能源生产和消费方式变革。立足资源优势，创新体制机制，推进页岩气勘查开发，通过竞争等方式出让页岩气探矿权，建设四川长宁—威远、滇黔北、重庆涪陵等国家级页岩气综合开发示范区。稳步推进沿海液化天然气接收站建设，统筹利用国内外天然气，提高居民用气水平。

### （六）提升现代农业和特色农业发展水平

保护和利用好长江流域宝贵农业资源，推进农产品主产区特别是农业优势产业带和特色产业带建设，建设一批高水平现代农业示范区，推进国家有机食品生产基地建设，着力打造现代农业发展先行区。上游地区立足山多草多林多地少的资源条件，在稳定优势农产品生产的基础上，大力发展以草食畜牧业为代表的特色生态农业和以自然生态区、少数民族地区为代表的休闲农业与乡村旅游。中游地区立足农业生产条件较好、耕地资源丰富的基础，强化粮食、水产品等重要农产品供给保障能力，提高农业机械化水平，积极发展现代种业，打造粮食生产核心区和主要农产品优势区。下游地区立足人均耕地资源少、资本技术人才资源优势，在稳定粮食生产的同时，大力发展高效精品农业和都市农业，加快推进标准化生产和集约化品牌化经营。

### （七）引导产业有序转移和分工协作

按照区域资源禀赋条件、生态环境容量和主体功能定位，促进产业布局调整和集聚发展。在着力推动下游地区产业转型升级的同时，依托中上游地区广阔腹地，增强基础设施和产业配套能力，引导具有成本优势的资源加工型、劳动密集型产业和具有市场需求的资本、技术密集型产业向中上游地区转移。支持和鼓励开展产业园区战略合作，建立产业转移跨区域合作机制，以中上游地区国家级、省级开发区为载体，建设承接产业转移示范区和加工贸易梯度转移承接地，推动产业协同合作、联动发展。借鉴负面清单管理模式，加强对产业转移的引导，促进中上游特别是三峡库区产业布局与区域资源生态环境相协调，防止出现污染转移和环境风险聚集，避免低水平重复建设。

### 三、政策影响

长江经济带指导意见以长江交通枢纽作为支撑，重构了长江黄金水道流域的经济社会发展格局，对我国区域经济的发展具有深远影响。

首先，上海、江苏仍将是为整个长江流域发展的中心。上海是整个流域11个省市中，产业高度最高的一个城市。上海的第三产业比例高于其他省市10个百分点，因此上海服务业的不断发展，特别是生产性服务业和现代服务业体系的不断完善，将会对整个长江经济带产业结构的提升、优化带来明显的引领作用。江苏的沿江城市实现跨江融合，是策应中央长江经济带的前提。要摒弃以前的区域规划战略布局，提出锡常泰、宁镇扬、苏通经济带，不再以长江天堑作为区域发展的分割，通过苏通大桥等等一系列重要的基础设施，实现跨江融合发展。

其次，长江经济带战略对于中部省区是难得的发展机遇。安徽正努力打造成长江经济带重要战略支点，巩固提升在全国综合交通格局中的枢纽地位、全面提升城镇化水平、增强产业综合竞争力、加快生态强省建设，促进区域协调发展。江西通过融入长江经济带，能使江西的产业与东部地区形成一个梯度转移，同时，江西也能成为东部发达地区的配套基地，承接东部产业转移，促进江西工业转型升级，使江西迅速地通达东部地区和西部地区，促进江西经济的发展。湖北有志于在新一轮长江经济带的发展过程当中争当区域经济发展转型的先锋。努力实现人民享受更好的青山秀水的同时，把新兴产业做上去，让经济有更好的增长，收获更好的效益，推进洞庭湖流域经济协作区。湖南将致力于发展成为长江经济带中的一个经济增长极，进一步统筹推进支线航道建设，加快岳阳等港口建设，建设沪昆高速铁路、杭州经长沙至昆明快速铁路等铁路，强化长沙机场的区域枢纽功能。

再次，长江经济带也将西部发展与沿江沿边内外部开放融为一体。重庆将结合区域定位，依托长江黄金水道各谋发展。长江经济带，包括丝绸之路经济带将依托渝新欧大通道和长江黄金水道，构建优势产业集群，提升产业整体竞争力和创新能力。推动渝北经济从过去的单点支撑向多点支撑转变，涪江和小安溪航道要提高通航能力，而铜梁则要促进水上物流发展。四川要通过长江经济带加强沿江城市区域协调合作。更好地发挥市场在要素配置中的决定性作用，使长江经济带真正产生分工、融合、互动、共赢的协同效应。

## 第三节　国务院《关于加快发展生产性服务业促进产业结构调整升级的指导意见》(国发〔2014〕26号)

### 一、政策背景

国务院高度重视服务业发展。近年来陆续出台了家庭、养老、健康、文化创意等生活性服务业发展指导意见,服务供给规模和质量水平明显提高。与此同时,生产性服务业发展相对滞后、水平不高、结构不合理等问题突出,亟待加快发展。生产性服务业涉及农业、工业等产业的多个环节,具有专业性强、创新活跃、产业融合度高、带动作用显著等特点,是全球产业竞争的战略制高点。加快发展生产性服务业,是向结构调整要动力、促进经济稳定增长的重大措施,既可以有效激发内需潜力、带动扩大社会就业、持续改善人民生活,也有利于引领产业向价值链高端提升。为加快重点领域生产性服务业发展,进一步推动产业结构调整升级。电子信息制造业是未来智能制造产业发展的基础,具有较强的渗透性、融合性和引领性,是产业价值链提升的重要领域。

### 二、政策内容

加快生产制造与信息技术服务融合。支持农业生产的信息技术服务创新和应用,发展农作物良种繁育、农业生产动态监测、环境监控等信息技术服务,建立健全农产品质量安全可追溯体系。鼓励将数字技术和智能制造技术广泛应用于产品设计和制造过程,丰富产品功能,提高产品性能。运用互联网、大数据等信息技术,积极发展定制生产,满足多样化、个性化消费需求。促进智能终端与应用服务相融合、数字产品与内容服务相结合,推动产品创新,拓展服务领域。发展服务于产业集群的电子商务、数字内容、数据托管、技术推广、管理咨询等服务平台,提高资源配置效率。

### 三、政策影响

首先,生产性服务业确定11个重点发展领域均与人民群众生活密切相关。生产性服务业领域宽、范围广,推动其加快发展,需要确定影响力大、带动力强的重点领域。在深入调研、广泛征求社会各界意见的基础上,指导意见明确了研发设计、第三方物流、融资租赁、信息技术服务、节能环保服务、检验检测、电子商务、商务咨询、服务外包、售后服务、人才服务和品牌培育等 11 个重点领域，并提出了发展的主要任务。

其次，指导意见明确了今后我国提升生产性服务业的方向。一是提升创新能力。一方面要加强生产制造前端的研发设计，另一方面也要重视市场创新和经营模式创新，营造能有效激励创新的体制环境，使企业真正成为创新的主体。二是促进生产与服务融合。当前要集中精力，突出重点，大力发展服务外包、融资租赁、商务咨询和电子商务，积极发展第三方物流。三是提高售后服务水平。鼓励企业大力发展专业维护维修服务，积极发展售后服务新业态，提高服务质量，完善服务标准，不断提高用户满意度。四是增强产业发展素质。产业发展素质是可持续发展的重要基础，要树立人才是第一资源的理念，积极发展人力资源服务；要注重企业无形资产积累，着力加强品牌建设；要提高产品质量，提高检验检测认证服务水平；要促进和谐发展、绿色发展，加强节能环保服务。

## 第四节　国务院办公厅关于支持外贸稳定增长的若干意见
### （国办发〔2014〕19 号）

### 一、政策背景

2014 年以来，外贸形势严峻复杂，下行压力比较大，党中央、国务院对外贸稳定增长工作十分重视，要求商务部深入分析形势，提出应对之策。为了研判形势，商务部在全国范围内进行了深入调研，组织了六千多家企业广泛征求意见，通过问卷调查、深度访谈的方式，通过地方商务主管部门和部分行业协会调研的方式，了解实情，从而确定了支持外贸稳定增长的政策措施。

### 二、政策内容

#### 1. 进一步加强进口

继续深化外贸管理体制改革，进一步减少自动进口许可货物种类。加快培育国家进口贸易促进创新示范区，充分发挥进口贸易集聚区对扩大进口的示范和带动作用。积极支持数字化、智能化等先进技术设备、关键零部件进口。扩大国内短缺资源进口，合理增加与群众生活密切相关的、必要的一般消费品进口。结合淘汰落后产能，赋予符合条件的原油加工企业原油进口和使用资质，扩大原油进口渠道。加快实施自贸区战略。

### 2. 保持货物贸易稳定增长

做强一般贸易，提高一般贸易在货物贸易中的比重，稳定传统优势产品出口，支持拥有知识产权、品牌、营销网络、高技术含量、高附加值、高效益的产品出口。提升加工贸易，修订加工贸易禁止类和限制类商品目录，完善加工贸易政策，创新加工贸易模式，加大加工贸易梯度转移力度，形成沿海地区转型升级、内陆地区有序承接的新格局。发展其他贸易，扩大边境贸易。

### 3. 支持服务贸易发展

充分利用现有专项资金政策，加大对服务贸易发展的支持。逐步扩大服务进口。结合"营改增"改革范围的扩大，对服务出口实行零税率或免税，鼓励服务出口。鼓励政策性金融机构在业务范围内加大对服务贸易扶持力度，支持服务贸易重点项目建设。建立和完善与服务贸易特点相适应的口岸通关管理模式。

### 4. 发挥"走出去"的贸易促进作用

加快推进与周边国家互联互通基础设施建设。推动境外经贸合作区建设。鼓励企业采取绿地投资、企业并购等方式到境外投资，促进部分产业向境外转移。采取综合措施，支持企业开展重大项目国际合作和工程承包，带动中国装备、材料、产品、标准、技术、服务"走出去"。支持企业开展境外品牌、技术和生产线等并购，提高国际竞争力。

### 5. 加强贸易摩擦应对

积极支持企业应对反倾销、反补贴调查。加强贸易摩擦应对工作队伍建设，充分发挥经济贸易、国际法律专家的作用。加强贸易摩擦应对工作总体协调和部门合作，努力减轻贸易摩擦对我国企业发展国际贸易的消极影响。完善贸易救济立法，依法开展贸易救济调查。

### 6. 完善出口退税政策

加大中央财政对出口退税负担较重地区的补助力度，进一步加快出口退税进度，确保及时足额退税。适时扩大融资租赁货物出口退税试点范围。同时，加大打击骗退税力度。

7. 创新和完善多种贸易平台

加快国际展会、电子商务、内外贸结合商品市场等贸易平台建设。扩大"市场采购"方式试点范围。出台跨境电子商务贸易便利化措施。鼓励企业在海外设立批发展示中心、商品市场、专卖店、"海外仓"等各类国际营销网络。

## 三、政策影响

一是出口与进口并重。《意见》不仅对出口方面给予便利化的支持，强调稳定传统优势产品出口和支持拥有还是产权品牌、营销网络、高技术含量、高附加值、高效益的产品出口。对进口方面也有比较多的表述。支持企业积极扩大先进技术设备和关键零部件的进口，合理增加与群众生活密切相关的、必要的一般消费品进口。

二是强调"引进来"与"走出去"相结合带动贸易。中国的对外贸易方式不仅有一般贸易，也有加工贸易，贸易主体不仅有国有、民营，也有外资。在这里面非常重要的一点，就是承接国际转移的时候，有一部分就会自动变成出口的能力，这跟出口是直接相关的。过去三十年来，加工贸易大幅度上涨，对这一块起到了很重要的支撑作用。通过改革开放，我国企业实力不断增强，现在"走出去"也取得了积极成效，带动了出口。《意见》中首次提出，一是加工贸易方面，要稳定政策，创新模式，有序地向中西部转移。同时，专门对"走出去"带动贸易有一段描述，这跟过去是不一样的。

三是兼顾不同的贸易主体和贸易方式。对这些企业主体和贸易方式都提出了要求，都有一些支持性的政策出台，既有中小微企业的支持，包括市场采购，包括外贸综合服务型企业，同时强调了培育具有核心竞争力的跨国企业集团。中国现在要从贸易大国向贸易强国转变，优化企业主体结构非常重要。《意见》提出做强一般贸易，提升加工贸易，发展其他贸易。

四是改革创新精神强。《意见》在整体加大政策支持力度的基础上，进一步强调了切实转变政府职能，明确要求相关部门减少行政审批，简政放权。比如，特别强调了整顿和规范进出口环节的收费，推进贸易便利化，有些收费该取消的就取消，该降低的就降低，切实减轻企业负担。

五是加强了管理与贸易促进相结合。《意见》在提出贸易促进的同时，对企业的自律、行业组织作用，有专门描述。比如充分发挥行业协会的预警、组织、协调作用，加强行业自律，规范企业行为，防止恶性竞争，努力营造国际化、法制化的营商环境，建立外贸企业信用记录数据库。惩戒失信、打击欺诈，促进外贸企业诚信体系建设。这是笔墨比较重的一段描述，下一步中国政府、相关部门和中介组织将和企业一起努力，在营造公平的竞争环境，保护知识产权、建立诚信体系方面加大力度。公平竞争环境，对好的企业就是一种政策的支持，不公平很难真正起到优胜劣汰的作用，现在很多企业同质化的竞争导致两败俱伤，而且售后服务、品质保障、研发都跟不上，《意见》中强调了这一点。

六是注重近期和长远的有机结合。《意见》不仅对近期的稳增长有要求、有政策，同时着眼于长远，在调结构、转方式方面也有更多的提法和具体的要求，应该说兼顾了当前与长远，中国外贸要实实在在地为国民创造福利，是我们非常重要的目标。

## 第五节　光伏制造行业系列政策

### 一、政策背景

2012 年以来，我国光伏产业集中投产带来的产能过剩恶果开始集中体现。伴随着美国、欧盟的"双反"调查，光伏产品国际市场价格一降再降，我国光伏全行业进入连续 5 个季度的亏损。到 2013 年年底，行业内龙头企业的负债率在 80% 至 85% 之间，个别企业甚至达到 90% 以上。2014 年底，美、加等国再次发起新一轮的贸易壁垒，国际市场出口再次受阻。市场供需关系的变化必然引起产业发展的改变，我国光伏产业唯有进行变革、重组、整合，才会有新的出路。

### 二、政策内容

2014 年，根据"国 24 号文"文件精神，我国一系列促进光伏产业健康发展的配套政策密集出台。

#### （一）《光伏制造行业规范条件》入围企业名单公示

为规范产业发展，2013 年中，工信部出台并实施了《光伏制造行业规范条件》（以下简称《规范条件》）。2014 年，经企业申报、省级工业和信息化主管部门核实推荐、专家复核、网上公示及现场抽检，共发布 3 批 175 家符合此《规范条件》的企业名单，为行业的有序发展奠定了基础。

**（二）国家认证认可监督管理委员会（以下简称国家认监委）、国家能源局发布《关于加强光伏产品检测认证工作的实施意见》**

在完善产业发展配套方面，国家认监委、国家能源局发布《关于加强光伏产品检测认证工作的实施意见》，加强光伏产品检测认证体系建设，规范光伏行业管理，促进光伏产业健康、可持续发展。意见内容包括：

一是由国家认监委会同国家能源局对光伏产品检测认证工作实行统筹规划和管理。实行统一的认证标准、技术规范和合格评定程序，并根据市场需求，开展适应不同质量级别和应用环境的检测认证业务服务，推动光伏产品检测认证国际互认。

二是明确了光伏产品检测认证的产品范围，包括光伏电池组件、逆变器、控制设备、汇流设备、储能设备以及独立光伏系统等。国家认监委与国家能源局联合组建光伏产品检测认证技术委员会，协助管理部门确定光伏产品认证实施机构的技术能力要求、实施检测认证的光伏产品范围、认证依据的标准和技术规范，审议认证机构制定的认证实施规则，研究解决光伏产品应用和检测认证实施过程中出现的技术问题，并收集国、内外标准技术法规及合格评定有关信息，对光伏产品检测认证及采信工作提出建议。

三是接入公共电网的光伏发电项目和享受各级政府补贴的非并网独立光伏发电项目，须采用经国家认监委批准的认证机构认证的光伏产品。建设单位进行设备采购招标时，应明确要求采用获证产品。

**（三）工信部出台《关于进一步优化光伏企业兼并重组市场环境的意见》**

为推动光伏企业兼并重组，提高产业集中度和核心竞争力，促进光伏产业加快转型升级，2014年底，工信部出台《关于进一步优化光伏企业兼并重组市场环境的意见》（以下简称《意见》），从优化兼并重组审批流程、加强财政资金支持、完善相关税收政策、土地使用政策、企业债务处理和职工安置政策等方面优化光伏企业兼并重组的市场环境。《意见》主要内容包括：

一是完善光伏企业兼并重组体制机制，消除兼并重组制度性障碍。清理市场分割、地区封锁等限制，建立统一的光伏市场体系。完善市场运行机制，充分发挥市场对于资源配置的决定性作用，营造有利于光伏企业兼并重组的市场环境。进一步减少光伏企业跨所有制兼并重组障碍，鼓励国有企业、民营企业、外资企业等通过并购、参股等多种方式相互开展兼并重组。支持光伏企业以资本、技术、品牌为基础开展联合技术攻关、建立区域性业务合作关系或组成战略合作联盟等。

二是优化光伏企业兼并重组审批流程。梳理光伏企业兼并重组涉及的并购重组审核核准等审批事项，缩小审批范围，优化审批流程，提高光伏企业海外并购便利化水平。取消上市公司收购报告书事前审核，强化事后问责；取消上市公司重大资产购买、出售、置换行为审批。对符合条件企业的兼并重组实行快速审核或豁免审核。光伏企业兼并重组涉及的生产许可、工商登记、资产权属证明等变更手续，相关条件未有重大变化的，可按历史继承方式从简从快办理。

三是完善落实财政税收优惠政策。统筹资源支持光伏企业通过兼并重组加快结构优化和转型升级。通过技术改造专项资金加大对兼并重组企业技术改造项目的支持力度，推动企业持续提高工艺技术水平及产品质量。地方政府统筹资金解决本地区光伏企业兼并重组中的突出问题。对符合条件的光伏企业兼并重组，按照现行税收政策规定享受税收优惠政策。落实兼并重组企业所得税特殊性税务处理政策、非货币性资产投资交易的企业所得税及企业改制重组的土地增值税等相关政策。

### （四）国家能源局出台《关于进一步落实分布式发电的有关政策》

在促进光伏市场应用政策方面，为进一步扩大光伏应用领域，国家能源局出台了《关于进一步落实分布式发电的有关政策》，允许在荒山荒坡、农业大棚等建设，并在中压侧并网的地面光伏电站可自主选择分布式电价或标杆电价，鼓励在城镇化建设中为分布式发电发展预留空间等。同时，国家能源局与国家扶贫办联合印发《关于实施光伏扶贫工程工作方案》，拓宽了光伏应用的深度和广度。为解决光伏电站建设中频出的备案文件专卖现象，能源局出台了《关于规范光伏电站投资开发秩序的通知》，禁止电站"路条"倒卖，规范电站发展秩序。

### 三、政策影响

光伏行业一系列政策措施的出台，对于规范光伏行业发展，改变和理顺市场供需关系的秩序，实现经济资源的优化配置，具有重要意义。

一是对于光伏行业走出困境具有重要作用。光伏行业目前依然是在曲折中上行，存在诸多困难和制约因素。"双反"调查、新一轮贸易壁垒等因素依然不减；国内经济增速趋缓、技术依赖进口、行业产能过剩，融资难、成本高，效益低，企业亏损、债台高筑等难题依然存在。光伏行业一系列规范和促进政策的实施对于光伏企业摆脱困境、赢得新的机遇和空间具有重要作用。

二是兼并重组将有助于我国光伏业核心竞争力的提升。一方面，通过并购将促进光伏业的转型升级和提高产业集中度，发挥企业市场的规模效应。并购可以对企业的资产进行补充和调整，达到最佳经济规模，降低企业的生产成本，使企业有条件在保持整体产品结构的前提下，针对不同的市场进行专门的生产和服务，满足不同消费者的需求。同时，并购使得企业融资的能力大大提高。另一方面，兼并重组为光伏企业创造了新的市场机会。横向并购可以使大企业提高市场占有率，在不增加行业生产能力的情况下达到临界规模，凭借竞争对手的减少来增加对市场的控制力。纵向并购使得企业通过对大量关键材料和销售渠道的控制，有力地控制竞争对手的活动，提高企业所在领域的进入壁垒和企业的差异化优势，提高产业效率。

## 第六节 《国家集成电路产业发展推进纲要》

### 一、政策背景

集成电路是当今信息技术产业高速发展的基础和原动力，已经高度渗透与融合到国民经济和社会发展的每个领域，其技术水平和发展规模已成为衡量一个国家产业竞争力和综合国力的重要标志之一。国际金融危机后，发达国家加紧经济结构战略性调整，集成电路产业的战略性、基础性、先导性地位进一步凸显。加快发展集成电路产业，是推动信息技术产业转型升级的根本要求，是提升国家信息安全水平的基本保障。

我国近年来对集成电路产业的政策扶持力度显著加强。2000 年 18 号、2011年 4 号文件的出台以及国家科技重大专项的实施对集成电路产业的发展和技术进步具有重要促进作用。我国集成电路封装技术已达到国际先进水平，部分关键装备和材料实现从无到有，部分被国内外生产线采用。我国建成了 8 条 12 英寸生产线，量产工艺水平达 28 纳米；离子注入机、刻蚀机、溅射靶材等进入 8 英寸或 12 英寸生产线；涌现出一批具备一定国际竞争力的骨干企业，如海思、展讯、中芯国际、长电科技等。但也应清晰地看到，制约我国集成电路产业做大做强的核心技术缺乏、产品难以满足市场需求等问题依然十分突出。究其原因，一是产业创新要素积累不足，产业核心专利少，知识产权布局结构问题突出。制造企业量产技术落后国际主流两代，关键装备、材料基本依赖进口。二是企业融资瓶颈突出。骨干企业自我造血机能差，无法通过技术升级和规模扩张实现良性发展。国内融资成本高，社会资本也因集成电路产业投入资金额大、回报周期相对较长而缺乏投入意愿。三是内需市场优势发挥不足，"芯片—软件—整机—系统—信息服务"产业链协同格局尚未形成，芯片设计与快速变化的市场需求结合不紧密，难以进入整机领域中高端市场。四是发展环境亟待完善。适应产业特点、有利于激发企业活力的产业政策体系不健全，落实不到位，政府资源分散、地方与中央协同不足等问题突出。

在此形势下，2014年6月24日，工业和信息化部正式公布了《国家集成电路产业发展推进纲要》，成为继"18号文"和"4号文"后的第三份重要集成电路产业推进政策。希望通过《国家集成电路产业发展推进纲要》（以下简称《推进纲要》）的颁布实施破解上述难题，为产业发展创造良好环境。

## 二、政策内容

《推进纲要》凝练了推进产业发展的四项主要任务：着力发展集成电路设计业，加速发展集成电路制造业，提升先进封装测试业发展水平，突破集成电路关键装备和材料。在设计业方面，围绕产业链开展布局，近期重点聚焦移动智能和网络通信核心技术和产品，提升信息技术产业核心竞争力；加紧部署云计算、物联网、大数据用关键芯片和软件，创新商业模式，抢占未来产业发展制高点；分领域、分门类，逐步突破智能电网、智能交通、金融电子等行业应用核心芯片与软件。在制造业方面，抓住技术变革的有利时机，突破投融资瓶颈，加快先进生产线建设，提升综合能力，建立可持续的盈利模式。同时兼顾特色工艺发展。在封装测试业方面，提升芯片级封装、圆片级封装、硅通孔、三维封装等先进封装和测试技术层次，扩大规模。在装备和材料业方面，加强装备、材料与工艺的结合，研发光刻机、刻蚀机、离子注入机等关键设备，开发光刻胶、大尺寸硅片等关键材料，快速形成配套能力。

《推进纲要》与18号、4号文件一脉相承，在保持现有财税政策、投融资政策、研究开发政策、进出口政策、人才政策、知识产权政策、市场政策等的基础上，重点增加了三个主要内容：

一是成立国家集成电路产业发展领导小组，负责产业发展推进工作的统筹协调，强化顶层设计，整合调动各方面资源，解决重大问题，根据产业发展情况的变化，实时动态调整产业发展战略，并成立由有关专家组成的咨询委员会。

二是设立国家集成电路产业投资基金。重点吸引大型企业、金融机构以及社会资金对基金进行出资。基金实行市场化、专业化运作，减少政府对资源的直接配置，推动资源配置依据市场规则、市场竞争实现效益最大化和效率最优化。基金支持围绕产业链布局，重点支持集成电路制造领域，兼顾设计、封装测试、装备、材料环节，推动企业提升产能水平和实行兼并重组、规范企业治理，形成良性自我发展能力。支持设立地方性集成电路产业投资基金。鼓励社会各类风险投资和股权投资基金进入集成电路领域。

三是加大金融支持力度。重点在创新信贷产品和金融服务、支持企业上市和发行融资工具、开发保险产品和服务等方面，对集成电路产业给予支持。

## 三、政策影响

为贯彻落实《推进纲要》精神，促进我国集成电路产业加快发展，北京、天津、上海、山东、四川、安徽、甘肃、武汉、重庆、江苏等省、直辖市纷纷出台集成电路产业扶持政策，通过设立投资基金，重点支持地方龙头企业在集成电路领域进行整合做大。其影响意义表现在：

一是各个省份成立致力于芯片国产化的产业基金，资金由中央财政、地方财政和社会资金三部分构成。该基金将扶持一批企业和企业的重点项目，而多个省份的参与，也将进一步明确从上游到下游，以及周边原材料产业的配套。我国集成电路的产业版图，将在该规划的实施下进一步明朗。

二是加大了配套政策的支持。本轮集成电路产业扶持政策将会动用相关各部委、财税部门、地方政府等众多的资源，从税收、土地、金融各方面给予芯片国产化政策支持。另外，本轮扶持政策涉及了从上游的设计、设备，中游的制造和下游的封装各个环节，无论是扶持力度还是牵涉的产业要素均远超以往，对集成电路产业后期的走向影响深远。

以北京、上海的集成电路产业基金为例。北京市集成电路产业发展基金由国家发改委、工信部和北京市政府于2013年12月共同设立，基金总规模300亿元，其中政府出资90亿元，其余引入民间资本。该基金模式为母子基金(1+N)，将支持 IC 产业链各环节协调发展，并积极开展兼并重组及海外收购。其中，盛世投资管理为母基金及制造和装备子基金(计划规模90亿元)管理公司,北京清芯华创为设计和封测子基金的管理公司。上海市集成电路信息产业基金由上海市创业引导基金、武岳峰资本、上海嘉定创业投资有限公司、台湾联发科技股份有限公司、中芯国际集成电路制造有限公司、清控金融、美国骑士资本等所共同发起,基金总额为100亿元,并已获得银行300亿元的信贷支持。

表3-1 2014年部分省、直辖市出台的集成电路产业扶持政策

| 文件名称 | 发布时间 | 发布单位 | 政策亮点 |
|---|---|---|---|
| 《北京市进一步促进软件产业和集成电路产业发展的若干政策》(京政发〔2014〕6号) | 2014年2月8日 | 北京市 | 建设国家级产业基地和产业园区,推进集成电路产业集聚发展。在组建集成电路产业发展基金的同时,对集成电路设计业和制造业的合作进行补贴。 |
| 《天津市滨海新区加快发展集成电路设计产业的意见》(津滨政发〔2014〕7号) | 2014年2月13日 | 天津市滨海新区 | 滨海新区财政每年将设立2亿元专项资金,用于公共服务平台的软硬件环境建设、运营经费支持。新区重点发展集成电路设计业,每年对初创型企业及新产品的研发给予适当的奖励和补助。 |
| 《安徽省关于加快集成电路产业发展的意见》(皖政〔2014〕18号) | 2014年6月17日 | 安徽省 | 安徽提出2017年省内集成电路产值达300亿元以上,2020年总产值达600亿元。支持合肥等市建立集成电路产业发展基金,打造特定领域虚拟IDM集成电路产业园。同时,对中小集成电路企业上市给予适当财政补贴。 |
| 《山东省关于贯彻国发〔2014〕4号文件加快集成电路产业发展的意见》(鲁政发〔2014〕14号) | 2014年7月29日 | 山东省 | 鼓励和吸引各渠道资金参与组建集成电路产业发展基金。同时提出了到2020年存储器、金融IC卡、数字家庭等重点领域集成电路设计技术达到国际领先水平的阶段发展目标。 |
| 《甘肃省贯彻落实〈国家集成电路产业发展推进纲要〉的实施意见》(甘工信发〔2014〕387号) | 2014年7月31日 | 甘肃省 | 发挥现有各类信息化资金的杠杆作用,吸引大型国有企业、金融机构和社会资金,设立甘肃省集成电路产业投资基金。鼓励社会各类资金进入除国家限制的电子信息领域,支持集成电路产业集中的市州或区域设立地方性集成电路产业投资基金。 |
| 《湖北省集成电路产业发展行动方案》(鄂政发〔2014〕44号) | 2014年9月28日 | 湖北省 | 在成立湖北省集成电路产业发展领导小组及湖北集成电路产业投资基金的同时,重点实施武汉新芯跃升工程,将武汉新芯发展成为国内最大的存储器研发和生产基地。 |

数据来源:赛迪智库整理,2015年1月。

## 第七节　工信部《关于加快我国彩电行业品牌建设的指导意见》

### 一、政策背景

经过改革开放 30 多年的发展，我国已成为全球最大的彩电生产国、消费国和出口国，建立了较为完善的研发、制造、销售和售后服务体系，自主品牌产品在国内市场占据优势地位，自主品牌在国际市场的占有率和影响力逐步扩大，多家企业跻身于全球十大彩电制造企业行列。但是，我国彩电企业产品同质化现象仍然比较突出，自主品牌价值和附加值较低，出口以加工制造为主，行业利润薄，亟须提升品牌价值。

### 二、政策内容

到 2015 年，彩电行业主要企业 90% 以上制定实施明确的品牌战略和目标。自主品牌产品出口不低于出口总量的 40%。品牌集中度进一步提高，培育形成 3 至 5 个拥有较强创新能力和国际影响力的自主品牌。政策内容主要包括：

一是实施以品牌引领转型升级的发展战略，增强品牌意识。引导彩电行业将品牌建设作为产业结构调整和发展方式转变的重要内容，树立品牌意识，实施品牌战略，巩固品牌保护意识，使培育和爱护自主品牌成为共同意识和自觉行动。

二是充分发挥企业主体作用，完善品牌建设机制。发挥企业在品牌建设中的主体作用，制定科学的品牌发展规划，建立完善的品牌运营体系，加大品牌建设投入力度。加强政策扶持，引导产业资源向优势品牌企业集聚，支持行业协会、产业联盟及第三方社会组织为企业品牌建设做好行业自律、行业维权、技术服务支持、国际交流合作等公共服务，充分发挥新闻媒体的舆论引导作用，形成"企业主体、政府引导、多方支持"的品牌建设机制。

三是增强企业核心竞争力，提升品牌价值。实施创新驱动发展战略，加大关键技术研究、产品研发以及工业设计等方面的投入力度，增强对面板、芯片等产业链核心基础环节的控制力，提升企业核心竞争力。推动产业链垂直整合和强强合作，促进彩电制造业与运营服务业融合发展，打造具有全产业链竞争优势的领军企业。抓住信息消费发展机遇，加快开发网络化、智能化彩电产品，加强技术集成和商业模式创新，通过增强产品供给能力提升品牌附加值，引领新的消费热点。

四是规范市场秩序，优化品牌成长环境。鼓励市场竞争，规范品牌管理活动，加强品牌管理人才培养。加强对自主品牌的舆论宣传，支持第三方机构开展品牌评价活动，引导消费者树立重视品牌、支持自主品牌的消费理念。加大知识产权保护力度，鼓励通过各种途径进行举报，打击侵犯注册商标专用权等假冒伪劣违法行为，维护品牌合法权益，营造公平规范的市场竞争环境。

五是提高品牌经营能力，强化品牌优势。立足我国彩电产业基础和优势，推动企业强化品牌定位，加强市场研究，实施差异化的品牌战略，增强参与全球市场竞争的能力。促进企业品牌经营管理水平的提高，推广先进的品牌管理机制和品牌培育方法，建设品牌管理人才队伍，增强企业营销策划、传播宣传、危机应对等方面的能力，塑造企业品牌文化和社会形象。引导企业把握行业发展趋势，充分发挥电子商务、网络营销的作用，开拓创新品牌推广新渠道。

六是完善质量、服务和诚信体系，保障品牌信誉。落实企业质量主体责任，推广先进质量管理方法，加强标准体系建设和贯彻实施，完善质量检测条件，提升彩电行业整体质量水平。加强诚信体系建设，开展企业自我声明活动，引导企业自觉承诺并履行质量责任，杜绝虚假宣传行为，自觉接受社会监督。完善售后服务体系建设，加快售后服务向售前服务、应用服务延伸，提高服务水平和附加值。大力营造重视质量、讲求诚信、珍视信誉的行业氛围，增强广大消费者对自主品牌产品的信心。

### 三、政策影响

当前，彩电行业正在面临新的重大变革。产业升级加速，网络化、智能化、产品与服务一体化趋势明显。基于互联网的商业模式和业务形态变化正在深刻影响着产业生态环境和市场格局，制造商与品牌商一体的传统模式受到挑战，品牌、创新能力和产业链整合能力成为彩电产业核心竞争力的关键要素。加快彩电行业品牌建设，围绕品牌建设优化配置资源，有利于产业转型升级，实现发展方式由规模扩张向质量品牌效益的转变；有利于提升企业的核心竞争力，进一步巩固国内市场优势地位和提升国际市场竞争力；有利于行业管理水平的提高，实现行业整体发展水平的提升。

# 第八节　工信部《关于加快我国手机行业品牌建设的指导意见》

## 一、政策背景

我国手机产销量均居全球首位，市场份额不断提升，产业体系日趋完备。自主品牌手机企业快速成长，市场竞争力明显提升，多家企业产销量跻身全球前列。但品牌影响力不强、附加值不高等问题制约着我国手机企业的进一步发展，加快提升产品品牌形象和价值正在成为行业的新追求。

## 二、政策内容

政策目标建设以企业主体、政策引导、多方参与、协调联动的手机品牌建设体系，形成有利于优势品牌成长、特色品牌发展的政策环境；手机产品的质量效益和市场表现进一步提升，在高端市场实现突破；手机企业品牌意识、产品定义和设计能力、技术和商业模式创新能力、产业链整合能力、市场营销能力显著增强，逐步形成品牌影响力和盈利能力达到全球领先水平的手机企业。主要内容包括：

一是以企业为主体加强品牌建设，以创新促进品牌成长。鼓励企业在品牌建设中发挥主体作用，学习借鉴国际先进的品牌建设方法和品牌管理机制，研究制定科学的品牌发展规划，实施明确的品牌发展战略，建立健全品牌经营管理体系。加大先进产品设计资源投入，提高手机产品定义和工业设计能力。鼓励企业把握产业发展趋势，突破核心关键技术，开拓创新品牌推广渠道，增强品牌竞争实力。实施差异化品牌战略，提高在细分市场的竞争力。

二是更好地发挥政府的支持引导作用，完善手机品牌建设政策环境。各级行业主管部门要推动制定相应的政策和激励措施，加强对品牌手机企业的政策扶持力度，鼓励行业和社会资源向品牌企业聚集，支持优势品牌、特色品牌发展，使培育和推广品牌成为行业企业的共同意识和自觉行动。工业和信息化部支持地方开展手机品牌建设的试点示范。

三是加强行业公共服务和支撑，形成品牌建设合力。鼓励行业协会、产业联盟、检测机构等行业组织结合手机企业需求，组织开展人才培训、品牌评估方法研究与推广、品牌宣传和交流活动，借鉴和总结国际知名手机品牌及其他行业优秀品牌的建设和发展经验开展咨询服务，搭建手机工业设计资源库、品牌专家库、海外市场拓展平台等公共服务设施，加强质量标准体系建设，完善质量和可靠性检测条件，提升手机产品质量水平。

四是加强产业链合作，夯实手机品牌建设的产业基础。推动手机制造企业、芯片企业、软件企业、互联网企业、运营商、科研院所等产业链上下游相关环节加强合作，促进产业链融合创新、互动发展，提升产业链整体实力。

五是充分利用运营商和行业用户等市场资源，加快手机品牌发展。支持运营商强化与自主品牌手机企业的合作，加强对优势品牌和高端机型的宣传推广，在4G发展中做好与产业的衔接互动，支持手机企业做好产品规划布局；支持手机企业与公安、市政、教育、医疗等部门开展合作，大力拓展面向不同行业、不同地区的细分市场，开展差异化品牌建设；鼓励消费者参与手机品牌建设和评价工作。

六是规范市场秩序，加强行业自律。各级行业主管部门应加强协调力度，加强知识产权保护，鼓励消费者对仿造、假冒手机产品进行举报，加大对仿造、假冒等侵权行为的打击，维护品牌企业的合法权益，维护市场和出口秩序。积极发挥行业组织的作用，鼓励企业发布社会责任报告，推进企业社会责任建设，加强行业自律，提升自主品牌形象。

七是完善质量和服务体系建设，提升消费者满意度。手机企业应落实质量主体责任，推广先进质量管理方法，完善售后服务体系建设，加快售后服务向售前服务、应用服务延伸，提高服务水平，及时响应和解决消费者诉求，提升消费者的满意度。

八是大力拓展海外市场，提升自主品牌国际影响力。支持品牌手机企业实施国际化战略，通过"走出去"开拓国际市场，建立全球品牌营销体系，开展全球品牌宣传推广。积极探索利用多边和双边平台支持企业推广自主标准、技术和品牌，扩大品牌影响力。鼓励具备实力的企业抓住产业结构调整的机遇，加强国际技术和产业合作，开展国际并购，提升品牌实力。

## 三、政策影响

当前，全球手机产业正在加快转型，移动互联网的商业模式和业务形态创新正在深刻影响竞争格局，手机的创新速度和应用多元化特征使其成为信息通信技术融合的重要载体、互联网业务的关键入口和重要的创新平台。手机行业的竞争由主要依靠产品性价比扩展到对全产业链的整合和掌控，行业资源进一步向优势品牌聚集。加快手机行业品牌建设，有利于促进我国手机行业发展方式由规模扩张向规模和品牌效益并举发展，进一步实现转型升级的新突破；有利于优化产业资源配置，改善行业生态环境，进一步形成可持续发展能力；有利于促进企业提升产品质量，强化应用创新，进一步满足消费者需求，夯实拉动信息消费的产业基础。

# 第四章　2014年中国电子信息制造业热点事件

## 第一节　国家发展改革委对高通展开反垄断调查

### 一、事件背景

自《反垄断法》通过实施以来，一直有相关企业、行业协会举报高通涉嫌通过不公平高价、歧视性定价、附加不合理交易条件等做法,滥用其在无线专利标准、手机芯片市场的支配地位。2013 年 11 月, 国家发展改革委根据举报启动了对高通公司的反垄断调查。在调查过程中, 国家发展改革委对高通中国（北京）和上海公司两个办公的地方进行了黎明突袭调查（dawn raid）, 调取了相关的文件资料, 并在同一时间对数十家国内外手机生产企业和基带芯片制造企业进行了深入调查, 获取了高通公司实施价格垄断等行为的相关证据, 充分听取了高通公司的陈述和申辩意见, 并就高通公司相关行为构成我国《反垄断法》禁止的滥用市场支配地位行为进行了研究论证。

经调查取证和分析论证, 发改委认定高通公司在 CDMA、WCDMA、LTE 无线通信标准必要专利许可市场和基带芯片市场具有市场支配地位, 实施了以下滥用市场支配地位的行为：

一是收取不公平的高价专利许可费。高通公司对我国企业进行专利许可时拒绝提供专利清单, 过期专利一直包含在专利组合中并收取许可费。同时, 高通公司要求我国被许可人将持有的相关专利向其进行免费反向许可, 拒绝在许可费中抵扣反向许可的专利价值或提供其他对价。此外, 对于曾被迫接受非标准必要专利一揽子许可的我国被许可人, 高通公司在坚持较高许可费率的同时, 按整机批发净售价收取专利许可费。这些因素的结合导致许可费过高。

二是没有正当理由搭售非无线通信标准必要专利许可。在专利许可中，高通公司不将性质不同的无线通信标准必要专利与非无线通信标准必要专利进行区分并分别对外许可，而是利用在无线通信标准必要专利许可市场的支配地位，没有正当理由将非无线通信标准必要专利许可进行搭售，我国部分被许可人被迫从高通公司获得非无线通信标准必要专利许可。

三是在基带芯片销售中附加不合理条件。高通公司将签订和不挑战专利许可协议作为我国被许可人获得其基带芯片供应的条件。如果潜在被许可人未签订包含了以上不合理条款的专利许可协议，或者被许可人就专利许可协议产生争议并提起诉讼，高通公司均拒绝供应基带芯片。由于高通公司在基带芯片市场具有市场支配地位，我国被许可人对其基带芯片高度依赖，高通公司在基带芯片销售时附加不合理条件，使我国被许可人被迫接受不公平、不合理的专利许可条件。

高通公司的上述行为，排除、限制了市场竞争，阻碍和抑制了技术创新和发展，损害了消费者利益，违反了我国《反垄断法》关于禁止具有市场支配地位的经营者以不公平的高价销售商品、没有正当理由搭售商品和在交易时附加不合理交易条件的规定。

在反垄断调查过程中，高通公司能够配合调查，主动提出了一揽子整改措施。这些整改措施针对高通对某些无线标准必要专利的许可，包括：(1)对为在我国境内使用而销售的手机，按整机批发净售价的65%收取专利许可费；(2)向我国被许可人进行专利许可时，将提供专利清单，不得对过期专利收取许可费；(3)不要求我国被许可人将专利进行免费反向许可；(4)在进行无线标准必要专利许可时，不得没有正当理由搭售非无线通信标准必要专利许可；(5)销售基带芯片时不要求我国被许可人签订包含不合理条件的许可协议，不将不挑战专利许可协议作为向我国被许可人供应基带芯片的条件。

由于高通公司滥用市场支配地位实施垄断行为的性质严重、程度深、持续时间长，国家发展改革委在责令高通公司停止违法行为的同时，在2015年2月10日，依法对高通公司处以2013年度在我国市场销售额8%的罚款，计60.88亿元。

## 二、事件评析

### （一）国内整机企业专利成本将切实降低

我国手机企业利润偏低甚至整体为负的一个重要原因在于芯片端成本高启，

其核心是高通安卓平台芯片收费过高。高通收费模式可归纳为三个层次：一是由高通向手机厂商一次性收取的 Licence 许可费，几十万至上百万美元不等；二是高通芯片的购买费用，约 10 到 20 美元；三是手机销售时由整机厂商向高通缴纳的专利费，约是整机价格的 5% 到 6%。目前来看，前两类费用是企业必要的生产成本且对国外企业通用，因此判罚主要是针对第三类收费，由原来的按整机售价计算调整为按整机价格的 65% 计算。企业负担得到切实减轻，行业整体利润率上升。

### （二）芯片市场格局变化甚微，国内芯片企业或可静待性价比转机

高通专利模式的改变意味着其利润占比近一半的中国市场利润将出现下滑，但对市场份额的影响却极为有限。目前高通芯片依然是大多数安卓智能手机厂商追捧的对象，特别在 LTE 领域，高通的主导优势仍十分明显。联发科主攻低端市场，Intel、海思、展讯的 4G 芯片或市场份额较小或尚处于投放起步阶段，短期内均无力与高通抗衡。随着国产 4G 芯片成熟度不断提高，特别是展讯、海思芯片进入市场放量阶段，市场格局将出现松动。同时，如果高通因按照芯片模组收取专利费而调整其芯片价格，国产芯片的综合性价比优势将得以显现。

### （三）可能引发国内外手机市场新一轮专利诉讼热潮

高通可能的判罚结果中最为重要的一项是专利"反授权协议"的取消，即采用高通芯片的整机厂商之间将不再免费共享专利。取消"反授权协议"在解绑产业链上下游、使其拥有更公平竞争环境、更多选择话语权的同时，也意味着高通专利生态"保护伞"的消失。对于深陷同质化竞争和价格鏖战的国内智能手机市场来说，竞争手段无疑又多了一把"知识产权"的利剑。核心专利储备较为雄厚的企业将通过专利施压，打击直接竞争对手（国产前六家智能手机国内市占率均为 5% 左右），而绝大部分的中小企业和山寨品牌将在此轮打压下举步维艰，或逐渐消亡。近期华为、中兴向小米、OPPO 发送侵权律师函的传闻已表明此种猜测不是空穴来风。与此同时，高通在中国的判罚极易招来美国、欧盟等市场的效仿。在海外市场，应警惕苹果、三星等手机巨头对国产智能手机"海外军团"的联合专利围剿。

## 第二节　广电总局加强互联网电视监管

### 一、事件背景

作为三网融合的典型载体，反映技术创新与市场需求无缝对接的互联网电视产业近年来发展迅猛。艾瑞咨询数据显示，2013 年中国联网电视终端销售量为 2397.0 万台，市场渗透率已达 51.1%。2014 年中国联网电视终端销售量将达3312 万台，市场渗透率达 72.3%，互联网电视产业将进入爆发式增长时期。到2015 年中国联网电视终端销售量将达 3556.8 万台，平板电视中将有近 80% 的电视机具有联网功能。但发展初期的粗放式管理导致产业发展环境混乱，产业链边界模糊，竞争处于无序状态。其实早在 2011 年广电总局就出台 181 号文建立了对互联网电视产业监管的基调。但其后几年各方都没有真正落实相关规定，导致盗版内容频现、山寨盒子横行、盈利模式模糊。针对产业发展乱象，为给用户提供一个绿色、健康的客厅环境，广电总局于 2014 年 6 月开始利用一套"组合拳"加强对互联网电视产业监管。2014 年 6 月广电总局要求互联网电视牌照商华数和百视通进行整改，关闭其所有互联网电视终端产品中各类视频 APP 及视频聚合软件、互联网浏览器软件的下载通道，并对已下载的软件立刻进行技术处理。2014 年 7 月 4 日，广电总局表示互联网电视集成业务牌照将不再发放。2014 年7 月 9 日，广电总局再发通知，要求有线电视网络公司大力开展 TVOS1.0 规模应用试验，并要求有线网络公司所采购或集成研发和安装的智能电视机顶盒等终端，不得安装除 TVOS 外的其他操作系统。2014 年 7 月 11 日，广电总局网络视听节目管理司发文，要求部分 OTT 电视集成播控平台取消集成平台里直接提供的电视台节目时移和回看功能。除此之外，广电总局还明确要求互联网电视集成平台不能与设立在公共互联网上的网站进行相互链接，不能将公共互联网上的内容直接提供给用户。机顶盒和智能电视必须选择连接广电总局批准的拥有牌照的七家播控平台和十四家内容服务平台。今后平台方不但是服务者，同时还要肩负起监管者的身份。此次整改意在净化互联网电视播放内容，净化用户客厅环境，强化内容商版权意识，促使互联网电视产业进入可管、可控的有序发展通道，这对互联网电视产业的长期可持续发展起到了积极的作用。

## 二、事件评析

### (一)有利于理顺产业链秩序构建行业发展新态势

行业新政出台前互联网电视产业各个环节的企业,都希望发挥运营平台的角色,从而占据家庭娱乐中心的主导地位,这客观上导致内容/用户运营方面实际上处于各自为政乃至竞争状态。作为拥有牌照的播控平台在产业链分工中应该提供内容集成的建设管控服务,但他们也在做终端的机顶盒。这就形成了播控平台既是运动员又是裁判员的非正常发展模式。这种产业链分工不明确引致企业定位模糊,竞争处于无序状态。广电总局的一系列整改措施出台后,让习惯了自由式发展的互联网电视产业链上下游各方都感到手脚被束缚,原有发展思路被打破,既定成长路径被截断。但不可否认的是这一连串旧策新政,厘清了内容、播控平台、运营商和终端的产业链关系和次序,协调了地面数字电视、卫星电视、有线电视和互联网电视的传输渠道分布,互联网电视的行业生存环境有所改观,有利于产业的长期协调发展。

### (二)内容减少引致用户黏着力降低

能够提供海量资源是互联网电视超越并颠覆传统电视的关键所在。内容是把用户留在客厅最有效的手段。但严管后互联网电视内容出现了青黄不接的局面:不合规的被下架,合规的又很少,虽然目前一些视频网站开始加大视频制作的投入,通过自制节目、收购版权,有意识地强化内容供应商的角色,其他各方也在积极筹划应对之策,但远水不解近渴,内容缺乏导致很多用户从追捧者变为观望者。互联网电视的用户黏着力也因此急剧下降,客户的流失必然引致以逐利为目标的资本的抛弃,产业的短期冲击不可避免。

### (三)产业链重构任重道远

广电总局的严管让互联网电视产业链各方有喜有忧。首先7家牌照方是最大的受益方。但同时牌照方不再仅仅是服务方,同时也是内容的监管方,如果监管不力将面临牌照被收回的风险。对电信运营商来说,因为广电总局要求牌照商停止与电信运营商合作开展直播服务,这对于一直觊觎电视节目内容服务业务并希望成为主导者的电信运营商无疑是当头棒喝。短期内广电系作为电视产业主力军的事实无法改变。在此次严管风波中受影响最大的莫过于视频网站。严管切断了用户与视频网站的直接连接通道,视频网站抢占客厅的梦想几乎不可能。同时比较受伤的还有互联网电视终端厂商，一方面面临着电视利润率的大幅下滑，另一方面"硬件＋内容"的利润增长模式被否定,电视厂商被迫调整发展思路和战略。行业洗牌已不可避免，牌照商、电信运营商、电视厂商和视频企业将进入新一轮博弈，调整思路进行产业链重构是目前互联网电视产业必须面临的问题。

### （四）已有盈利模式受到挑战

服务付费＋广告收入是互联网电视盈利的主要模式。目前网络视频 PC 端的广告年收入已经超过百亿，TV 端的广告价值比 PC 端高很多。价值实现的前提是用户愿意为他所享受到的服务买单，以及拥有保持广告客户投入热情的广泛客户资源。但一方面目前国内用户付费收看电视节目的观念还未完全建立，另一方面互联网电视作为电视领域的新锐其广告市场还未得到充分重视和挖掘，市场价值并未实现充分放大。因此改变用户的消费理念并提高广告投放的吸引力是互联网电视实现盈利的关键所在。而这些都与服务商提供的服务质量密切相关。内容丰富、制作精良的节目，便捷的操作及付费方式都是吸引用户的法宝。但严管之后，内容的缺失使得互联网电视的盈利模式受到极大的挑战。用户不会为不满足其需求的内容买单，客厅不能留住用户自然也就失去了各方资源争夺的价值，这种恶性循环对产业发展将是致命打击。

### （五）山寨盒子充斥市场，监管效果大打折扣

固然政策收紧后互联网电视产业发展环境得以净化，秩序得以整顿，但当正规途径受到监管，势必会催生监管边界之外的行业的发展。如不受监管的山寨盒子可能会借机占据监管后用户客厅的空白。如果广电没有针对山寨盒子的有效监管，那么正规厂商的产品会被抛弃，"劣币驱逐良币"效应显现，这不但使监管效果大打折扣，更加无益于产业发展和市场秩序的重建。

## 第三节　蓝宝石行业再掀新一轮投资热潮

### 一、事件背景

从 2013 年开始，国内蓝宝石行业出现了扩产热潮。近期国内主要的蓝宝石生产商之一天通股份推出了自身的扩产计划。天通股份拟投资超过 30 亿元，用于建设智能移动终端应用大尺寸蓝宝石晶棒项目和蓝宝石晶片加工业务。除此之

外，针对天通生产基地总投资 5.62 亿元的扩产计划也在同时进行，通过引进抛光机、自动贴片机等设备，计划产能 360 万片 / 年。

天通股份只是众多计划扩产的企业中的一例。同样是在宁夏银川，2014 年 6 月台湾佳晶科技宣布投资 9.3 亿元成立宁夏佳晶蓝科技有限公司，一期规划的蓝宝石产能为 5 吨 / 月，到 2015 年长晶设备数量将会提高到 250 套以上。

国内长晶设备供应商昌盛机电在设备制造的基础上，也进军蓝宝石晶棒业务，于 2013 年和天津中环共同投资成立内蒙古京环电子材料有限公司，一批 32 台长晶炉已经投产，2014 年 9 月又增加了二批 32 台长晶炉。蓝宝石晶片企业江苏吉星新材料有限公司明确声称，2014 年将对蓝宝石吉星新材料进行扩产。蓝宝石衬底企业水晶光电表示，由于市场需求增大，其 LED 蓝宝石衬底产能计划扩产约 30%，蓝宝石 PSS 衬底产能由约 15 万片 / 年，年底前扩产至 20 万片 / 年的产能。

除了佳晶之外，台湾地区企业在大陆的扩产也纷纷展开。台湾晶美已经在盐城成立晶美应用材料有限公司，规划月产能在百万左右，目前量产约 20 万片 / 月。台湾鑫晶钻也在大陆设厂，在盐城成立中国富晶钻生产约 30 万片月产能。兆远与中美蓝晶合并后，也在山东开始了自身的扩产计划。

## 二、事件评析

蓝宝石行业迎来了新一轮的发展机会，也面临着新的挑战。在投资扩产热潮面前，蓝宝石企业仍然需要在关键技术突破，根据自身情况理性扩产，通过加强合作，通过行业整合来提升企业的竞争力，使我国蓝宝石行业迈入国际先进水平行列。

### （一）苦练内功，突破长晶等蓝宝石产业链核心技术

国内蓝宝石行业在发展之余，应清醒地看到自身存在的问题。虽然产能提升明显，但是在长晶和晶棒等关键领域，国内的技术水平和国际龙头企业相比还有不小的差距。因此对于企业来说，突破长晶和晶棒领域的关键技术显得更为重要。扩产带来的是规模效应，相比规模更重要的是产品性能的提升。从移动终端对于供应商的要求来看，产品性能的要求越来越高，例如苹果对于供应商的考察非常严格，要求"规模大、成本低"，尤其体现在对品质追求高，高透亮和轻薄的要求对蓝宝石企业提出了更高要求。蓝宝石行业在长晶环节技术壁垒很高，能够生产优质蓝宝石企业较少，所以要想在未来成为苹果等移动终端的供应商，前提是

要在技术上脱颖而出。对于蓝宝石企业来说，特别是已经扩产，希望成为蓝宝石行业的龙头企业而言，具备了规模优势后苦练内功提升自身技术实力是非常重要的，这样才有可能进入苹果等供应链条。iPhone6 未采用蓝宝石屏幕对于行业是一个不小的打击，这也意味着在移动终端环节仍然任重道远，有限的市场加上扩充的产能可能会引起新一轮的产能过剩和竞争，提升技术实力也有利于确保自身在行业的地位，在竞争中处于优势。

### （二）理性扩产，拓宽 LED 和移动终端等应用渠道带动企业发展

移动终端应用的增长，纵然是开辟了新的市场，但是由于各企业自身情况不同，并非所有企业都适合在第一时间扩产，特别是对于中小企业来说。移动终端需求的兴起，对于具有规模成本优势的供应商存在机会，但同时蓝宝石行业可能会逐渐走向垄断趋势，对中小企业来说，甚至存在挤出效应的风险。

对于中小企业而言，建议对于投资扩产保持理性态度，更多的注意力放在自身应用渠道的拓展。企业应该找准自身定位，结合企业规模和实力，拓展应用市场，制定适合自身发展的道路。从蓝宝石的应用端来看，国内 LED 的快速发展使得市场有很大潜力，发展外延芯片客户仍然是企业的重中之重。在智能终端的应用领域，可以先从门槛不高的国内企业入手。企业在应用端占领市场，就会在竞争中占有一席之地。倘若蓝宝石行业迎来新一轮竞争，中小企业也能保证有自己的市场份额而不致被动。

### （三）优势企业强强联合，行业整合增强企业竞争力

蓝宝石行业的发展轨迹，有着众多行业起步时同样的规律。中国的蓝宝石行业尽管起步较晚，但是产能迅速扩张，国际地位不断提升。与此同时，行业中存在的问题也非常明显，中国的企业以中小企业为主，各企业各自为政的情况一直存在，在缺乏核心技术竞争力的情况下，往往陷入价格战的局面，行业价格波动的情况屡见不鲜。从整个 LED 行业规律来看，行业整合，甚至兼并重组也是蓝宝石行业未来发展的趋势。优势企业应该寻求合作伙伴，通过取长补短、强强联手来打造中国乃至全球的蓝宝石产业的龙头企业，在全球市场中占据一席之地。通过收购、策略联盟、相互持股等方式，迅速打破技术、专利壁垒，实现产业化突破。

## 第四节　小米屡创线上销售纪录

### 一、事件背景

2010 年成立的北京小米科技有限责任公司（简称小米），仅用 4 年时间，就初步完成了其生态系统的建立，并快速成长为国内影响力仅次于苹果与三星的品牌。在 2014 年 4 月为期 3 天的"米粉节"活动中，在没有线下发布会的情况下，小米实现了 130 万台手机、5000 台小米电视、10 万台小米盒子、74 万个移动电源、52 万条活塞耳机、20 万个随身 WiFi 等多种产品的线上销售，金额高达 15 亿元。在 2014 年的"双十一"活动中，小米销售手机 116 万台，销售金额达到 15.6 亿人民币，约占天猫当天总额的 3%，成功卫冕单店第一。与传统制造企业相比，小米无疑是个奇迹，其"硬件 + 软件 + 互联网服务"生态圈的建立功不可没，这也是制造企业应用互联网思维进行的一种成功的商业模式创新。

### 二、事件评析

小米的成功，可以总结为以下几点：

#### （一）敏捷开放的研发模式

新型的研发模式不仅为小米带来了巨大的产品优势，而且对传统研发模式产生了巨大冲击，甚至引起了行业变革。

一是敏捷开发。这种近几年才被引进国内的新型开发模式，早已在美国硅谷的创业公司中被大量应用。该模式将一个开发项目分解为多个阶段，每个阶段完成后，项目都可以交付某种程度的产品。这种模式的优点是，在降低整个项目复杂度的同时，还可快速获得已具雏形的产品。小米采用该模式，做到了"快速迭代、随做随发"。例如，MIUI 操作系统，自研发之日起便坚持每周更新，至今已持续了三年多，使得 MIUI 操作系统由最初简单的 Android 系统界面成长为具有应用超市、语音助手、防打扰等丰富功能的成熟操作系统。凭借这种高速的开发模式和极高的团队执行能力，小米在接收到各种反馈意见后，可及时改进、快速迭代出更好的产品，从而使产品在推出初期便吸引了大批拥趸，为后期推广铺平了道路。

二是开放式研发。与传统封闭式研发方式不同，小米采用的是完全开放的研发模式。利用互联网这个交流平台，通过论坛、微博、微信等社交工具，充分了解一线用户的需求与意见，有效把握研发创新方向，使产品更加贴近用户的体验与需求。小米还会邀请资深用户或发烧友来参与产品的测试、研发、体验、建议等环节，并成立了小米产品用户开发平台。其平台网站上"每个用户都是产品经理"的醒目口号，彰显着小米以客户为中心、让用户参与的理念。开放式研发不仅使大量客户成为小米了解市场定位、产生创新思想的信息源，而且在频繁的互动过程中，也增加了用户的参与感，培养了大批忠实用户。

### （二）创新的商业模式

一是按需定制。小米用户在产品开发过程中拥有更多话语权，可以自己定义产品的形态和功能，最大限度地获得心目中理想的产品。小米有别于传统制造企业，它没有自己的制造工厂，也不会提前生产大量产品存于仓库，而是通过用户的互联网订单获得市场需求后，与全球最好的工厂、供应商合作，寻求最佳的专业化分工，生产出高品质产品，从而实现了零库存、轻资产的按需定制生产模式。

二是零渠道成本电商销售。传统的手机销售渠道主要包括零售店、运营商和电商三种，其中零售店仍然是当今主流的销售途径。小米目前的产品渠道只有电商和大运营商两种，其中 70% 的渠道权重由旗下的小米网承担。放弃传统零售店以电商为主要销售渠道，使小米简化了全国代理、省级代理以及地市级代理等多个中间环节，极大降低了渠道成本支出，并将利益返还给消费者，小米可以将高配置产品的价格严格控制在成本价附近。此外，中间渠道的简化还带来了资金流、信息流以及物流的简化，小米可以很快获得反馈销售数据，据此对后续的生产进行及时调整。

三是社会化营销。小米的品牌营销并未依靠传统的大规模广告投入，而是利用互联网的传播特性，在小米论坛、微博、微信、QQ 空间等新型社交媒体平台进行营销。这种社会化营销的投入基本可以忽略，极大地节约了营销成本。小米之所以能成功地利用互联网新媒体平台进行社会化营销还要得益于三个方面：对每个社会化平台的用户群、特点都了如指掌；通过超预期的产品性价比赢得用户口碑；根据用户意见及时调整产品，增加用户的参与感。

### （三）便捷的互联网服务

小米不靠硬件盈利，而靠互联网服务赚钱。小米以"不追究依赖硬件利润"为发展方向，运营布局由硬件向软件与服务延伸。小米通过米聊软件，涉足即时通讯与社交网络；由小米盒子、小米电视提供视频服务；利用产品内置的应用商店，为用户提供云存储空间；与金山软件合作向手机游戏领域进军；联手迅雷推出小米云服务；与北京银行签署合作协议试水互联网金融与移动支付。至此，互联网服务已成为小米生态圈布局中的重要一环。

## 第五节　电动汽车推广政策力度加强

### 一、事件背景

2014 年以来，习近平主席、李克强总理、马凯副总理先后调研我国新能源汽车的发展情况，并做出重要指示。各部委在 2013 年基础上进一步加大对新能源汽车推广的支持力度，财政部、科技部、工业和信息化部、国家发展改革委联合出台《关于进一步做好新能源汽车推广应用工作的通知》，降低电动汽车补贴下调幅度，同时明确政策延续性。四部委还批复了 12 个城市或区域作为第二批推广城市名单。各级地方政府也积极出台鼓励办法或实施方案，北京、深圳、上海、天津等城市率先启动电动汽车补贴，江苏、山东、安徽、武汉、西安等省市发布具体实施方案，呈现集体启动态势。部委和地方的政策分别涵盖充电设施建设、补贴标准、税收优惠、号牌政策等，不仅支持力度空前，而且与实际需要紧密联系，可落地性强。在国家领导的积极关注下，我国电动汽车推广政策自上而下的力度明显加强，带动电动汽车产量迅速增长。

### 二、事件评析

#### （一）政策效果不尽如人意

冲劲有力，后劲不足，是我国电动汽车推广的老问题。早在 2009 年我国就启动了"十城千辆节能与新能源汽车示范推广应用工程"，当年电动汽车产量达到 5294 辆，增长超过 100%。2011 年，随着示范城市范围进一步扩大，电动汽车产量突破万辆，达到 12784 辆，同比增长 74%。但 2012 年，电动汽车产量反而下滑到 12552 辆。其根本原因在于，电动汽车推广主要面向公共交通领域，但地方每年更新的公共交通车辆数量比较固定，无力持续采购，而增长速度更快、市场潜力更大的个人消费市场则迟迟难以启动。

尽管在政策带动下，2014年上半年我国电动汽车产量近2.1万辆，但公共交通领域采购占比超过80%，而地方每年更新的公共交通车辆数量比较固定，维持上半年高速增长的可能性低。同时，在各地政府所制定的2014年总计8万—10万辆的推广目标中，个人消费占比较高，但从实际情况看，这块市场的发展仍然缓慢，实际推广情况与目标间差距仍十分明显。例如，为鼓励消费者购买新能源汽车，北京市从2014年初起，从每期小汽车摇号指标中拿出2000个（约占指标数的8%）给新能源汽车。虽然头两期申请人数超过了指标数量，但第三期申请人数就明显减少，并低于指标数量；同时2014年三期中签指标中只有600个左右上牌，约占总数的10%。因此可以说，困扰我国电动汽车发展多年的市场僵局依然未能打破。

### （二）推广不易源于三大主因

电动汽车性能不如人意。主要表现为续航里程短、充电时间长等，这些问题的存在都与作为动力来源的锂离子电池息息相关。首先，当前锂离子电池的比能量较低，不管是哪种正负极材料的组合，其动力电池模组的比能量均在180Wh/kg以下，距离根据美国先进蓄电池协会（USABC）在2005年公布的电动汽车动力电池性能指标（比能量要达到200Wh/kg）有较大差距。比能量不足造成电动汽车的续航里程偏低，目前市场上绝大部分电动汽车续航里程在250公里以下，难以满足续航要求；若增加电池数量，虽可以提高续航里程至400公里左右，与燃油汽车较为接近，但会大幅提升电动汽车价格和重量，并不十分可取。其次，锂离子电池充放电时，锂离子在正负极材料中来回脱嵌，这就限制了锂离子电池的充电时间。尽管加大电流可以缩短充电时间，但会使得锂离子的脱嵌速度加快，影响正负极材料结构的稳定性，从而造成电池性能快速下滑，这就意味着动力电池需要较长的充电时间较长，也就造成电动汽车较燃油汽车的性能体验较差。

电动汽车安全性存疑。近几年，电动汽车安全事故方面的新闻成为业界关注热点。这些事故，有的发生在汽车运行过程中，有的发生在充电过程中，说明电动汽车的安全性还有待进一步验证。尤其是获得了美国国家公路交通安全管理局（NHTSA）防撞性检测五星评级的特斯拉从2013年10月以来相继发生了8起起火事件，尽管未造成人员伤亡，但引发了社会各界对于电动汽车安全性的热议。

铺天盖地的报道在一定程度上造成非专业的消费者对电动汽车安全性的顾虑，使其对电动汽车望而却步。而就我国而言，标准体系的缺失更使得消费者对电动汽车安全性存疑。一方面，我国电动汽车用动力电池标准体系尚未完全建立，动力电池的容量、体积以及不同类型的单体电池都没有明确规定，在动力电池检测——尤其是安全性检测方面——测试手段较为单一，无法从源头保证动力电池的安全性。另一方面，尽管我国已经发布充电接口、基础设施等方面的国家标准，但各地方还没有完全统一，加之不同企业建设的充电桩都基于各自的软硬件基础，相互间兼容性差，不仅给管理带来了不便，更影响电动汽车充电的便捷性和安全性。

基础设施建设推进缓慢。续航里程短、充电时间长大大降低了电动汽车使用的便捷性，也使得电动汽车对充电基础设施的需求远远超过燃油汽车对加油站的需求。尽管我国从 2009 年就开始加大电动汽车推广，积极推进基础设施建设，但相较欧美国家，我国充电基础设施建设推进较慢，无法满足消费者的正常使用需求，限制了消费者对电动汽车的购买热情，成为制约电动汽车推广普及的关键要素之一。从用户角度看，我国绝大部分购车者是城市居民，随着汽车普及程度的提高，城市停车位不足的问题越发显现，有固定车位的消费者非常少。这种情况下，拥有私家充电设施对绝大多数消费者来说无异于天方夜谭。从公共设施建设角度看，如果大规模兴建公共充电设施，会遇到建设费用无处解决、充电设施管理机制不完善、经营模式不明确等问题，且临近充电设施的停车位的争抢也会造成新的矛盾。虽然部分城市已经在推进充电基础设施建设并取得一定成效，但整体而言，相关基础设施仍远远落后于需求。这种先天不足压制了我国消费者对电动汽车的购买欲望。

## 第六节　美国对我国光伏产品出口发动二次"双反"调查

### 一、事件背景

美国商务部曾于 2012 年裁定对中国产晶体硅光伏电池征收 18.32% 至 249.96% 的反倾销税，以及 14.78% 至 15.97% 的反补贴税，但并未完全堵死中国光伏组件入美之路。2014 年 1 月 23 日，美国商务部正式宣布，对从中国大陆进口的晶体硅光伏产品发起反倾销和反补贴（"双反"）调查，产品范围从"晶体硅光伏电池"扩大至包括电池、组件、层压材料在内的"晶硅体光伏产品"，同时对从中国台湾地区进口的晶体电池产品发起反倾销调查。2014 年 6 月 3 日，美国商务部宣布，初步裁定中国大陆出口到美国的晶体硅光伏产品获得了超额政府补贴，补贴幅度为 18.56% 至 35.21%；7 月 25 日，美国商务部又公布了对华晶体硅光伏产品反倾销初裁结果，认定中国大陆和中国台湾地区输美晶体硅光伏产品存在倾销行为，其中中国大陆产品的倾销幅度为 26.33% 至 165.04%，台湾地区产品的倾销幅度为 27.59% 至 44.18%。12 月 16 日，美国商务部宣布对华输美光伏产品"双反"调查终裁，认定中国大陆输美晶体硅光伏产品存在倾销和补贴行为，中国大陆厂商的倾销幅度为 26.71% 至 165.04%，补贴幅度为 27.64% 至 49.79%，台湾地区厂商的倾销幅度为 11.45% 至 27.55%。2015 年 1 月 21 日，美国国际贸易委员会公布第二起对华光伏双反案终裁结果，认定自中国进口的晶体硅光伏产品对美国产业构成实质损害，美方将据此征收"双反"关税。

## 二、事件评析

### （一）出口可采用首次"双反"税率

美国首次"双反"主要针对中国产晶硅光伏电池以及由该电池加工而成的组件，其中还包括第三国进口中国产电池在海外组装并出口美国的产品。美国商务部终裁报告上指出采用第三国产的晶硅电池在中国加工而成的组件出口美国不在征税范围内，因此首次"双反"裁决后，我国部分光伏企业采取进口台湾地区电池在国内组装为组件再出口美国的方式合理规避关税。而二次"双反"将首次"双反"中明确被排除的征税情况予以恢复并加强，堵死了国产光伏电池及组件出口美国市场的所有避税途径，并对中国台湾地区征收 11.45% 至 27.55% 的反倾销税率。但二次"双反"主要针对进口第三国电池组装并出口的中国产品，目的在于堵死"首次双反"的避税途径。根据终裁报告，产自中国的光伏电池及组件出口的关税仍沿用首次"双反"裁定的结果，因此，这部分光伏产品的出口并未受到二次"双反"的影响。根据首次"双反"终裁结果，无锡尚德和天合光能的合并税率分别为 35.97% 和 23.75%，其余 59 家应诉企业合并税率为 30.66%，非应诉企业的合并税率 265.2%，较二次"双反"税率低。并且据台湾地区媒体报道，普遍厂商的一次"双反"税率由 30% 降至 17.5%。因此，绝大多数中国厂商出货将选择在中国自行生产电池片，封装成组件后以 2012 年的双反税率出货美国。

### （二）对我国光伏产品对美出口造成负面影响

从 2012 年及 2014 年美国光伏"双反"初裁发布前后均可以看到，美国光伏双反初裁税率出台后，我国光伏产品对美出口额均出现了大幅下滑。2012 年 3 月，一次"双反"初裁发布后，我国对美光伏产品出口额环比下滑了 46.4%；2014 年 6 月，二次"双反"初裁发布后，我国对美出口额环比下滑了 65.9%。

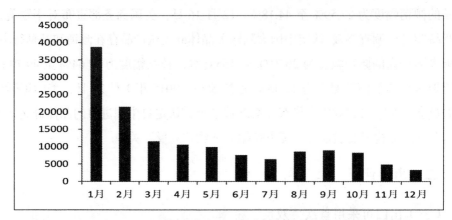

**图4-1　2012年1—12月我国光伏产品对美出口额变化情况（单位：万美元）**

数据来源：海关总署，2015 年 3 月。

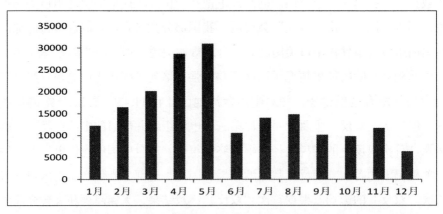

**图4-2　2014年1—12月我国光伏产品对美出口额变化情况（单位：万美元）**

数据来源：海关总署，2015 年 3 月。

但从光伏产品出口总额，可以看到，两次"双反"发布后，全年出口总额出现了截然不同的变化。2012 年我国光伏产品对美出口额为 14.02 亿美元，同比下滑了 42.75%；但 2014 年对美出口额为 18.61 亿美元，同比增长了 54.3%。一是由于此次"双反"调查仅针对采购第三方电池片组装成组件出口美国市场的行为，而对于采用国内产电池片组装组件出口美国市场的可采用第一次"双反"税率，近日美国商务部对部分企业第一次"双反"合并税率做出了部分下调，一定程度上对我国光伏产品对美出口有一定程度的促进作用。二是美国市场的大幅增长。2014 年美国新增光伏装机量达到 6.2GW，同比提升 30%，持续的市场增至拉动我国光伏产品对美出口。

### （三）我国光伏企业抗压能力逐渐增强

"双反"的洗牌效应淘汰了一批规模较小、产能落后、出口市场单一的企业，留下了一批生命力强的龙头企业，再加上企业采取的积极灵活的经营策略，"二次双反"中我国企业抗压能力显著增强。一是多样化出口市场。"首次双反"后，包括日本、中国香港、中国台湾、韩国等新兴市场出口占比迅速加大，特别是近两年日本已经超越美国成为我国光伏产品出口第一大市场，2014 年占据我国总出口额的 35.4%，新兴市场的整体布局已经形成，从而降低了系统的贸易摩擦风险。二是国内光伏市场迅速扩大。随着我国光伏市场政策环境逐渐完善、资本的持续进入以及企业的持续，我国光伏市场以每年 10GW 以上的速度增长，2014 年我国新增光伏装机量达到 10.6GW，预计 2015 年新增装机量将达到 15GW 以上。国内市场开拓步伐的逐步加快使我国光伏产品依赖出口的局面逐步减弱，再加上我国光伏制造企业纷纷往下游系统集成与电站运营延伸，我国光伏企业面对国际贸易保护时的抗压能力显著增强。

## 第七节 《国家集成电路产业发展推进纲要》正式公布

### 一、事件背景

集成电路是信息技术产业的"粮食"，其技术水平和发展规模已成为衡量一个国家产业竞争力和综合国力的重要标志之一。国际金融危机后，发达国家加紧经济结构战略性调整，集成电路产业的战略性、基础性、先导性地位进一步凸显，美国更将其视为未来 20 年从根本上改造制造业的四大技术领域之首。2014 年全行业销售收入 3015 亿元，同比增长 20.2%。其中，芯片设计业近十年年均增长超过 40%，成为拉动产业增长的主要动力。制造业加快追赶步伐，2014 年销售收入同比增长接近 20%。封装测试业稳步扩大，产业规模达到 1255.9 亿元。

但目前我国集成电路产业还远不能支撑国民经济和社会发展以及国家信息安全、国防安全建设。2014 年我国集成电路进口额高达 2184 亿美元，虽然同比下降 6.9%，但是进出口贸易逆差依然较大，很多芯片依然需要依赖进口。同时，在技术水平上，我国与国际先进水平差别仍然较大，芯片制造与国外先进水平尚有两代以上的差距，设计企业未能跻身全球前十，封测企业未能跻身前五。产业链配套能力较弱，EDA（电子设计自动化）工具和原辅材基本依赖进口，半导体设备仅有刻蚀机、清洗机等实现规模销售。产品结构不合理，量大面广的集成电路产品如 CPU、存储器等国内需求都不能满足。此外，我国集成电路发展还面临企业融资瓶颈突出、产业创新要素积累不足、"芯片—软件—整机—系统—信息服务"产业链协同格局尚未形成、领军人才匮乏、发展环境亟待完善等问题。

为加快推进我国集成电路产业发展，继 2000 年 18 号文（《国务院关于印发鼓励软件产业和集成电路产业发展若干政策的通知》）、2011 年 4 号文（《国务院关于印发进一步鼓励软件产业和集成电路产业发展若干政策的通知》）后，2014 年 6 月，国务院正式发布了《国家集成电路产业发展推进纲要》（以下简称《纲要》）。《纲要》提出，到 2015 年，集成电路产业销售收入超过 3500 亿元；2020 年基本建成技术先进、安全可靠的集成电路产业体系。《纲要》中同时提出，要设立国家产业投资基金，主要吸引大型企业、金融机构以及社会资金，重点支持集成电路等产业发展，促进工业转型升级，预计首期规模达到 1200 亿元。该基金由工信部、财政部牵头发起，财政部与其他投资主体共同出资组建，采用市场化运作、专业化管理的模式，主要投资于芯片制造等重点产业。

## 二、事件评析

### （一）基金市场化运作的方式有助于产业健康发展

国家集成电路产业投资基金的成立是此次国家出台《纲要》的亮点之一，是国家首次采用市场化运作的方式对集成电路产业进行资金支持。基金管理采用三权分立的委托管理方式，基金所有权、管理权和托管权分离，产业基金的 60% 投向集成电路制造业，兼顾芯片设计、封装测试、设备和材料等全产业链的发展。

从基金的运作方式上看，是以市场为导向的，国家作为 LP 来仅起到出资、监督的作用，而基金的具体操作则交由行业内的资深人员来管理，这样的方式有利于按照市场的发展规律来推动行业的健康有序发展，从而在一定程度上可以解决国家支持面临的无法有针对性地提升行业竞争力的效果。

**（二）基金集中投资骨干企业成为我国发展晶圆制造新契机**

此次基金成立将成为我国发展集成电路晶圆制造业的新契机。国家集成电路基金频频出手投资。近期国家集成电路产业投资基金频频出手，不仅与长电科技、中芯国际全资子公司芯电上海合作成立公司，以收购全球第四大封装测试公司星科金朋，同时也向芯片设备制造商中微半导体设备（上海）有限公司投资人民币4.8亿元。此外，据称该基金也可能参与对 Marvell 手机芯片业务的购并，竞购方还包括中国电子信息产业集团、英特尔等。国家集成电路产业投资基金透过投资 1200 亿元带动地方资金、产业资金的投入，希望借此扶持一批上规模的公司，同时弥补国内产业薄弱的环节。该基金是于 2014 年 10 月由国家工信部正式通告成立，重点投资集成电路芯片制造业，同时兼顾芯片设计、封装测试、设备和材料等产业；并参股地方设立的产业投资基金，适当布局其他重要产业，提高整体收益。中微半导体是目前设备制造的核心企业，主要客户包括台积电等芯片制造商。长电科技则是国内最大的封测公司，全球排名第六。星科金朋，全球排名第四。国家集成电路产业投资基金的一系列举动都表明国家和政府对集成电路芯片制造业的重视，也透露出国家扶持该类行业发展的决心。借此契机，国内的芯片制造等技术必定会再上一个台阶，对于国内相关产业的发展也会有不小的推动。相关产业值得长期关注。

**（三）国家基金联动地方基金为产业发展提供资金保障**

此次产业推动政策的实施与之前的显著区别是，行业内的产业资本、民间资本的参与程度显著提高，无论从国家大基金和地方基金的组成来看，民营资本有了较大程度参与。在国家政策出台不久，北京、天津、安徽、山东、甘肃、四川、湖北、上海等地纷纷出台相关政策，配合国家政策的实施。部分省市也设立地方投资基金，配套国家投资基金发展地方集成电路产业，形成全国产业发展资金联动效应。

**表 4-1　2014 年国家 / 地方集成电路近期集成电路发展政策**

| 时间 | 国家/地方 | 政策 | 内容摘要 |
|---|---|---|---|
| 2014年6月24日 | 国家 | 国家集成电路产业发展推进纲要 | 到2015年，集成电路产业销售收入超过3500亿元。到2020年，全行业销售收入年均增速超过20%。 |
| 2014年10月14日 | 国家 | 国家集成电路产业投资基金正式设立 | 国家集成电路产业投资基金采取公司制形式。国开金融、中国烟草、亦庄国投、中国移动、上海国盛、中国电科、紫光通信、华芯投资等作为发起人，吸引大型企业、金融机构以及社会资金，共同投资设立国家集成电路产业投资基金股份有限公司。 |
| 2013年12月18日 | 北京 | 关于北京市集成电路产业发展股权投资基金遴选管理公司的公告 | 国家发展和改革委员会、工业和信息化部与北京市政府共同成立北京市集成电路产业发展股权投资基金。基金总规模300亿元，由母子基金（1+N）模式构成，即设立1只母基金及N只子基金。根据当期需求，首期设立制造和装备、设计和封测两支子基金。 |
| 2014年2月13日 | 天津 | 天津市滨海新区集成电路产业集群化发展战略规划（2014—2020）天津市滨海新区加快发展集成电路设计产业的意见 | 集成电路设计产业，销售收入达到200亿元，年均增长28%，设计水平达到14纳米，集成电路设计企业数量达到80—100家。其中，1家销售收入超过50亿元，3—5家销售收入超过10亿元。 |
| 2014年6月24日 | 安徽 | 安徽省人民政府办公厅关于加快集成电路产业发展的意见 | 到2017年，集成电路产业总产值达300亿元以上，我省设计生产的芯片在省内显示面板、家电等领域得到应用，初步建成合肥集成电路产业基地；到2020年，总产值达600亿元以上，显示面板、家电、汽车电子等芯片本土化率达20%左右。 |
| 2014年7月29日 | 山东 | 关于贯彻国发〔2014〕4号文件加快集成电路产业发展的意见 | 到2015年，我省基本建立起有利于集成电路产业发展的政策环境和创新机制。集成电路产业销售收入突破200亿元。到2020年，全省集成电路产业销售收入突破800亿元。 |
| 2014年7月31日 | 甘肃 | 关于印发甘肃省贯彻落实国家集成电路产业发展推进纲要的实施意见的通知 | 到2015年，集成电路封装规模达到100亿只以上，实现主营业务收入55亿元。到2020年，培育出集成电路封装测试业世界前十企业，集成电路产业主营业务收入力争达到150亿元。 |

（续表）

| 时间 | 国家/地方 | 政策 | 内容摘要 |
|---|---|---|---|
| 2014年8月13日 | 四川 | 四川将设立集成电路产业投资基金 | 四川宣布已制定推进集成电路产业发展的实施意见，并将设立集成电路产业投资基金。 |
| 2014年11月 | 湖北 | 湖北300亿元集成电路产业基金即将正式设立 | 湖北300亿元集成电路产业基金即将设立，鄂版"大基金"猜想也随即展开。 |
| 2014年11月24日 | 上海 | 上海发起百亿集成电路基金 | 上海集成电路信息产业基金总体规模为人民币100亿元，首期规模人民币30亿元。除武岳峰资本外，基金的主要发起人还包括上海市创业引导基金、上海嘉定创业投资有限公司、台湾联发科技股份有限公司、中芯国际集成电路制造有限公司、清控金融、美国骑士资本等。 |

资料来源：赛迪智库，2015 年 1 月。

# 行 业 篇

# 第五章  计算机行业

## 第一节  发展情况

### 一、产业规模

占电子信息行业比重持续下滑。2014 年我国计算机产业增长整体趋稳，但占电子信息全行业比重依旧呈下降态势。2014 年，我国计算机产业实现销售产值 22729 亿元，同比增长 2.9%，增速低于行业平均水平 7.4 个百分点，低于 2013 年同期 2.6 个百分点；占全行业比重为 21.9%，比 2013 年同期下降 2 个百分点；对全行业增长的贡献率 6.6%，比 2013 年同期下降 5.8 个百分点。全年我国微型计算机设备累计总产量约 3.57 亿台，增长 1.7%。其中笔记本电脑产量 2.77 亿台，同比增长 1.4%。

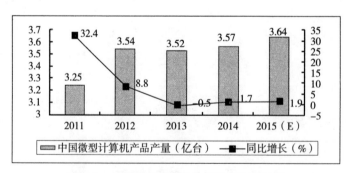

图5-1  中国微型计算机产品产量与增长率

数据来源：赛迪智库，2015 年 3 月。

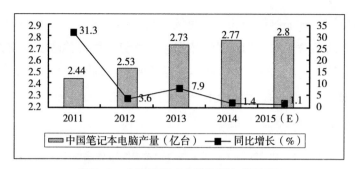

**图5-2 中国笔记本电脑产量与增长率**

数据来源：赛迪智库，2015 年 3 月。

进出口下滑态势小幅扭转。2014 年，我国计算机产业进出口扭转前几年下滑态势，小幅增长。全年计算机产品出口额 2267 亿美元，同比增长 1.0%。其中，笔记本电脑出口额 758 亿美元，同比下降 31.6%，出口总额位列电子信息产品第二位，仅次于手机 1154 亿美元；实现出口交货值 17373 亿元，同比增长 1.0%。

## 二、产业结构

PC 领域企业竞争两极分化态势严重。一方面骨干企业品牌竞争力和市场影响力提升呈现加速态势，如联想已连续第六个季度成为全球最大个人电脑厂商，全球市场份额达到 19.7%。在广义个人电脑（PC 加平板电脑）领域，联想也于 2014 年二季度首次成为全球第一大厂商，市场份额达 14.1%，比 2013 年同期上升 1.2 个百分点。另一方面，其他国内企业的市场份额急剧减少，同方、长城、神舟等企业均不超过 3%。

大尺寸智能手机对平板电脑形成替代。平板电脑在连续几年高增长之后，增速明显下滑。2014 年，中国市场平板电脑出货量增速约为 15%，远低于 2013 年的 53.5%。原因一是平板电脑产业步入成熟期，缺少足够创新元素；二是平板产品更换周期延长，用户对平板产品更新换代的意愿不足；三是大尺寸智能手机的增长对平板电脑形成事实上的替代。2014 年全球智能手机出货量约 13 亿部，比 2013 年增长 28%，其中屏幕尺寸大于或等于 5 英寸的智能手机占智能手机总出货量的 34%，出货量同比增长超 300%。这使得智能手机厂商在高中低端市场与平板电脑厂商展开全面竞争，且很多主打低价位的平板电脑也开始遭遇到主流智能手机市场高性价比机型的冲击。

　　笔记本电脑国际品牌用户关注度持续居高。2014年中国笔记本电脑市场上，从品牌归属地的角度来看，国际品牌依旧略占优势，用户关注度达到55.8%，较本土厂商所占份额高11.6%。2014年本土品牌所占份额明显上涨，由40.7%升至44.2%。联想继续领跑整体市场，用户关注度达到25.3%。前十五名厂商累计占据95.9%的市场关注份额，其他厂商上升空间有限。

表5-1　2013—2014年中国笔记本电脑市场品牌关注度

| 排名 | 2013年品牌 | 关注比例 | 2014年品牌 | 关注比例 |
|------|-----------|---------|-----------|---------|
| 1 | 联想 | 19.8% | 联想 | 25.3% |
| 2 | 华硕 | 13.2% | 华硕 | 14.5% |
| 3 | 惠普 | 10.9% | ThinkPad↑ | 10.0% |
| 4 | ThinkPad | 9.5% | 戴尔↑ | 9.0% |
| 5 | 戴尔 | 9.1% | 神舟↑ | 6.6% |
| 6 | 神舟 | 7.6% | 宏碁↑ | 5.9% |
| 7 | 宏碁 | 6.7% | 惠普↓ | 5.6% |
| 8 | 东芝 | 6.2% | 苹果↑ | 5.2% |
| 9 | 索尼 | 4.1% | 三星↑ | 3.4% |
| 10 | 三星 | 3.9% | 索尼↓ | 2.3% |
| 11 | 海尔 | 2.2% | 微软 New | 2.0% |
| 12 | 清华同方 | 1.2% | 东芝↓ | 1.9% |
| 13 | Alienware | 1.1% | 微星↑ | 1.6% |
| 14 | 微星 | 1.0% | Alienware↓ | 1.4% |
| 15 | 苹果 | 0.9% | 雷神 New | 1.2% |
| | 其他 | 2.6% | 其他 | 4.1% |

数据来源：互联网消费调研中心（ZDC），2015年1月。

　　PC价格结构重心向高端转移。2014年中国笔记本电脑市场在售产品数量4804款，较2013年减少939款。同2013年相比，3000至4999元价格段用户关注度下滑4.0%，流失的关注份额主要转向8000至11999元的高端市场。

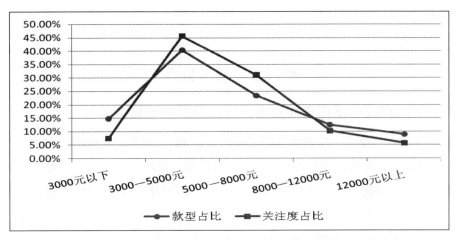

图5-3　2014年中国笔记本电脑市场不同价格区间产品款型与关注度占比

数据来源：互联网消费调研中心（ZDC），2015年1月。

## 三、产业创新

天河2号蝉联全球超算榜四连冠。位于中国广州国家超级计算机中心的"天河2号"，以33.86 petaflops的浮点计算速度，于2014年11月份更新的第44届《全球超算Top500》榜单中蝉联第一。此次榜单中，中国超算有61台入选，入选数量位居第二名，仅次于美国231台。中国超算系统的整体研制能力已处于国际领先水平，国产处理器、互联网络、系统软件等方面已取得突破，但在应用层面与美国、欧洲、日本尚有差距。

浪潮高端容错计算机被授予2014年国家科技进步奖一等奖。由浪潮集团承担的高端容错计算机是10多年来计算机领域第一个获得国家科技大奖的创新项目，也是我国计算机产业发展和国家信息战略布局的重要成果。项目成果——天梭K1是中国第一台高端容错计算机，可扩展32颗处理器，可靠性超过99.9994%，每分钟可完成几百万次交易事务处理，其上运行的K-UX是中国第一款Unix操作系统。天梭K1系列的发布，使得中国成为继美国、日本之后第3个有能力研制32路高端容错计算机的国家。目前，天梭K1市场占有率已经达到12%，产业生态也具备了较强的竞争力。

## 第二节　发展特点

### 一、国产服务器厂商成主角，行业应用成增长主因

2014 年前三季度，中国市场服务器出货量 137.3 万台，同比增长 21.6%，远高于全球服务器出货量增长水平，成为全球服务器市场增长的亮点。国产品牌厂商企业份额大幅提升，整体份额达到 53.1%。其中浪潮出货量同比增长 81.93%，继续稳居全球服务器出货量前五。

在面向互联网行业的超密度服务器销量方面，国内厂商获得了更多的来自BAT 等大型互联网运营商的超大规模订单。2014 年前三个季度同比增长 69%，浪潮市场份额占据 43%，华为其次，占据 13%。双路仍然是市场主流，在市场总量上占比为 79%。中国本土厂商和传统服务器三强的位置出现变化，浪潮、戴尔和华为占据前三，联想和中科曙光也有不错的市场表现。政府、金融、电信等国计民生重要行业采购对高端服务器产品出货构成直接拉动。2014 年，浪潮天梭K1 完成了金融、电力、公安、交通等 12 个行业市场的应用突破，市场占有率已经达到 12%，建设银行、农业部、胜利油田、北京市财政局、广州白云机场、洛阳银行都在核心业务中用天梭 K1 替代了进口产品，产业生态具备了较强的竞争力。

表 5-2　2014 年第三季度中国服务器市场出货量排名

| 排名 | 企业 | 2014Q3出货量 | 出货量增长率 |
|------|------|-------------|-------------|
| 1 | 戴尔 | 92471 | 9.81% |
| 2 | 浪潮 | 91244 | 81.93% |
| 3 | 华为 | 75170 | 26.98% |
| 4 | 联想 | 59516 | 24.53% |
| 5 | 惠普 | 50480 | −17.06% |
| 6 | 曙光 | 43020 | −0.46% |
| 7 | IBM | 41842 | −6.37% |
| 8 | 其他 | 43978 | 9.05% |

数据来源：Gartner，2015 年 1 月。

## 二、自主创新成效显著，核心技术取得实质性突破

国家出台了一系列措施支持鼓励自主创新，积极创造有利于技术创新和产业结构升级的政策法规环境。企业自主研发能力不断提升，在核心关键技术领域取得突破。

高性能计算方面，由国防科大研制的"天河二号"超级计算机，采用了我国自主研发的基于 SPARC 指令集的 FT-1500 协处理器和麒麟操作系统，以每秒33.86 千万亿次的浮点运算速度，连续第四次位居全球超算排名榜首。

服务器方面，曙光公司推出具有自主知识产权的基于"龙芯"3B 处理器的服务器产品和桌面办公终端产品，在设计的复杂度上与国际主流相近，其运算性能实现了大幅飞跃。

## 三、信息安全持续加码，本土企业迎来历史契机

2014 年以来，频频发生的信息安全事件使得自主可控政策一再加码，信息安全已上升为国家战略。与此同时，政府、金融、公用事业等重要领域信息系统采购的国产化开始踏实推进，服务器、网络设备和存储领域国内厂商陆续受到市场认同。

浪潮全面推动 K1 主机规模化替代 IBM、甲骨文、惠普小型机，天梭 K1 市场占有率已经达到 12%，产业生态也已具备了较强的竞争力。华为、H3C 已经开始与思科等国际厂商分庭相抗，交换机、路由器、防火墙等设备国内外厂商的竞争势均力敌。曙光、联想、迈普、宝德等研发出基于国产 CPU 的服务器、交换机、负载均衡等云计算设备，并在云计算数据中心和超算中心得到应用。基于国产 CPU 和操作系统的整机产品也正在党政军和工业控制领域大力推进，为国内计算机产业带来史无前例的发展机遇。

# 第六章　通信设备行业

## 第一节　发展情况

### 一、产业规模

通信设备行业增速稳居主要行业之首，继续保持较快增长。2014 年全年，通信设备行业销售产值达到 20260.9 亿元，同比增长 16.6%，高出全行业平均水平 6.3 个百分点。其中，出口交货值增长 16.9%，高于 1—11 月 0.6 个百分点，高于全行业平均水平 10.9 个百分点；内销产值增长 16.4%，高于 1—11 月 0.7 个百分点，高出全行业平均水平 1.5 个百分点。通信设备行业销售产值占全行业比重为 19.5%，高于 2013 年同期 1.3 个百分点。通信设备行业投资规模回升明显，完成投资 1085 亿元，同比增长 21%，低于 2013 年同期 16.1 个百分点，但比上半年回升 14.7 个百分点，投资增速全行业最快。通信设备新开工项目增长由负转正，同比增长 0.2%。贸易顺差态势明显，进出口方面，通信设备全年出口额为 1976 亿美元，同比增长 11.5%；进口额为 460 亿美元，同比下降 5.6%。

表 6-1　2014 年 1—12 月通信设备行业统计表

| 类别 | 1—3月 | 1—6月 | 1—9月 | 1—12月 |
|---|---|---|---|---|
| 工业总产值（亿元） | 3961.5 | 8564.9 | 14004.1 | 20260.9 |
| 工业总产值增速（%） | 18.8 | 16.4 | 16.7 | 16.6 |
| 固定资产投资额（亿元） | 148 | 419 | 713 | 1085 |
| 固定资产投资增速（%） | 11.9 | 6.3 | 12.1 | 21.0 |
| 出口额（亿美元） | 397 | 826 | 1292 | 1976 |

（续表）

| 类别 | 1—3月 | 1—6月 | 1—9月 | 1—12月 |
|---|---|---|---|---|
| 出口增速（%） | 1.7 | 3.3 | 3.9 | 11.5 |
| 进口额（亿美元） | 100 | 214 | 322 | 460 |
| 进口增速（%） | −10.7 | −5.2 | −9.2 | −5.6 |

数据来源：工业和信息化部运行监测协调局，2015 年 1 月。

## 二、产业结构

受成熟市场和高端机型饱和等影响，2014 年手机行业增长态势有所趋缓。2014 年全年，国内上市手机新机型 2080 款，同比下降 27.3%，其中，2G 手机新机型 398 款，同比下降 97.5%；3G 手机新机型 890 款，同比下降 130.9%；4G 手机新机型 792 款，同比增长 3860.0%，4G 终端增长势头异常迅猛。上市智能手机新机型 1659 款，同比下降 27.5%，占同期新机型总数的 79.8%；操作系统方面，有 1604 款采用安卓系统，占同期智能手机新机型总数的 96.7%；国内外市场结构上，2014 年，国产品牌手机出货量 3.5 亿部，同比增长 20.0%，占手机总出货量的 78.3%；上市新机型 1929 款，同比下降 28.3%，占手机上市新机型总量的 92.7%。3G 手机中，国产品牌出货量份额分别为：TD-SCDMA 手机 90.6%、CDMA2000 手机 80.2%、WCDMA 手机 57.4%；TD-LTE 手机中，国产品牌占比 76.2%。

## 三、产业创新

### （一）移动芯片领域，我国自主研发的多模多频终端芯片实现技术突破和市场应用

2014 年，我国部分芯片企业已经研发出自主基带处理器，并实现了一定的市场应用。其中，华为海思高端处理器芯片研发取得突破，发布了基于 28nm 工艺制程的麒麟系列处理器，技术方面仅低于高通，并在其高端旗舰机型 Ascend Mate 系列上应用，目前海思多模芯片全球市场占有率约为 0.2%。展讯公司积极布局 4G 领域，并推出了终端芯片 SC9620，已获得联想、酷派等智能手机采用，目前展讯多模芯片全球市场占有率约为 0.1%。联芯科技和中兴微电子也加紧多模处理器的研发工作，分别推出了支持 4G 制式的芯片 LC1860 和 ZX297510，取

得了一定技术突破。从技术角度来看，我国自主研发的芯片集成度不断提高，高集成度的单芯片方案越来越受到市场欢迎；芯片将继续由单一性能导向向低功耗、多元化、集成化发展，系统级芯片(SOC)成为手机芯片发展的主流。

### （二）光通信领域，华为实现100G-PON光接入关键技术突破

2014年10月，华为宣布其光接入创新实验室已率先突破100G-PON光接入关键技术，支持在已部署的光纤分配网络(简称ODN)上实现单端口100Gbps的接入速率。100G-PON技术采用时分与波分混合架构，通过实验室样机验证，支持4x25Gbps下行、4x10Gbps上行，同时兼容现网GPON/10G-PON/40G TWDM-PON，能够帮助运营商实现面向未来的接入网络平滑升级。目前，无源光接入(简称PON)技术通常依靠三类方式提升带宽。方式一是增加单波长线路速率，方式二是增加波长通道，方式三是提高电频谱利用率。

### （三）通信算法领域，华为发布首个SDN电信级智能化流量算法引擎

2014年3月6日，华为在开放网络峰会上发布了业界首个内置于SDN控制器中的电信级智能化流量算法引擎(Flow Engine)，该引擎是华为SoftCOM未来网络架构中面向下一代网络的SDN解决方案的关键部件，使用了先进的优化算法，让SDN集中控制的优势得以充分发挥，引领SDN网络的商用化进程。与传统网络相比，SDN网络的全网带宽资源均由SDN控制器集中管控，集中控制器可以快速地从全局角度调配网络资源来满足业务的需求，实现网络资源利用的最优化。

### （四）通信设备领域，烽火完成了超低损耗大芯径新型光纤、100G光收发模块及系统设备的自主研制

2014年，烽火通信完成了超低损耗大芯径新型光纤、100G光收发模块及系统设备的自主研制，并成功投入市场，实现了国内外规模部署。400G系统也在西安至郑州段成功完成运营商组织的现场工程测试，证明其可用、能用、稳定，各项指标满足工程应用需求。烽火科技在光传输领域取得的突破以其应用价值和社会影响力成为中国光通信领域内的唯一入选项目，同中国科技大学量子通信传输项目一道代表中国通信领域的最高发展水平。

## 第二节　发展特点

### 一、规模特点

产业规模保持平稳较快增长，销售产值位居行业内第一。2014 年 1—12 月，通信设备行业销售产值同比增速位于各行业之首。1—11 月，通信系统设备实现利润率 7.9%，高出行业平均水平 6.5 个百分点。2014 年，我国手机整体产量达到 16.3 亿部，同比增长 6.8%。从产量增速走势来看，除年初受节日因素影响增幅较小外，3 月后增速均保持在两位数以上。进入下半年，增速逐月下降。回顾 2014 年，通信设备行业总体回升。一方面，市场需求利好，智能手机产销量持续走高，系统设备受智慧城市、物联网、4G、光纤宽带建设等因素拉动也有所好转，行业总体收入增长较快；另一方面，骨干企业开始加强对成本费用的管控，销售和管理费用快速上升的态势得以遏制。

### 二、结构特点

国内手机制造进入集群发展模式。2014 年，我国智能终端生产和组装的产业正加快从沿海地区向内陆地区转移，主要原因有：一是沿海地区资源紧张。随着我国社会的快速发展，沿海地区面临可供利用的土地资源日趋短缺、电力供应紧张、劳动力成本上升和用工短缺等诸多问题。二是企业发展需求与中西部地方阶段性发展目标相契合。中西部地区大多处于工业结构调整和转型升级的初级阶段，电子信息制造业带来的产业集聚效应和经济效益符合中西部地区阶段性发展目标，地方政府愿意在土地提供、厂房建设、物流、税收等方面为转入企业提供优惠。三是品牌厂商的主动迁移带动相关产业链配套跟进。以郑州为例，富士康的入驻逐渐吸引着中兴、天语、创维、酷派、百利丰等国内手机品牌厂商落户，进而带动深圳爱诺星、酷比通信、信太科技、正威国际等相关配套生产企业的入驻，最终形成产业集聚。

移动终端设备发展较快。当前，全球智能终端产业竞争日趋白热化，我国企业综合实力大幅提升，骨干企业已经从低端市场走向中高端市场，同时加快向海外市场的开拓步伐。国产智能终端设备的全球影响力和竞争力大幅提升，合计市场份额占全球比例达到38.6%。全球前十名手机厂商,我国企业占据六席。2014年,尽管我国手机行业增长态势有所趋缓,同比增速相对前几年有所下降,但仍稳定在25%左右。

企业盈利能力有待提升。我国智能手机行业整体盈利能力不高,合计利润不到全球整体的4%,远远低于苹果一家的86%和三星的16%。我国智能手机出货量中,绝大多数还处于千元以下的低端市场,4000元以上的高端市场没有突破,仅华为、酷派、OPPO等少数厂商的少数机型有较少出货量,高端市场依然被国外巨头把控。我国移动智能终端产业链上,国内众多企业尚处在产业风险高的低端加工制造环节,难以向上游环节跃进,操作系统等基础软件方面更是被外企完全垄断。

## 三、技术特点

智能终端产品创新迭代加快,软硬件配置达到全球先进水平。近年来,移动智能终端的硬件配置实现了质的跨越,技术更替速度空前高涨。以智能手机为例,2010年的主流硬件配置为1GHz主频、单核处理器、512MB RAM、3.5英寸屏幕和500万像素镜头等。进入2014年,2GHz主频、八核处理器、2GB RAM、5.5英寸屏幕和1300万像素镜头等成为行业常态。此外,新产品、新技术、新服务层出不穷,以4G芯片、超薄机身、2K分辨率、指纹识别、移动支付、智能语音、自主操作系统、28nm工艺制程等为代表的先进技术快速涌现,表明我国正努力缩小与国际产业巨头的差距。

芯片集成度不断提高,高集成度的单芯片方案越来越受到市场欢迎。2014年,主要芯片厂商不断推出多模产品;芯片企业间进行深度整合,从事基带芯片研发的企业纷纷涉足射频领域;应用处理器加调制解调器的模式成为移动芯片的发展趋势。未来,智能手机硬件的功能是趋同的,最终的差异应该体现在应用服务层面上。当前,移动互联网的高速发展使得应用服务新技术层出不穷。开发方面,增强现实技术、基于位置的服务、照片处理、办公文档预览、3D引擎、WiFi控制、酷炫特效、视频互动等博得APP开发商的关注。应用服务方面,指纹识别是目前最为成熟的、应用也最为广泛的生物识别技术。此外,智能语音、移动支付和集成应用平台也成为应用服务发展的焦点。

## 四、市场特点

4G 基站建设加快，但智能终端产销量增速趋缓。2014 年作为 4G 元年，三大运营商均加快 4G 基站建设，其中，中国移动已经完成 70 万座 TD LTE 基站的建设，覆盖城市超过 300 个、人口超过 10 亿，4G 用户超过 9000 万。中国电信和中国联通均启动了 4G 混合组网的试验，投入金额达到百亿元级，截至 2014 年底，两者也开通超过 10 万个 4G 基站。2014 年，我国市场智能手机出货量达到 4.3 亿部，同比增长 19.9%，增速有所趋缓。平板电脑的出货量达到 2780 万台，同比增长了约 15%。国产品牌智能手机销量占国内智能手机的份额超过七成。基于国产芯片的 4G 多模智能终端的商用化步伐不断加快，手机基带芯片和应用处理芯片的国产化率分别超过 23%、25%。同时，以中华酷联、小米、魅族、TCL、vivo、oppo 为主的国产品牌正日益提高其在全球市场的出货量目标。

智能手机高销量、低价格、低利润等不利态势制约产业发展。2014 年，我国智能手机产业发展火热，但热象背后存在很大隐忧。一是，国产手机厂商依靠低价格的智能手机赢得高额销量，从而获取出货量方面较大市场份额；二是苹果、三星两家公司占据手机行业 96% 以上的营业利润，国产品牌整体不足 4%，利润率很低；三是产业链高端环节被国外巨头把控，我国大部分企业仍生存在劳动密集型的制造加工环节；四是核心专利缺乏、知识产权储备不足制约我国手机实施"走出去"战略，部分手机企业在海外市场遭遇国际巨头的诉讼，损失惨重。总体来看，我国手机品牌的高速成长主要是依靠国内市场驱动。

# 第七章　家用视听设备行业

## 第一节　发展情况

### 一、产业规模

2014 年，家用视听行业实现销售产值 7647 亿元，同比增长 4.2%，比 1—11 月下降 0.3 个百分点。其中，实现内销产值 4113 亿元，同比增长 2.4%，高于 1—11 月 0.4 个百分点。出口交货值实现 3534 亿元，同比增长 6.5%，比 1—11 月下降 0.9 个百分点。

2014 年，全行业共生产彩色电视机 14129 万台，同比增长 10.9%，其中，液晶电视机 13866 万台，同比增长 13.3%。从月度看，除年初受节日因素影响增幅较小外，液晶电视全年基本保持两位数的增幅。

2014 年，受冬奥会、世界杯对全球彩电市场的拉动、欧美市场需求复苏等影响，出口恢复增长，我国共出口彩色电视机 7406 万台，出口额 135.5 亿美元，同比增长 22.6%；其中，液晶电视出口达到 6871 万台，出口额 128.3 亿美元，同比增长 20.5%。

### 二、产业结构

从产品结构看，液晶电视成为主导，占据出货量的 92.9%，内销市场 LCD 电视占比为 98.52%，PDP 电视占比为 1.47%，CRT 电视基本退出，只有外销。ULED 和 OLED 等新型显示技术的电视产品逐渐受到消费者的关注。

从区域结构看，平板显示产业体系已重构。目前国内初步形成了北京地区、长三角地区、成渝地区以及珠三角地区四个面板产业集聚发展带。目前已建成面板生产线有 14 条，还有拟建、在建 14 条。2014 年我国面板自主配套率首次突破 50%。预计到 2015 年，在建项目如期达产，以面积计算，可满足国内液晶电视需求的 75%。

从投资结构看，2014 年，电视机制造业 500 万元以上项目完成固定资产投资 102 亿元，同比下降 15.3%，低于电子制造业平均水平 26.7 个百分点。从投资增速来看，呈 L 型走势，从 3 月份开始下降幅度逐渐收窄。从投资领域来看，投资重点集中在智能电视及芯片开发等环节。

### 三、产业创新

2014 年，家用视听行业技术进步和产品创新加快，超高清、激光投影、量子点、OLED、网络多媒体、新型人机交互、绿色节能等新技术迅速发展，智能电视、激光短焦投影电视等新产品持续涌现，催生新的消费热点。

AVC 数据显示，2014 年超高清电视渗透率为 14%，较 2013 年增加 12 个百分点，2014 年上市机型达到 283 个，占总上市机型的 21%；50 寸以上电视渗透率为 26%，其中 55 寸以上电视渗透率为 13%，增加 4 个百分点，大尺寸市场的快速成长使彩电平均尺寸由 2013 年的 39.9 寸上升至 2014 年的 42.2 寸；智能电视渗透率为 58%，增加 14 个百分点，2014 年上市机型达到 832 个，占总上市机型的 61%。激光投影电视发展迅速，海信等多款激光投影电视推向市场，多款便携式投影电视产品以众筹形式拓展融资渠道；量子点技术逐渐引起关注，TCL 推出全球首款量子点电视，在新技术领域率先抢占先机。

## 第二节　发展特点

### 一、内销市场较为低迷，线上渠道发展迅速

据视像行业协会统计，我国彩电内销总量为 4461 万台，同比下降 6.6%。奥维咨询数据显示 2014 年中国彩电市场总量为 4461 万台，同比下降 6.6%；销额 1462 亿元，同比下降 14.5%。这是彩电行业在经历数年的高速成长之后，出现首个负增长的年份。内销市场低迷的主要原因包括：一是家电补贴政策退出，且前期透支了部分市场；二是国内经济增速放缓，特别是房地产业不景气，直接影响产品需求；三是互联网企业进军家电领域，以"内容补贴硬件"的模式对传统彩

电需求带来冲击。在内销市场低迷的背景下,彩电线上销渠营道发展迅速,2014年彩电线上市场零售量787万台,同比增长79%,占整体市场的18%;线下市场零售量3674万台,同比下降15%。

## 二、彩电出口企稳回升,海外市场拓展加强

2014年,我国彩电出口增长22.6%,扭转了连续三年出口下降趋势,成为支持彩电行业上升增长的重要力量。究其原因,主要包括以下三个主要方面:第一,受到巴西世界杯需求拉动,出现彩电销量的快速上升,同时带动大屏电视的普及应用。第二,全球经济逐渐复苏,北美和西欧市场恢复速度快于预期,超高清电视对平板电视的更新换代效应逐渐显现,欧洲、北美、非洲市场增长幅度较大。第三,我国彩电企业"走出去"步伐加快,海外市场扩展取得新进展。海信、长虹、海尔等主要彩电企业自主品牌外销出货量同比增长加快。创维成功并购厦华南非公司,不断优化海外市场供应链;海尔并购三洋在东南亚和日本的白电部门,并收购新西兰裴雪派克;TCL以1.2亿港元收购三洋在墨西哥的彩电工厂。

## 三、互联网模式持续升级,传统厂商加快转型

互联网企业在彩电领域具有自身独特优势,倒逼传统彩电厂商加快战略转型。在营销策略上,互联网企业产品价格低,并运用线上销售模式推广产品,摒弃了传统的多级分销体系和庞大营销团队,极大压缩了渠道运营成本,对传统彩电厂商形成巨大压力;在盈利模式上,互联网企业不依靠硬件获利,更为注重增值业务和内容服务的提供,有效延伸了智能电视的价值链,使电视真正成为家庭互联网的重要入口。传统彩电企业面对互联网模式的加速冲击,积极加快自身转型,长虹转型"多终端协同"互联网战略,TCL实现"智能+互联网"、"产品+服务"的战略转型,海信整合11家主流视频网站内容成"聚好看"APP并发布家庭社交圈"聚享家"APP,彩电领域迎来互联网转型的全新发展时期。

## 四、彩电外延发生变化,内容监管方式亟待创新

智能电视相较于手机和PC在内容和终端方面的管制更为严格,在一定程度上限制了产业的创新和发展。部分厂商推出了无高频头的大屏网络智能终端等衍生产品,可能使未来"电视机"的内涵发生新的变化。另外,网络机顶盒产品爆发式发展,市场规模不断扩大,而部分未经认证许可的互联网电视机顶盒游离在

管制之外，行业秩序有待进一步规范。随着国家信息安全战略逐步推进，内容监管将成为常态。互联网电视入口资源更为集中，企业在资本层面整合产业链的难度加大，内容服务商对产品经营管理更趋精细化。在此新的形势下，研究制定适合产业发展的科学管理办法和措施，在保障信息安全和文化安全的前提下，保护产业创新活力，满足消费者的多样化需求，已成为行业发展亟须解决的问题。

## 五、骨干企业优势不断扩大，竞争力不断提升

视听产业初步形成了北京辐射圈、长三角地区、珠三角地区、环渤海地区、海西经济区、成渝地区等各具特色的五大产业聚集区，涌现出一批产业配套水平较高、产业链相对完善、产业发展实力较强的视听产业集聚区，产业集聚效应不断提升。海信、TCL、创维等传统骨干彩电企业规模进一步扩大，不断巩固市场优势地位，乐视、小米等互联网电视品牌不断发展，逐渐占据一席之地。奥维咨询数据显示，2014 年中国六大电视品牌的国内市场份额超 81%，比 2013 年高 11个百分点，国产品牌国内市场份额进一步扩大。其中，海信（18.7%）、创维（16.6%）、TCL（11.7%）、长虹（9.8%）、康佳（8.6%）、海尔（6.8%）、乐视（3.7%）、小米（2.1%），韩系品牌中，三星（7.7%），日系品牌中，索尼（5.9%）。以海信为例，2014 年海信电视全球市场份额达到 5.9%，次于三星、LG、索尼，位列第四，海信 4K 超高清电视全球市场份额超过 12%，位居第二，并进一步扩大欧美市场占有率，骨干彩电企业的整体竞争力和国际影响力不断提升。

## 六、新兴领域加快布局，应用服务水平提高

2014 年，视听行业应用主要聚焦于平台搭建、娱乐分享和智能家居领域。不同类型企业通过协同合作的方式，进一步推出独具特色的智能电视应用服务。中国电信推出以智能电视为核心的智慧家庭服务平台"悦 me"，与牌照方、内容方合作，提供丰富视频内容和教育、健康、购物和社区等服务。阿里巴巴与华数、EA 等伙伴厂商合作，推出家庭数字娱乐生态战略，构建内容生态联盟，重点打造"影视＋音乐＋游戏＋教育"内容服务体系；海信推出"聚享家"APP 促进家庭成员间的亲情交流；海尔电视和阿里数字娱乐联合发布智能电视系列新品，提出基于智能电视在线游戏、购物、4K 视频的全新解决方案；小米参股美的，全面布局智慧家庭产业。

## 七、生态体系构建提速，融合发展态势显著

2014 年，电视产业呈现产业链融合竞争加速，生态圈建设进一步完善的显著特征。众多彩电企业已开始积极布局，努力构建智能电视产业链生态圈。目前，生态圈的整合模式主要有：牌照方主导的产业链整合与延伸，如百视通、湖南电视台等；内容方自上而下的整合与合作，如乐视、优酷土豆、爱奇艺；硬件企业自下而上向内容领域延伸，如小米、TCL 等。日前，由四川电信联合众多国内电视机厂商、通信设备厂商、视听内容提供商成立的 4K 超高清产业联盟，将逐步完善和推进 4K 在内容、终端、平台方面的建设，为 4K 电视的发展和普及提供契机。未来，生态圈的竞争将进入白热化状态。随着视听领域生态体系建设加速，彩电企业需要整合产业链上下游厂商的优势资源，构筑面向消费者需求的完整生态体系。

## 八、数字家庭产业发展迅速，应用示范初具成效

2014 年我国数字家庭技术及产业发展步伐加快，目前已形成了以数字电视为中心，面向 3C 融合、三网融合的数字家庭产业，数字家庭系统产业链各环节关键技术得到了长足发展。工业和信息化部相继支持广东、浙江、四川、湖北开展数字家庭产业基地建设，数字家庭产业集聚效应进一步显现。广东（番禺）和浙江（杭州）数字家庭应用示范产业基地相继于 2009 年和 2012 年建立。2014 年，厦门、福州数字家庭应用示范产业基地相继启动，湖北、四川的国家数字家庭应用示范产业基地建立。数字家庭典型业务应用示范工程通过电子发展基金的支持，在厦门、福州、青岛、济南、深圳等地，面向老年关爱和健康管理服务等生活需求，支持开发相关典型业务系统，研发相应的智能终端产品并实现业务集成应用，建立健康养老服务平台，探索形成健康养老服务的可持续运营模式。

# 第八章  电子材料、元器件及专用设备行业

## 第一节  发展情况

2014年是全面深化改革的起始之年,是实现"十二五"规划目标的关键一年。在我国经济步入新常态以及电子信息制造业增速步入稳步增长阶段的背景下,我国电子材料、元器件及专用设备行业不断发挥创新驱动发展战略,加快产业结构调整,推动产业转型升级。

### 一、产业规模

#### （一）产业规模稳步增长

在全球新一代信息技术以及新能源等战略性新兴产业快速增长的带动下,我国电子材料、元器件及专用设备行业规模稳步增长,继续位居电子信息制造业各

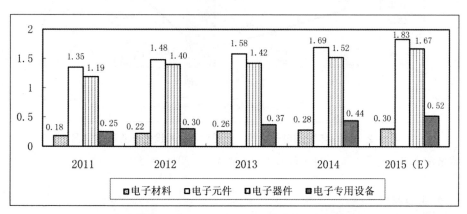

图8-1  2011—2015年我国电子材料、元器件及专用设备行业销售产值（单位：万亿元）

数据来源：国家统计局,工业和信息化部,赛迪智库,2015年3月。

行业首位。2014年我国电子材料、元器件及专用设备行业销售产值达到3.93万亿元，同比增长8.3%，增速低于电子信息制造业全行业2个百分点，占我国电子信息制造业的比重为37.8%，比2013年下降了0.3个百分点，占比继续回落。其中电子材料行业0.28万亿元，电子元件行业1.69万亿元，电子器件行业1.52万亿元，电子专用设备0.44万亿。预计2015年我国电子材料、元器件及专用设备行业销售产值达到4.32万亿元，增速较2014年有所提高。

## （二）进出口金额同时出现下滑

### 1. 进口情况

2014年我国电子材料、元器件及专用设备行业合计进口额达到4015亿美元，同比下降2.9%，占电子信息制造业进口总额的75.2%，基本与2013年持平。其中，电子材料行业进口额达到81亿美元，同比增长5.8%，扭转了连续下滑势头；电子元件行业进口额为517亿美元，同比下降0.6%，降幅较2013年收窄近44个百分点，继续呈现下滑态势；电子器件行业进口额高达2930亿美元，同比下降5.6%；电子专用设备行业进口额为487亿美元，同比增长12.3%。进口主要产品中，集成电路进口额2176亿美元，同比下滑5.9%；液晶显示板进口额为438亿美元，同比下降11.7%；二极管及类似半导体器件进口额为236美元，同比增长10.3%。

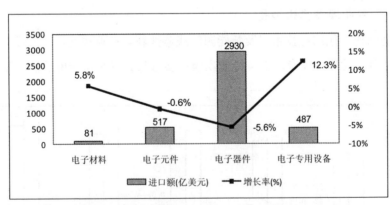

图8-2　2014年我国电子材料、元器件及专用设备行业进口情况

数据来源：海关总署，工业和信息化部，赛迪智库，2015年3月。

### 2. 出口情况

2014年我国电子材料、元器件及专用设备行业出口额达到2506亿美元，同比下降6.8%，占电子信息制造业出口总额的31.7%，比2013年下降2.7个百分点。受集成电路出口大幅下滑影响，电子器行业增速出现大幅下滑，其他行业均保持一定增长势头，其中电子材料增长势头最为迅猛。电子材料出口额70亿美元，同比增长18.9%，位居电子制造业各行业之首；电子元件出口额为785亿美元，同比增长9.2%；电子器件出口额1318亿美元，同比大幅下降18.9%；电子专用设备出口额为333亿美元，同比增长9.0%。出口主要产品中，集成电路出口金额为609亿美元，同比下降30.6%；液晶显示板出口额为318亿美元，同比减少11.4%，连续两年下滑；二极管及类似半导体器件出口额283亿美元，同比增长11.3%。

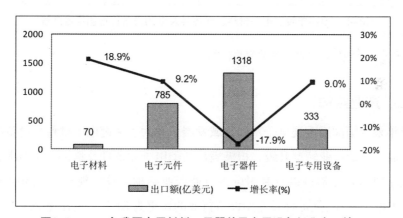

图8-3　2014年我国电子材料、元器件及专用设备行业出口情况

数据来源：海关总署，工业和信息化部，赛迪智库，2015年3月。

### （三）固定资产投资持续快速增长

受国家利好政策刺激，2014年我国电子材料、元器件及专用设备行业固定资产投资保持快速增长势头，累计完成固定资产投资7100亿元，同比增长12.3%。其中，电子器件行业完成固定资产投资2815亿元，连续三年位居电子信息制造业各行业首位，同比增长14.4%，主要由于集成电路和平板显示投资规模大幅增长；电子元件行业行完成固定资产投资2441亿元，继续位居电子信息制造业各行业次席，同比增长9%；电子专用设备行业完成固定资产投资1538亿元，同比增长14.5%；电子专用设备行业完成固定资产投资296亿元，同比增长10.8%。

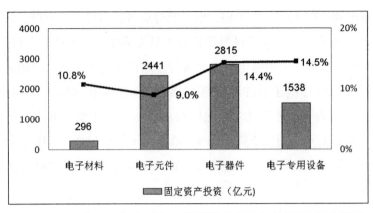

图8-4　2014年我国电子材料、元器件及专用设备行业固定资产投资

数据来源：工业和信息化部，赛迪智库，2015年3月。

## 二、产业结构

近年来我国高度重视电子基础领域发展，加大了关键电子材料和设备的投入力度，加快推动产业转型升级，积极满足新型电子元器件及整机产品需求，不断优化电子材料、元器件以及专用设备行业产业结构。整体规模上，2014年电子元器件占电子材料、元器件及专用设备行业的比重为81.7%，占比比2013下降0.9个百分点，呈现持续下降局面。进出口方面，2014年，电子材料及专用设备占电子材料、元器件及专用设备行业进口金额的比例为14.2%，这一数字比2013年提高了近2个百分点；电子材料及专用设备占电子材料、元器件及专用设备行业出口金额的比例为16.1%，占比较2013年提高了2.6个百分点。

## 三、产业创新

2014年，随着企业创新意识和能力不断增强，我国电子材料、元器件以及电子专用设备行业技术创新步伐明显加快，高附加值和高新技术产品研发及产业化取得了长足进步，2014年国家科学技术进步奖和技术发明奖的获奖项目超过了10项。电子器件方面，国内首款智能电视SoC芯片研发成功并量产，改变了我国智能电视缺芯局面；国内首条、世界第二条8英寸IGBT（绝缘栅双极型晶体管）生产线建成投产，打破国外垄断。企业专利成果丰硕，京东方2014年新增专利申请量超过5000件。参与国际标准制定的话语权不断增强，2014年我国积极主导制定了在射频连接器、同轴通信电缆等领域的国际标准，对自主技术和产品走出去起到了重要的推动作用。

## 第二节  发展特点

### 一、整体增速企稳回升

2014 年以来，国家积极实施创新发展战略，加大对电子基础领域支持力度，加快行业转型升级步伐，加速关键产品进口替代，电子材料、元器件及专用设备行业增速开始企稳回升。2014 年电子材料、元器件及专用设备行业整体增速为 8.3%，比 2013 年提高了 1.5 个百分点，扭转了自 2009 年以来增速持续下滑的不利局面。从细分领域看，2014 年电子材料、电子元件和电子器件行业的增速均为 7%，电子专用设备行业的增速达到了 18.9%，位居电子制造业各行业首位。从增长贡献率看，电子元件和电子器件仍然是拉动电子材料、元器件及专用设备行业增长的主要力量，2014 年其贡献率分别为 36.7% 和 33.3%，电子专用设备的贡献率也达到了 23.3%。

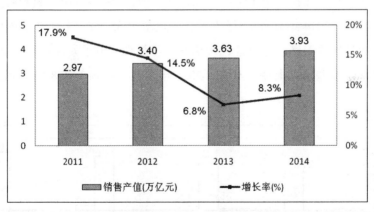

图8-5  2010—2014年我国电子材料、元器件及专用设备行业销售产值

*数据来源：国家统计局，工业和信息化部，赛迪智库，2015 年 3 月。*

### 二、主要产品产量增速分化明显

电子材料方面，2014 年我国多晶硅产量约为 13.2 万吨，同比增长 57%，继续位居世界第一；光纤预制棒产量约 3800 吨，同比增长 25%。电子元件方面，2014 年我国电子元件产量 28834 亿只，同比增长 5.6%；锂离子电池产量上升至

52.9 亿只，同比增长 10.9%。电子器件方面，2014 年我国集成电路产量为 1015.5 亿块，同比增长 12.4%，增速较 2013 年提高近 7 个百分点；半导体分立器件产量达到 5068.3 亿个，同比增长 16.4%；光电子器件 3957.8 亿只（片、套），同比增长 18.2%。我国多种产品产量已连续多年位居世界前列，如多晶硅、磁性材料、电容器、电阻器、电子变压器、压电石英晶体、电声器件、微特电机、光缆、印刷电路板和锂离子电池等。

## 三、贸易逆差出现扩大趋势

2014 年我国电子材料、元器件及专用设备行业进出口贸易逆差达到 1508 亿美元，同比增长 4.2%，自 2010 年以来的收窄态势受到抑制，开始出现扩大趋势，主要还在于电子器件和电子专用设备进出口逆差持续扩大。从细分领域看，尽管 2014 年我国电子器件行业进出口金额出现了双下降，但进出口逆差仍然高达 1612 亿美元，同比增长 7.5%；而随着国内加大对集成电路、平板显示领域的投资规模，高端电子专用设备进口持续增长，电子专用设备行业进出口逆差在 2013 年基础上进一步扩大至 154 亿美元，同比增长 19.4%；电子材料行业进出口逆差持续收窄，2014 年只有 11 亿美元，同比减少 35.3%，主要在于国内中高端电子材料产品日益丰富，进口替代效果进一步显现；电子元件行业在 2013 年实现进出口贸易顺差基础上持续利好，2014 年实现贸易顺差 268 亿美元，同比增长 35.4%。

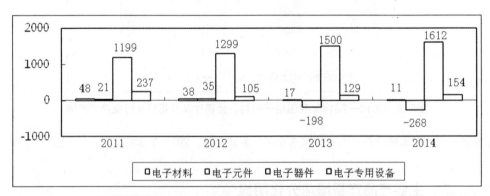

图8-6　2011—2014年我国电子材料、元器件及专用设备行业进出口贸易逆差（单位：亿美元）

数据来源：海关总署，工业和信息化部，赛迪智库，2015 年 3 月。

## 四、政策扶持力度不断加大

2014 年，国家进一步加大对电子材料、元器件及专用设备行业的支持力度，先后制定发布了一系列鼓励政策以及相关落实措施。集成电路方面，国家发布了《国家集成电路产业发展推进纲要》，并成立了国家集成电路产业投资基金以及基金管理公司，投资基金规模超过了 1200 亿元。平板显示方面，工业和信息化部与发展改革委联合编制了《2014—2016 年新型显示产业创新发展行动计划》，进一步引导产业集聚发展，重点支持关键配套材料和装备发展，加快形成自主发展能力。太阳能光伏方面，在 2013 年发布第一批《光伏制造行业规范条件》公告名单基础上，2014 年又发布了 2 批公告名单，同时编制《工业和信息化部关于进一步优化光伏企业兼并重组市场环境的意见》，进一步推动行业兼并重组。锂离子电池方面，工业和信息化研究起草了《锂离子电池行业规范条件》，并公开征求各方意见，预计将在 2015 年正式实施，进而保障行业健康有序发展。

## 五、资本市场并购活跃

2014 年，在利好政策刺激下，电子材料、元器件及专用设备行业企业开始加大资本运作力度，行业并购开始活跃，以提升市场竞争力的产业链整合力度不断加强。根据北京交通大学中国企业兼并重组研究中心统计数据显示，2014 年我国电子材料、元器件及专用设备行业发生兼并重组 98 单，占全部电子信息制造业的 68%，披露金额达到 216 亿元，占全部电子信息制造业的 60%。集成电路方面，紫光集团先后完成对展讯和锐迪科微电子的收购，上海浦东与澜起科技也达成最终合并协议。太阳能光伏方面，旭泓光电收购德国组件制造商 Aleo Solar，晶科集团收购浙江尖山光电有限公司，顺风光电收购无锡尚德和德国 SAG Solarstrom AG。

# 第九章  平板显示行业

## 第一节  发展情况

### 一、产业规模

2014年我国平板显示产业规模不断提升，全行业销售收入达到1400亿元人民币，同比增加30%。显示面板出货面积突破3000万平方米，同比增加50%，全球市场占有率约17%，成为全球第三大显示器件生产地区。高世代产线建设稳步推进，广州LGD8.5代线和苏州三星8.5线顺利点亮投产，液晶电视用液晶面板自给率从2013年的35%上升至2014年的50%。液晶面板进出口同步出现下滑。2014年液晶面板进口437.8亿美元，同比下降11.7%，出口318.9亿美元，同比下降11.1%。贸易逆差持续收窄，全年贸易逆差为118.9亿美元，同比减少13.3%，

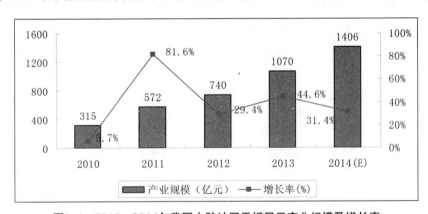

图9-1  2010—2014年我国大陆地区平板显示产业规模及增长率

数据来源：赛迪智库，2015年3月。

连续第五年收窄。龙头企业核心竞争力显著增强。天马在中小尺寸领域按面积计算出货量规模达到全球第四；在华星光电面板的支持下，TCL 彩电销量跻身全球前三，其中 32 英寸出货量位居全球第一；京东方按出货金额计算已经进入全球面板产业前五，通过调整北京 8.5 代线产品结构，目前已经占据平板电脑面板出货量全球第一的位置。2014 年平板显示企业继续保持了上年以来的良好势头，销售收入稳步提升，骨干企业均实现盈利。面板企业销售收入合计超过 1000 亿元人民币，其中京东方、天马、华星光电 3 家骨干企业毛利率均在 20% 以上，实现利润超过 50 亿元。

## 二、产业结构

目前，我国已经形成了包括高世代薄膜晶体管液晶显示器（TFT-LCD）、有机发光显示器（OLED）、激光显示等多种技术在内较为完善的新型平板显示产业体系。截至 2014 年年底，共有 18 条 4.5 代及以上产线建成投产，分别为 5 条 4.5 代线、6 条 5 代线（含 5.5 代线）、2 条 6 代线和 5 条 8.5 代线。此外，尚有 1 条 5.5 代线、1 条 6 代线及 3 条 8.5 代线正在建设中。2014 年上半年我国 4 条高世代线（合肥京东方 6 代线、北京京东方 8.5 代线、南京中电熊猫 6 代线、深圳华星光电 8.5 代线）均实现满产，下半年随着合肥京东方、苏州三星、广州 LGD 等三条 8.5 代线量产，我国液晶面板行业规模和水平进一步提升。

经过近年来的发展，我国平板显示产业已经形成了以北京为核心的环渤海地区，以合肥、南京和苏州为代表的长三角地区，以深圳、厦门和广州为代表的珠三角地区，以及以成都、武汉为代表的中西部地区的四大平板显示产业基地的空间布局。

表 9-1　2014 年我国大陆显示产业集聚区高世代 TFT-LCD 产线建设情况

| 序号 | 地区 | 代表企业 | 地点 | 代线 | 建设情况 |
|---|---|---|---|---|---|
| 1 | 长三角 | CEC中电熊猫 | 南京 | 6代线 | 量产 |
| 2 | | | 南京 | 8.5代线 | 在建 |
| 3 | | 友达光电 | 昆山 | 8.5代线 | 拟建 |
| 4 | | 京东方 | 合肥 | 6代线 | 量产 |
| 5 | | | 合肥 | 8.5代线 | 2014年量产 |
| 6 | | 三星 | 苏州 | 8.5代线 | 2014年量产 |

（续表）

| 序号 | 地区 | 代表企业 | 地点 | 代线 | 建设情况 |
|---|---|---|---|---|---|
| 7 | 珠三角 | TCL华星光电 | 深圳 | 8.5代线 | 在建 |
| 8 | | | 深圳 | 8.5代线 | 在建 |
| 9 | | LGD | 广州 | 8.5代线 | 2014年量产 |
| 10 | | 天马 | 厦门 | 6代线 | 在建 |
| 11 | 京津塘 | 京东方 | 北京 | 8.5代线 | 量产 |
| 12 | 成渝鄂 | 京东方 | 重庆 | 8.5代线 | 在建 |
| 13 | 成渝鄂 | 京东方 | 成都 | 6代线 | 签约 |
| 14 | | TCL华星光电 | 武汉 | 6代线 | 在建 |
| 15 | | 天马 | 武汉 | 6代线 | 在建 |
| 16 | | CEC中电熊猫 | 成都 | 8.5代线 | 签约 |
| 17 | | 惠科 | 重庆 | 8.5代线 | 签约 |

数据来源：赛迪智库整理，2015年3月。

2014年全球中小尺寸出货量虽然整体减小，但是受我国智能手机等智能移动终端市场份额快速增长的带动，我国大陆中小尺寸面板出货量得到大幅提升，全球市场份额逐渐扩大。2014年，我国大陆手机用面板全球市场占有率从2013年的23%提高到30%，平板电脑用面板从11%提高到22%；笔记本电脑用面板从7%提高到10%；显示器用面板从17%提高到21%；电视用面板从16%提高到19%。为满足中小尺寸供应，京东方、天马等国内面板企业通过产线结构调整来满足国内中小尺寸需求，6代线甚至8代线都被投入中小尺寸生产。

### 三、产业创新

以TFT-LCD为主的平板显示产业已经进入成熟阶段，新技术产业化以及新产品量产化成为产业发展的重要驱动力，国内新一代显示技术布局加快，厦门5.5代低温多晶硅生产线、鄂尔多斯5.5代AMOLED生产线相继投产；氧化物半导体（Oxide）、四道光罩工艺等新技术逐步导入生产线；自主研发的电子设计自动化（EDA）软件被骨干企业大量采用；大尺寸、超高分辨率的55英寸4K×2K液晶电视面板实现量产；电视用55英寸以上有源有机发光二极管（AMOLED）面板样品研制成功。新兴显示技产品方面，继3D、4K之后，显示技术高附加值化竞争的新竞争核心已经明确为扩大TFT-LCD的色彩表现范围。采用量子点的光学材料置于背光与液晶面板之间，已使得 TFT-LCD 的色域达到或超过 OLED 的水平。为应对技术的不断加速发展，我国平板显示企业新技术量产进程也在明显加快。多条低温多晶硅和氧化物背板生产线建设进展顺利，多种应用新型显示技术的产品进入市场。京东方、华星光电、天马微电子、南京熊猫等骨干企业在高分辨率、宽视角、低功耗、窄边框、高饱和度等新技术上加大投入，和辉光电、国显光电等 AMOLED 产线也进展顺利，相继进入量产阶段。

表 9-2　我国大陆在建新型面板产线建设情况

| 企业 | 世代 | 背板尺寸(mm × mm) | 产品类别 | 建设阶段 |
|---|---|---|---|---|
| 厦门天马 | 5.5G | 1300 × 1500 | LTPS TFT-LCD | 量产 |
| | 4.5G | 650 × 750 | AMOLED | 建设中 |
| 京东方 | 5.5G | 1300 × 1500 | LTPS TFT-LCD、AMOLED | 建成爬坡期 |
| | 8.5G | 2200 × 2500 | Oxide TFT-LCD | 建成爬坡期 |
| 中电熊猫 | 8.5G | 2200 × 2500 | Oxide TFT-LCD | 建设中 |
| 国显光电 | 5.5G | 1300 × 1500 | LTPS-AMOLED | 建设中 |
| 和辉光电 | 4.5G | 730 × 920 | LTPS-AMOLED | 建设期，已出货 |
| 华星光电 | 6G | 1500 × 1800 | LTPS（Oxide）&LCD/AMOLED | 建设中 |
| 信利光电 | 4.5G | 730 × 920 | LTPS-AMOLED | 建设中 |
| 信利光电 | 6G | 1500 × 1800 | AMOLED | 拟建 |

数据来源：赛迪智库整理，2015 年 3 月。

## 四、配套能力

随着高世代线 TFT-LCD 面板线的投产，我国平板显示配套产业开始取得突破，强大的市场需求带动了对上游材料和设备的发展，推动了玻璃基板、液晶材料、背光源组件、驱动 IC 等配套产业备的国产化进程。在国家政策支持和引导下，配套产品生产技术、工艺不断取得突破，产业化进程加快，本地化配套能力不断提升，材料配套体系已经初步形成。低世代线国产化供应体系基本建成，国产上游材料和装备在产业竞争中，已经具备了一定优势，一是价格和成本较低，二是产能和技术快速成长，三是与国际企业相比，更加贴近市场和客户。在国内面板龙头企业的带动下，产业集聚效应逐渐显现，环北京、长三角、珠三角、成渝鄂等地已初步建立起以大型骨干企业为核心、具备较为完整的玻璃基板、彩色滤光片、液晶材料、背光源组件等上游配套产业链和完善的手机、平板电脑、智能电视等下游整机应用产业及服务体系的产业集群。本土面板企业加快提升本地化配套水平，京东方在玻璃基板、液晶材料、导光板、光刻胶、彩色滤光片、偏光片、背光源等重要材料方面实现了本土企业配套供应，华星光电则通过与本土企业一起技术攻关，产品合格后大批量采用的模式，扶持配套国产化。目前，我国部分5代线材料本地配套率达到70%，其中玻璃基板国产化率达70%，彩色滤光片达到60%，偏光片达到100%，液晶材料达到60%。2014年前三季度骨干企业采购上游材料、装备的金额已超160亿元。

## 第二节　发展特点

### 一、下游市场容量庞大

近年来，我国已成为仅次于美国的全球第二大消费电子市场，并拥有世界最大的消费电子生产制造基地。包括家庭个人影音、移动通讯终端、汽车电子、数码成像等各个领域的消费电子越来越成为消费热点。2014年，我国生产彩色电视机1.4亿台，计算机3.5亿台，手机16.3万台，产量占全球出货量的比重均超过60%，连续多年位居世界首位。下游市场为我国平板显示产业的发展提供了广阔空间。

### 二、全球产业发展重心加速向我国转移

2014年，中国大陆面板全球市场占有率提高到17%，是仅次于韩国和我国台湾地区的全球三大平板显示生产地之一。全球平板显示产业的发展重心正在向我国转移，我国大陆已经成为全球平板显示产业新的投资热点地区。2014年全球平面显示设备资本支出，中国约占七成以上。高世代线建成之后，海外企业的竞争优势逐步丧失，为了继续抢占中国市场，海外企业纷纷改变原先不肯向中国输出技术的策略，转而向中国进行产业转移，通过在中国投资建厂，设立生产基地，贴近中国终端产品厂家，在国内市场与本土企业展开竞争。我国大陆地区成为全球平板显示产业唯一连续多年保持不断增长的地区。在此背景下，我国平板

显示市场竞争形势将日趋复杂，一方面，国外企业将进一步在平板显示领域开放，放宽对我国输出产品线和技术的限制，通过与国内面板、材料和装备企业开展合作，我国企业有望利用承接产业转移的契机，优化自身产业结构，提高配套本地化程度。另一方面，先进国家和地区的产能向我国转移势必会给国内企业带来价格和知识产权方面的压力。

## 三、产业整体规模偏小

规模效应在全球平板显示产业竞争中举足轻重。虽然经过近些年的发展，我国平板显示产业取得跳跃式进步，但是，仍然存在产业整体规模偏小，投资主体比较分散的问题。韩国的三星、LG以及我国台湾地区的友达、群创等企业位居全球前四，占据85%以上的市场份额。我国规模实力最强的京东方位居第五、总资产约为662亿元，仅是排名第四的友达的一半。我国其他平板显示企业规模比京东方更小，拥有的生产线也更少，产业小而分散，缺乏整体规划和合理布局，难以拥有强大的竞争力和话语权。高世代线分布上，我国目前量产的6代线以上的生产线仅为6条，而韩国和我国台湾地区的高世代线数量均超过10条。小而分散的格局使得我国企业在采购中没有成本优势，销售中没有定价优势，研发投入负担相对过高，国际竞争中处于劣势，国际贸易争端中易受冲击。

## 四、产业发展环境愈加完善

国家促进平板显示产业发展鼓励政策逐步到位。《关于新型显示器件生产企业进口物资税收政策的通知》（财关税〔2009〕31号）、《电子信息产业调整振兴规划》、《2010—2012年平板显示产业发展规划》等产业政策发布实施，为我国平板显示产业发展提供了良好的政策环境。在各项政策引导下，对于统筹引导多元化资金、推动投融资环境建设、完善税收政策、进一步减轻企业负担起到了良好的促进作用，同时对于完善产业联盟的合作机制、发挥共性技术平台的作用、促进合作共赢发展、引导企业重视专利及标准建设工作，完善人才队伍建设也起到了积极作用。总的来说，在政策指导下，我国平板显示产业发展取得了良好的发展态势。2013年8月，国务院颁布《关于促进信息消费扩大内需的若干意见》。其中，"增强电子基础产业创新能力，实施平板显示工程，推动平板显示产业做大做强，加快推进新一代显示技术突破，完善产业配套能力"为国内平板显示产业发展，注入更大的发展动力。

2014年，为引导我国平板显示产业健康有序发展，国家相关部门联合制定发布了《2014—2016年新型显示产业创新发展行动计划》，指导未来几年产业发展方向。《行动计划》提出，统筹利用国家科技重大专项、战略性新兴产业专项、电子信息产业振兴和技术改造专项以及工业转型升级资金等专项资金，集中支持骨干企业加快技术联合研发、前瞻性技术研究、重大工程建设以及企业兼并重组。通过落实研发费用加计扣除政策和修订新型显示器件生产企业进口物资及重大装备税收优惠政策目录，为符合条件的企业提供优惠的税收政策。对国内平板显示企业实行差异化的财税政策，从普惠向集约支持转变，同时完善金融服务支撑，加强财政政策和金融政策的协调配合，引导金融机构加大对平板显示企业的支持力度。

表9-3　近年来平板显示产业相关政策发布情况

| 发布时间 | 政策名称 | 内容 |
| --- | --- | --- |
| 2006年2月 | 《国家中长期科学和技术发展规划纲要（2006—2020年）》 | 将"开发有机发光显示技术，建立平板显示材料与器件产业链"列为优先主题。 |
| 2009年5月 | 《关于新型显示器件生产企业进口物资税收政策的通知》 | 进口税收政策适用范围扩大至有机发光二极管显示面板生产企业。 |
| 2010年1月 | 《2010—2012年平板显示产业发展规划》 | 支持OLED等技术研发和产业发展为重点，力争掌握下一代显示技术发展的主动权。 |
| 2010年10月 | 《国务院关于加快培育和发展战略性新兴产业的决定》 | 将OLED作为战略性新兴产业的重点领域，集中力量，加快推进。 |
| 2012年2月 | 《电子信息制造业"十二五"发展规划》 | 进一步强化OLED等显示技术，明确将推进中小尺寸OLED的技术开发和产业化应用。 |
| 2012年5月 | 《"十二五"国家战略性新兴产业发展规划》 | 攻克OLED产业共性关键技术和关键装备、材料，提高OLED照明的经济性。 |
| 2012年9月 | 《新型显示科技发展"十二五"专项规划》 | 切实加强有机发光显示的基础性和应用性研究，全面掌握有源有机发光显示等关键技术。 |
| 2014年4月 | 《组织实施新型平板显示和宽带网络设备研发及产业化专项》 | AMOLED用高精度金属掩膜板、材料、驱动IC、PECVD设备、溅射镀膜设备、蒸镀设备研发和产业化。 |

数据来源：赛迪智库整理，2015年3月。

## 五、中西部地区发展速度加快

平板显示产业成功发展的案例强烈激发了地方政府的投资热情，平板显示已经成为近年来各地方政府投资的热点。2014 年国内有 10 条产线处在在建和拟建过程中，其中以中西部地区热情最高，四川、湖北、福建、内蒙古等具备一定平板显示产业基础的省份和河南、重庆、陕西等省市都计划在该领域投入重资，将平板显示产业作为地区发展重点进行规划。其中，河南与富士康合作，计划兴建 LTPS 面板生产线，四川和湖北也均有两条高世代线在建。

# 第十章　太阳能光伏行业

## 第一节　发展情况

### 一、产业规模

2014 年，我国光伏企业继续巩固在全球的规模领先优势。产业链各环节均有企业进入前十，如多晶硅（4 家）、硅片（8 家）、电池片（5—6 家）、组件（5—6 家），并且第一名均为我国企业。

表 10-1　2014 年我国光伏产品产量及增长情况

|  | 多晶硅 | 硅片 | 电池片 | 组件 |
|---|---|---|---|---|
| 产量 | 13.2万吨 | 38GW | 33GW | 35GW |
| 增长率 | 57% | 28% | 32% | 27.2% |
| 占全球比重 | 43% | 76% | 59% | 70% |

数据来源：赛迪智库，2015 年 3 月。

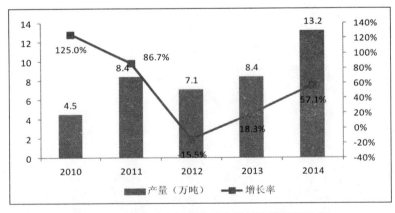

图10-1　2010—2014年我国多晶硅产量及增长率

数据来源：赛迪智库，2015 年 3 月。

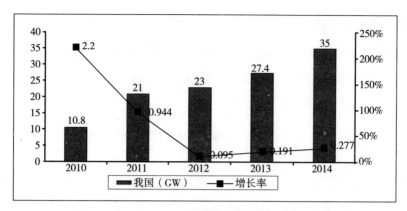

图10-2 2010—2014年我国光伏组件产量及增长率

数据来源：赛迪智库，2015年3月。

2014年，我国多晶硅开工企业约18家，产能为15.6万吨，产量约为13.2万吨，同比增幅近57%，占全球多晶硅产量的43%。硅片、电池片、组件产量增长均超过25%，占全球总产量比重都在50%以上。

进出口规模看，多晶硅进口量达到10.2万吨，同比增长26.7%，创历史进口最高纪录；进口金额为21.95亿美元，同比增长45.2%。太阳能电池出口额达到124.2亿美元，同比增长22.4%。

市场规模来看，2014年我国新增光伏并网装机容量达到10.6GW，同比下滑3.2%。累计光伏装机并网量达到28.05GW，同比增长60%。

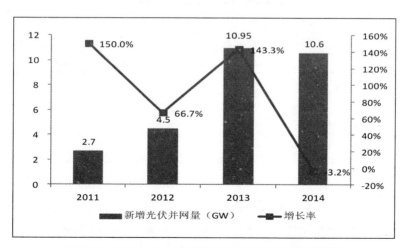

图10-3 2011—2014年我国光伏新增装机量及增长率

数据来源：赛迪智库，2015年3月。

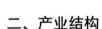

## 二、产业结构

产业结构方面，我国多晶硅和组件的产量分别为 13.2 万吨与 35GW。

进出口结构方面，多晶硅环节，我国自韩国、美国、德国三国共进口多晶硅 87065 吨，占总进口量的 85.2%。

表 10-2　2014 年我国多晶硅进口国分布情况

|  | 韩国 | 美国 | 德国 | 其他 |
| --- | --- | --- | --- | --- |
| 进口量（吨） | 35743 | 21079 | 30243 | 15111 |
| 占比（%） | 35.0 | 20.6 | 29.6 | 14.8 |

数据来源：硅业分会，2015 年 2 月。

加工贸易为我国多晶硅的主要进口方式。2014 年全年我国多晶硅加工贸易进口量高达 72053 吨，占总进口量的 70.5%，其中来自美国的多晶硅产品 87.6% 是以加工贸易的形式进口。8 月 14 日，商务部海关总署出台了"暂停多晶硅加工贸易审批"的 58 号公告，但各地开始在执行日之前突击审批新的多晶硅加工贸易业务，总量超过 10 万吨，致使 2014 年多晶硅总进口量明显增长。

太阳能电池环节，日本、美国、荷兰位居我国太阳能电池产品出口金额前三位。英国由于在 2014 年光伏市场大幅增长，由 2013 年的第九位上升至 2014 年的第四位。

表 10-3　2014 年我国太阳能电池产品前五大出口国家

|  | 日本 | 美国 | 荷兰 | 英国 | 印度 |
| --- | --- | --- | --- | --- | --- |
| 出口金额（亿美元） | 43.95 | 18.17 | 10.37 | 6.95 | 4.89 |
| 占比（%） | 35.4 | 14.6 | 8.3 | 5.6 | 3.9 |

数据来源：海关总署，2015 年 2 月。

## 三、产业创新

2014 年，我国光伏企业经营状况得到不断改善，在供需失衡和产品同质化等压力的驱动下，骨干企业加大了工艺技术研发支持力度，生产工艺水平不断进步。多晶硅生产环节，平均综合能耗下降至 110KWh/kg，部分企业甚至已低于 70KWh/kg，通过自主研发与引进外资，我国部分企业已掌握硅烷流化床法多晶硅规模化生产技术，即将规模化量产；硅片生产环节，金刚线切割已经大规模应用于单晶硅片，多晶硅片切割也已小规模应用；电池片生产环节，多次印刷、

PERC 技术、黑硅技术等已在使用或着手研发，我国产业化生产的普通结构多晶硅电池平均转换效率达到 17.8%，单晶硅电池平均转换效率达到 19.3%，处于全球领先水平，部分企业生产的 N 型电池平均转换效率达到 22.9%；组件生产环节，主流组件产品功率达到 255—260W，同比提高近 6%。在新型电池研究上，我国在受关注度较高的钙钛矿电池上取得突破性进展。厦门惟华光能有限公司研制出的钙钛矿太阳能电池光电转换效率已达 19.6%，位居全球首位。

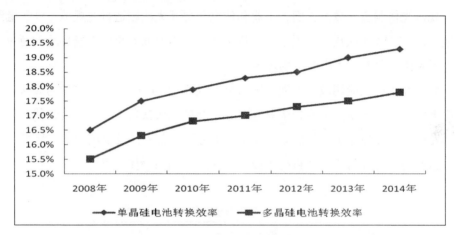

图10-4　2008年至2014年我国太阳能电池转换效率变化

数据来源：CPIA、赛迪智库，2015 年 1 月。

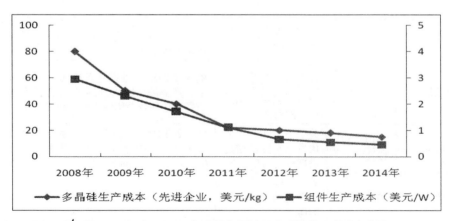

图10-5　2008年至2014年我国多晶硅及电池组件生产成本变化

数据来源：CPIA、赛迪智库，2015 年 1 月。

在生产工艺水平的驱动下，产品生产成本不断降低。多晶硅生产全成本降至 15 美元 /kg，先进光伏企业的晶硅组件生产成本已下降至 0.46 美元 / 瓦，系统装

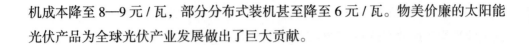

机成本降至8—9元/瓦,部分分布式装机甚至降至6元/瓦。物美价廉的太阳能光伏产品为全球光伏产业发展做出了巨大贡献。

## 第二节　发展特点

### 一、政策环境逐步完善

规范光伏制造业政策方面,工业和信息化部《光伏制造行业规范条件》继续实施,并在2014年底出台《关于进一步优化光伏企业兼并重组市场环境的意见》,优化了光伏企业兼并重组的市场环境。

促进光伏市场应用政策方面,国家能源局在2014年出台10多项与光伏有关的促进政策,从推动分布式光伏发电发展、开展光伏扶贫工程、规范光伏电站投资开发秩序、加强光伏产品检测认证工作等方面完善光伏发电应用市场环境。

银监会、国开行等金融机构积极与行业主管部门合作,出台光伏产业金融扶持政策。

表10-4　2014年我国出台的光伏行业政策

| 部委 | 日期 | 政策名 | 主要内容 |
|---|---|---|---|
| 工业和信息化部 | 2013年9月 | 光伏制造行业规范条件 | 2014年继续实施,已先后发布3批,共175家企业通过名单。 |
| 工业和信息化部 | 2014年12月 | 关于进一步优化光伏企业兼并重组市场环境的意见 | 从优化兼并重组审批流程、加强财政资金支持、完善相关税收政策、土地使用政策、企业债务处理和职工安置政策等方面优化光伏企业兼并重组市场环境。 |
| 能源局 | 2014年1月 | 关于公布创建新能源示范城市(产业园区)名单(第一批)的通知 | 确定全国第一批创建新能源示范城市81个、产业园区8个,使可再生能源在能源消费中达到较高比例或较大利用规模。 |
| 能源局 | 2014年1月17日 | 关于下达2014年光伏发电年度新增建设规模的通知 | 确定2014年度全年新增备案总规模1400万千瓦,其中分布式800万千瓦,占比约60%,光伏电站605万千瓦。 |
| 能源局 | 2014年3月 | 关于加强光伏产业信息监测工作方案的通知 | 建立光伏产业信息监测体系。 |
| 能源局 | 2014年4月 | 关于明确电力业务许可管理有关事项的通知 | 对经备案(核准)的分布式能源项目、6MW(不含)以下的太阳能、风能等新能源发电项目豁免发电业务许可。 |
| 能源局 | 2014年5月20日 | 关于加强光伏发电项目信息统计及报送工作的通知 | 加强光伏发电项目信息统计及报送工作。 |

（续表）

| 部委 | 日期 | 政策名 | 主要内容 |
|---|---|---|---|
| 国家税务总局 | 2014年6月3日 | 关于国家电网公司购买分布式光伏发电项目电力产品发票开具等有关问题的公告 | 对个人及非企业所有分布式光伏发电项目销售电力产品，按照税法规定应缴纳增值税的，可由国家电网公司所属企业按照增值税简易计税办法计算并代征增值税税款，同时开具普通发票。<br>折合整个寿命期内发电户不含税售电价格达到0.39—0.4元/度，较之前有了10%以上的提升，对今后居民分布式光伏发电市场的启动有很重要的作用。 |
| 能源局 | 2014年9月2日 | 关于进一步落实分布式光伏发电有关政策的通知 | 启动分布式光伏电站市场，鼓励利用废弃土地、荒山荒坡、农业大棚、滩涂、鱼塘、湖泊等建设就地消纳的分布式光伏电站。<br>拓展分布式光伏发电项目的建设范围，鼓励在火车站（含高铁站）、高速公路服务区、飞机场航站楼、大型综合交通枢纽建筑、大型体育场馆和停车场等公共设施系统推广光伏发电。<br>对于分布式光伏发电项目，如果自发自用比例较高，可采用"自发自用，余电上网"的全电量0.42元/度的电价补贴模式；如果自发自用的比例比较低，可采用"全额上网"模式，项目的全部发电量由电网企业按照当地光伏电站标杆上网电价收购。 |
| 能源局 | 2014年9月 | 关于加快培育分布式光伏发电应用示范区有关要求的通知 | 研究和推进解决分布式光伏发展中关于屋顶使用、贷款融资、售电收益、并网等问题。 |
| 能源局 | 2014年10月9日 | 关于进一步加强光伏电站建设与运行管理工作的通知 | 规范光伏电站建设和运行管理，对于强化行业资源配置与管理，规范市场行为，推进光伏电站基地建设，创新光伏电站建设和利用方式，协调电网发展，加强工程质量管理，促进产业健康持续发展等起到了良好的推进作用。 |
| 能源局 | 2014年10月28日 | 关于规范光伏电站投资开发秩序的通知 | 禁止电站"路条"倒卖，规范电站发展秩序。 |
| 能源局扶贫办 | 2014年10月11日 | 关于印发实施光伏扶贫工程工作方案的通知 | 通过资助贫困户安装分布式光伏发电系统，增加贫困人口基本生活收入。将在已有一定工作基础的宁夏、安徽、山西、河北、甘肃、青海6省30个县开展首批光伏试点。 |
| 能源局 | 2014年11月21日 | 关于推进分布式光伏发电应用示范区建设的通知 | 增加嘉兴光伏高新区等12个园区，示范区总量达到30个，并且强调对于示范区建设进展的跟踪以及相应的管理和监督。 |

（续表）

| 部委 | 日期 | 政策名 | 主要内容 |
|---|---|---|---|
| 能源局 | 2014年12月16日 | 关于做好2014年光伏发电项目接网工作的通知 | 要求加快推进光伏发电建设，实现光伏发电及时并网和高效利用，并要求各省能源主管部门和能源派出机构，督促协调有关方做好光伏发电接网及并网运行工作。 |
| 能源局 | 2014年12月 | 关于做好太阳能发展"十三五"规划编制工作的通知 | 要求各省以及有关研究机构抓紧开展各省太阳能发展"十三五"规划研究以及专题研究工作。 |

数据来源：赛迪智库，2015年3月。

## 二、企业运营逐步好转

随着市场回暖，我国光伏企业产能利用率已得到有效提高。多晶硅行业产能利用率大幅提升，达到84.6%。硅片行业整体产能利用率在72%以上，前十家企业产能利用率在85%以上。电池片行业整体产能利用率略低于70%，但前十家企业产能利用率在85%以上。组件行业整体产能利用率较低，但前十家企业产能利用率近90%。盈利情况明显好转，骨干企业毛利率多数回到两位数。

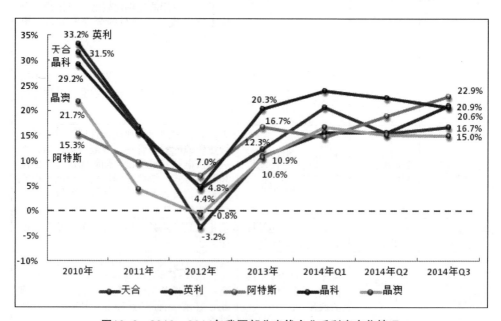

图10-6　2010—2014年我国部分光伏企业毛利率变化情况

数据来源：各企业财报、赛迪智库整理，2015年3月。

## 三、产业集中度逐步提升

2014年，随着大企业自有产能的扩充，出货量大幅增长，部分中小企业很难再通过代工获得订单，产业发展呈现出"大者恒大、弱者愈弱"的马太效应，产业集中度逐步提升。多晶硅行业集中度较高，前十家产量占比达到91%，前五家达到77%。硅片前十家企业产量占比77%，前五家占比达到58%；电池片前十家企业产量占比52%；组件前十家企业产量占比达到56%。

## 四、兼并重组持续推进

在政府主导、资本运作与企业推动下，2014年我国光伏行业兼并重组步伐持续推进，主要表现为四种形式。

大企业通过兼并小企业扩张产能。如国内晶科集团兼并尖山集团以提升电池、硅片及组件产能。

通过资本运作等手段盘活优质资产。如江苏顺风收购尚德，入股赛维LDK。

通过上下游延伸并购打通产业链。如东方日升收购江苏斯威克，进入光伏组件配套材料光伏EVA胶膜业务。

通过全球并购获得先进生产技术或开拓国外市场。如汉能通过收购美国阿尔塔（Alta Devices）获得砷化镓高效柔性薄膜技术，浙江正泰集团通过收购德国晶硅组件企业Conergy规避欧盟"双反"。

表10-5　2014年我国光伏行业主要兼并重组事件

| 并购日期 | 参与主体 | 主要内容 | 并购影响 |
| --- | --- | --- | --- |
| 1月13日 | 晶科集团 | 收购浙江尖山光电有限公司 | 通过收购，晶科新增500MW电池、500MW硅片，以及100MW组件产能 |
| 2月18日 | 天合光能 | 收购湖北弘元光伏51%的股权，合资成立湖北天合光能有限公司；并购其代工厂东鋆光伏，增加400MW组件产能 | 通过收购，电池片产能增加430MW，组件产能增加400MW |
| 3月4日 | 正泰集团 | 正式并购德国晶硅组件企业Conergy公司 | 工厂位于德国，主要为欧洲客户提供组件产品 |

（续表）

| 并购日期 | 参与主体 | 主要内容 | 并购影响 |
|---|---|---|---|
| 4月7日 | 顺风光电 | 完成收购无锡尚德，包括1.6GW电池片产能与2.4GW组件产能，以及尚德位于日本的子公司日本尚德 | 获得光伏电池片及组件生产能力，为下游电站建设提供产品 |
| 8月8日 | | 旗下顺风尚德2500万美元收购Powin Energy 30%股权，后者拥有先进的储能电池管理技术 | 为之后光伏电站建设中储能系统的应用做好技术基础 |
| 11月3日 | | 以6，500万欧元(合8500万美元)收购德国破产光伏企业SAG Solarstrom AG，并更名顺峰国际清洁能源 | 获得欧洲光伏发电项目储备，并能在欧洲开展光伏发电项目建设 |
| 5月26日 | 协鑫集团 | 投资14.4亿港元收购森泰集团67.99%股份，改名协鑫新能源，主要从事光伏电站运营与金融租赁 | 通过兼并重组，协鑫集团旗下已有三个上市子公司，分别为保利协鑫，主营多晶硅、硅片生产及电力运营；协鑫新能源，主营光伏电站开发与运营；协鑫集成，主营系统集成服务与产业金融服务 |
| 8月28日 | 苏州协鑫新能源 | 以8190万认购横山晶合太阳能发电的91%股权。横山晶合太阳能发电主要从事光伏发电项目建设及配套设备销售 | |
| 10月23日 | 协鑫集团 | 重组超日太阳能，并将其定位于系统集成公司，更名协鑫集成 | |
| 8月13日 | 汉能 | 完成对美国阿尔塔设备公司(Alta Devices)的并购，阿尔塔单结电池片效率为28.8%，双结电池片效率为30.8% | 获得砷化镓高效柔性薄膜技术。通过收购，汉能已获得硅基、CIGS、砷化镓三种薄膜生长技术 |
| 8月29日 | 中国建材集团 | 所属蚌埠玻璃工业设计研究院正式并购法国圣戈班所属CIS薄膜电池制造商Avancis公司 | 获得Avancis拥有的转换效率达16.6%的CIS薄膜电池生产技术 |
| 10月14日 | 东方日升 | 4.675亿元收购江苏斯威克新材料有限公司85%的股权 | 进入光伏组件配套材料光伏EVA胶膜业务 |
| 11月17日 | 隆基股份 | 4609.55万元收购浙江乐叶光伏科技有限公司85%股权。乐叶主要从事光伏电池片与组件的生产 | 有利于加速其单晶硅片产品在市场的推广 |

（续表）

| 并购日期 | 参与主体 | 主要内容 | 并购影响 |
|---|---|---|---|
| 11月24日 | 中国蓝星(集团)股份有限公司 | 43.4亿挪威克朗(约6.40亿美元)收购挪威光伏电池及组件生产商REC太阳能公司，计划将其与2011年以20亿美元收购的太阳能级硅生产商Elkem合并 | 获得光伏组件生产能力，开拓国外光伏市场 |
| 12月8日 | 阿特斯 | 以2.47亿美元收购夏普从事光伏发电站开发的美国子公司Recurrent Energy，后者截至目前拥有电站总量3.3GW，开发中的电站规模为1.1GW，都集中在北美 | 更好地开拓美国光伏市场，并获得收购公司光伏电站项目储备 |

数据来源：赛迪智库，2015年3月。

## 五、贸易保护愈演愈烈

美国发动了对我国光伏产品出口的第二轮"双反"调查，调查产品范围从"晶体硅光伏电池"扩大至包括电池、组件、层压材料在内的"晶硅体光伏产品"，同时对从中国台湾地区进口的晶体电池产品发起反倾销调查。12月16日，美国政府公布了26.71%至165.04%反倾销税率与27.64%至49.79%的补贴幅度，并在2015年1月21日做出肯定性终裁，严重影响占我国太阳能电池出口金额总量15%左右的对美出口贸易。

2014年以来，澳大利亚、加拿大等相继对我国光伏产品出口发动"双反"或反倾销调查。虽然这些市场容量较小，但恐会造成其他国家的连锁效应。

针对我国部分光伏产品出口通过日本、中国台湾和马来西亚等国（或地区）转口以及第三国设厂的方式，欧盟正对我国光伏产品出口进行"双反"规避调查。

## 六、"走出去"步伐逐步加快

为开拓国外光伏市场，我国部分光伏企业已在海外兴建一批光伏电站项目。阿特斯在加拿大、美国和日本共有约766MW的光伏电站项目储备，保利协鑫在国外有1GW的项目储备。英利、晶科、中电电气、海润光伏等企业均在海外有光伏电站项目储备。

在国际贸易壁垒影响以及我国光伏政策引导下，我国光伏产品制造企业正在实施产业全球布局计划，通过到海外建厂等方式规避潜在的贸易风险。

表10-6  2014年我国光伏企业海外设厂情况

| "走出去"方式 | 案例 |
|---|---|
| 到终端市场建厂贴近市场 | 中电光伏在土耳其新建电池产能为100MW、组件为300MW的工厂 |
| | 晶科能源在南非开普敦开设了一座组件工厂 |
| | 中国正泰集团在德国工厂第五条生产线开工 |
| 到成本洼地新建工厂以降低生产成本 | 上海卡姆丹克在马来西亚新建产能为300MW的硅片厂 |
| | 英利准备在泰国新建产能600MW的电池组件厂 |
| 通过签订代工协议，绕道布局全球市场 | 昱辉阳光已在7个国家与11家制造工厂建立长期代工关系，组件产能高达1.1GW |

数据来源：赛迪智库，2015年3月。

# 第十一章　半导体照明（LED）行业

## 第一节　发展情况

### 一、产业规模

2014 年，我国 LED 产业整体规模达到 3507 亿元人民币，较 2013 年的 2576 亿元增长 36%，持续保持高速增长态势。其中上游外延芯片的规模约为 138 亿元，中游封装规模约 517 亿元，下游应用规模上升至 2852 亿元。

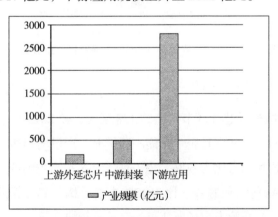

**图11-1　2014年LED照明产业各环节规模分布**

数据来源：赛迪智库整理，2015 年 3 月。

与此同时，中国 LED 照明关键技术与国际水平差距不断缩小，技术进步超预期，新工艺引领市场。在良好的行业态势下，LED 上市公司表现突出，获利不断向好。根据上市公司财报，2014 年前三季度，A 股 22 家主营业务为 LED 的上市公司营业收入总额为 186.1 亿元，较 2013 年同比增长 32.4%；累计实现利润总额 28.2 亿元，同比上升 32.4%，和收入增速持平，持续多年的"增收不增利"现象有所缓解。

## 二、产业结构

### （一）产业链上游增长强劲，产业集中度提高

2014 年我国 MOCVD 设备保有数量超过 1290 台，较 2013 年的 1090 台增加约 200 台。设备数量来看，MOCVD 设备进一步向大企业集中，其中 11% 左右的企业装机数量超过 50 台，45% 企业装机数量在 10—20 台之间，还有 44% 的企业装机数量不到 10 台，设备数量较少的企业其规模效应处于相对劣势状态。

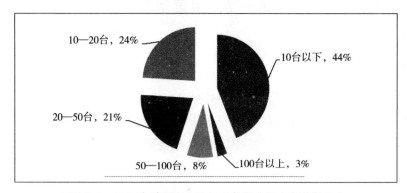

**图11-2　2014年我国MOCVD设备保有量企业数量分布**

数据来源：赛迪智库整理，2015 年 3 月。

2014 年，我国外延芯片环节产值约 138 亿元，较 2013 年增长 31%。因多数企业产能利用率明显提高，且企业产能不断扩充，产量增幅达 69%，较产值增幅有所提升。GaN 芯片的占比为 60%，以 InGaAlP 芯片为主的四元系芯片的产值占比约为 28%，GaAs 等其他芯片占比为 12% 左右。倒装芯片凭借其良好的电流扩展和出光效率特性，开始为市场所认可，产量有较快增长。

### （二）中游发展平稳，中功率器件成为主流

2014 年，我国 LED 封装环节发展平稳，产值达 517 亿元，较 2013 年增长了 28%。在产品规格上，2835、3030、5630 等 0.2—1W 的中功率器件成为市场应用主流，其中管灯、球泡灯、面板灯、吸顶灯、天花灯等中小功率照明灯具所用光源 70% 以上为中功率封装器件，封装企业由以往的向大功率看齐，因应用

需求导向，转而加大中功率器件的比重，2014年中功率器件产量占比超过55%，而大功率器件占比不到15%，其余产品为0.2W以下的小功率器件。

### （三）下游应用爆发增长，通用照明渗透提速

2014年，我国半导体照明应用领域的产业规模达到2852亿元，仍然是产业链中增长最快的环节，应用整体增长率接近38%。其中通用照明市场全面爆发，增长率约为68%，产值达到1171亿元，占应用市场的比重也由2013年的34%，增长到2014年的41%。

2014年智能手机、平板电脑及大尺寸电视的出货量持续扩大，LED背光应用增幅趋缓，年增长率约为20%，产值达到468亿元。随着小间距LED显示技术成熟和成本逐步降低，2014年LED显示应用也有较快增长，年增长率约35%，产值约324亿元。

此外，LED汽车照明、医疗、农业等新兴领域的应用也不断开拓，智慧照明、光通信、可穿戴电子的应用成为2014年LED应用的新亮点。

## 三、产业创新

### （一）国内IC企业与照明企业合力布局智能照明

物联网与智慧家庭概念的升级催生出智能照明产业的快速发展，预计未来智能照明还会加速拓展到软件、移动智能终端、移动互联网等领域。同时，随着智能照明概念的深入，LED照明普及的速度加快、成本进一步降低，未来智能照明一定是照明的主流，也是LED IC驱动技术挑战的趋势和方向。

2014年开始，因看好智能照明未来的发展前景，国内电源和驱动IC企业包括士兰微、明微电子等纷纷布局智能照明市场，以期能在技术上有所突破，使得旗下产品能更好地匹配智能照明。总的来看，国内企业布局智能照明技术主要遵循两条技术路线，一是通过技术创新，降低调光组件在光源中的决定性作用，使连接模块能兼顾蓝牙、WIFI、ZigBee等多种调光方式，无闪烁，可轻松通过传导辐射验证。二是从光色角度入手，照明厂商凭借其在光源显色方面的技术积累，提升智能照明产品的用户体验。

### （二）紫外LED技术和产业应用获得进步

在当前的LED照明市场，仍以蓝光LED产品占据主导地位，但蓝光LED的

技术专利受控于欧美日等从事该行业较早的国家。因此，对于我国而言，紫外LED是唯一能够突破专利垄断的极佳领域。

2013年以来，国内紫外LED产业取得长足的进步，但产能不足的问题依然存在。究其个中原因，一方面与当前国内需求不足，同时企业尚未做好大批量供货的技术储备相关；另一方面，行业的不确定性也导致企业不敢贸然扩产。此外，当前行业内的低利润率也导致企业的资金链无法正常运转，如若增加产能无异于自寻死路。因此，在目前的发展状况下，国内紫外LED产业的发展态势依然十分严峻。

**（三）LED灯丝灯成为替代白炽灯产品的重要手段**

LED灯丝灯是从外形上看用LED制作的白炽灯。以往LED光源要达到一定的光照度和光照面积，需加装透镜之类的光学器件，不但会影响光照效果，也会降低LED产品应有的节能功效，而LED灯丝灯可以实现360°全角度发光，大角度发光且不需加透镜，就可实现立体光源，带来前所未有的照明体验。

早在2008年，日本牛尾光源推出的由LED灯珠构成灯丝的仿传统白炽灯，引起业内极大关注，并且实现量产化。随后以LED灯丝为光源的蜡烛灯、水晶灯、球泡灯开始大量出现且被越来越多的消费者所接受，当时适用的场合主要是在五星级商务酒店、高档豪华住宅等室内照明场所。2013年以来，各国禁白计划不断推进，白炽灯逐渐退出人们视线，为灯丝灯走向市场提供了"便利通道"。

2014年，LED灯丝灯设计、生产技术趋向成熟，许多白炽灯厂借此成功转型升级，加之LED厂商的争相加入，LED灯丝产品在市场上如雨后春笋般涌现。从某种角度讲，LED灯丝灯的出现可以说是恰逢其时。针对灯丝灯的制造流程，采用不同芯片和封装基板制作LED灯丝，形成了不同的技术路线。目前，灯丝的封装大多采用的是COB技术，而基板多采用蓝宝石或玻璃。

## 第二节 发展特点

### 一、行业景气度持续提升，并购整合资源进一步集中

2014年我国LED照明产业上游快速增长，产业集中度不断提升；中游发展相对平稳，中功率器件成为市场需求的主流；下游应用爆发增长，通用照明快速

渗透。在行业景气度不断提升的优势环境背景引领下，我国 LED 照明行业对资源的并购整合态势进一步显现。其中，并购和整合类项目的产业链分布表现为以应用带动全产业链发展，而区域分布则表现为东南沿海带动全国发展。有数据显示，2014 年 LED 应用环节投资项目数量超过 200 个，占到项目总数的 74.6%，涉及产业配套和封装的项目也占有较大比重，分别达到项目总数的 16.7% 和 10.8%，而外延芯片项目数占比仅为 3.5%。值得注意的是，虽然受到苹果手机弃用蓝宝石屏幕的打击，但是 2014 年蓝宝石领域的投资仍然热度不减，投资项目近 20 项，投资金额超过 75 亿元。整体来看，我国 LED 照明领域的投资基本均衡，呈现金字塔式分布，下游应用正成为整体产业发展的强大驱动力。

为应对竞争，巩固已有的市场地位，并购受到 LED 照明企业的青睐。2014 年上半年，LED 照明产业共发生 19 起重要的并购交易，其中披露的交易总金额近 100 亿元，交易结果绝大多数是以取得控股权为目标，并购目的除了延伸产业链实现多元化发展，更多是从渠道、品牌以及产能考虑，壮大实力，扩大规模。与前几年相比，目前，LED 照明企业间的整合并购更加频繁，战略意图更加多元化，而整合方向也不断调整，优势资源进一步向行业龙头集中。

## 二、LED照明价格战开启，传统渠道盈利困难

从 2014 年年初开始，国内 LED 光源价格战开启，产品均价明显低于全球平均水平。为预先抢占家居 LED 照明市场份额，国内相关企业开启新一轮价格战，市场前景最看好的取代 40W 白炽灯的 LED 光源价格大幅低于全球平均水平。根据 LED inside 数据显示，2014 年 9 月份，国内取代 40W 和 60W 白炽灯的 LED 光源均价分别为 6.30 美元和 16.40 美元，分别是全球同类产品均价的 44.68% 和 90.11%。

从细分市场看，家居市场和传统实体渠道的竞争尤其激烈。根据 CSA Research 数据，2014 年前三季度，实体渠道经销商中前三名品牌的市场份额约为 22.1%，较 2013 年下降了 18.4 个百分点，LED 照明市场的品牌集中度明显降低。传统照明企业为提前布局 LED 照明市场，保障传统实体渠道优势，不惜流血竞争，纷纷调降产品价格。2014 年前三季度，LED 照明产品传统实体渠道销售量排名前 20 位的企业中，传统照明强品牌欧普、雷士、佛山照明、三雄极光等仍然占据 15 席，而五个新兴照明品牌分别为木林森、亿光、勤上、长方、特优仕。

### 三、以网购和EMC为代表的新兴商业模式加速渗透

通过电商渠道推广 LED 照明产品能够显著降低销售成本，并迎合年轻消费者需求。2014 年，LED 电商销售额快速增长，据 CSA Research 数据，2014 年 1—8 月，淘宝销售的 LED 光源为 2.3 亿元，同比增长 126%，占总体光源产品比重为 88.9%，渗透率提高了 9 个百分点；采用 LED 光源的灯具销售额约为 32 亿元，渗透率约为 45%，比 2013 年提高 1 倍以上。

与此同时，产品降价和节能效益提升，都助推了商用 LED 照明市场快速突破，据 CSA Research 数据，2013 年底 LED 商业照明渗透率大约为 12%，2014 年全年用于商业领域的 LED 照明产品数量增长 70% 左右。商用领域照明功能的集中管理使智能照明和 EMC 模式快速兴起。按目前 LED 照明产品的成本计算，对于 12 小时以上照明的场所，一般在 2—3 年 EMC 模式就能收回成本。商用 LED 照明也带动了智能电源的销售，据高工 LED 产业研究所估算，2014 年中国 LED 照明智能电源市场规模有望达到 17 亿元以上，同比增长 119%，连续三年保持爆发式增长。

# 区 域 篇

# 第十二章　长江三角洲地区电子信息产业发展状况

## 第一节　整体发展情况

　　长三角地区地理范围包括上海、江苏和浙江两省一市，位于长江入海口及杭州湾三角地区，已经成为我国经济增长中最具有活力、增长潜力和竞争力的区域之一。截至 2014 年，长三角地区电子信息产品制造业实现主营业务收入 2.75 万亿元，占全国比重达到 36.7%；利润总额 1229.56 亿元。受到电子信息制造业向内陆转移影响，近 5 年主营业务收入增长缓慢。

## 第二节　产业发展特点

　　以上海为中心的长三角地区是我国重要的电子信息产业带，也是我国规模最大的电子信息制造业聚集地，产业比重占到全国总量接近四成，从上海到苏州的科技走廊，已经成为世界电子信息产业的重点投资地区。长三角区域科技资源丰富，拥有国内一大批重点大学、高素质人才，校企之间的密切合作成为推动电子信息产业发展的重要力量，在某些技术领域实现了突破，产业链条完整，区域特色明显，产品档次高、技术含量高、投资规模大，并以工业园区和基地为载体，形成了以集成电路、计算机、软件为特色的产业集群：上海形成了通信设备制造、数字音频、集成电路、计算机设备、软件产业集群；江苏在集成电路的设计与封装、光通信产品、数字视频产品、计算机及外部设备、软件产业等方面具有较强的竞争力；浙江则逐步形成了以投资类为主体的产业结构，造就了软件产业、微电子产业和光电子产业、移动通信及其配套产业等产业集群。

# 第三节  优势行业发展情况

目前长三角地区电子信息产业区域协调发展的状况良好，基本建立起较为合理的区域分工体系，形成了一批产业链相对完善的特色产业，部分产业呈现出了较强的集群竞争力。

## 一、计算机产业

目前，长三角地区的计算机产业基础主要基于20世纪90年代末期的台资计算机代工企业相继落户苏州、上海沿线，并以此为基础吸引大量相关零部件企业陆续投资，自那以后，不断扩张的产业规模向昆山、吴江、淮安等地辐射，逐渐在长三角地区形成了规模庞大、配套齐全的计算机制造产业集聚带，富士康、广达、仁宝、纬创等台资代工企业的规模最大的产业基地均设立在长三角地区。2011年起，台资代工企业向中西部投资力度加大，对于长三角的产业布局则加快了产业转型步伐。

## 二、集成电路产业

长江三角洲地区是国内最重要的集成电路研发和生产基地，产业主要集中在上海、无锡、苏州等地。目前长三角地区半导体产值接近全国份额的70%，国内55%的集成电路制造企业、80%的封装测试企业以及近50%的集成电路设计企业集中在该地区，在IC制造、IC封测领域制程技术方面遥遥领先其他区域，也是全国集成电路产业链布局最完整的地区。

以上海市为例，2014年上海集成电路产业销售收入达821.6亿元，比2013年增长12.5%。在集成电路各行业中，芯片制造业实现销售收入186.2亿元，同比增长22.6%，是2014年各行业中增幅最大的领域。设计业依然稳步提升，实现销售收入240.9亿元，同比增长14.7%。封装测试业首次突破300亿元大关，销售收入上升至310.1亿元，同比增长5.0%。设备材料业完成销售84.4亿元，比2013年提升15.9%。2014年上海集成电路各行业销售收入实现较大幅度增长，一是设计业受国内集成电路市场继续旺盛的拉动，移动智能终端芯片依然销售红火。全年手机芯片的销售额达 110 亿元以上；二是 2014 年上海晶圆代工市场稳步抬升，芯片制造中的高阶制程和特色工艺都有不同程度扩产；三是先进封装形式逐步替代传统封装形式，产值有增无减；四是设备材料企业的国家科技重大专项研制及产业化成果走向成熟，先进装备和关键材料陆续投放市场。此外，在工信部新认定的 67 家"集成电路设计企业名单（第十二批）"上，江苏省有 20 家设计企业通过认定，数量占全国的近 30%，排名全国第一。这 20 家设计企业有 19 家分布在苏南地区，分别为无锡市 7 家、苏州 7 家、南京市 4 家、镇江市 1 家，另 1 家分布在苏中地区的扬州。

### 三、平板显示产业

长三角地区平板显示产业起步较早，具有传统优势。其中在面板模组方面形成了全国规模最大的产业聚集区，凭借全球 60% 的显示器和笔记本电脑在此进行 OEM 加工的优势，从材料到模组，长三角集合了 FPD 产业相关的众多环节。此外，作为集成电路制造的聚集区，位于上海的中芯国际、华虹 NEC，位于宁波的中纬，位于苏州的和舰，都可近距离地向平板显示产业供应相关的 IC 驱动产品。几乎全球前十大的 TFT-LCD 面板厂的面板模组、背光模组及显示器产品都在此建立了生产基地，重点企业包括南京的 LG 飞利浦、瀚宇彩晶、统宝光电，无锡的索尼、夏普，苏州的友达、三星、日立，吴江的中华映管，以及宁波的奇美。

长三角地区已经成为国内新型显示面板生产线数量最多、产品线最丰富的区域，上海、江苏等地聚集了京东方、鑫昊、青雅等多个骨干企业。在配套环节，配套企业日益完备，配套产品已涵盖玻璃基板、背光源、导光板等各个领域。在终端环节，平板电视领域拥有长虹、鑫虹、海尔等知名厂商；笔记本和平板电脑领域拥有联想合肥产业基地、宝龙达笔记本生产基地等。

### 四、光伏产业

长三角地区是我国主要的光伏产业聚集区，主要分布在江苏和浙江两省。江苏省现有光伏企业数百家以上，已形成了从高纯硅、硅棒（硅锭）、硅片、电池到组件生产的完整产业链，并具有单晶炉、多晶硅铸锭炉、切方机等设备的生产能力，在每个产业链环节江苏省在国内都占据着举足轻重的地位。在多晶硅生产上，2014 年江苏省多晶硅提纯产量 6.7 万吨，占全国总产量的 50.6%。多晶硅方面，江苏省 2014 年多晶硅产量全部来自江苏中能硅业，产量 6.7 万吨，居全球同类企业首位。组件方面，全省共有 4 家组件企业产能超 GW，分别是常州天合、苏州阿特斯、无锡尚德和韩华新能源。浙江省太阳能光伏产业已形成一定的集聚区，目前光伏企业在 100 家以上，2014 年，全省光伏制造产值 982 亿，较 2013 年增长 30%。浙江光伏企业主要以民营企业为主，与江苏光伏企业多为较大规模企业不同，浙江企业数量众多但企业规模大多较小。而且由于具有巨大的资金优势，在光伏热大量兴起的 2008 年至 2010 年间，又投资了许多中小规模企业的电池小厂。涌现出了昱辉阳光、宁波太阳能、正泰太阳能、东方日升、向日葵、横店东磁等企业，太阳能组件生产能力多已达到百兆瓦。

## 第四节　重点省市发展情况

### 一、江苏省

电子信息产业作为江苏省国民经济体系中最具活力的产业部门，2014 年 1—11 月份，实现主营业务收入 25124 亿元，同比增长 7.9%。近几年，江苏省电子信息产业虽然受到了国内外经济形势波动、国际金融危机和特大自然灾害发生的不利影响，发展速度有所放缓，但该产业总体上仍出现高位运行的态势。

从区域角度来看，1—11 月份，苏中地区电子信息产品制造业主营业务收入增速高于苏南、苏北。苏中地区共实现主营业务收入 4285 亿元，同比增长 20.5%，占全省的比重由上年的 15.3% 提高到 17.1%；苏北地区实现主营业务收入 2249 亿元，同比增长 19.5%，占全省的比重由上年的 8.1% 提高到 8.9%；苏南地区共实现主营业务收入 18590 亿元，同比增长 4.2%，苏南地区仍是支撑全省产业增长的主要力量，贡献了全省平均 7.9% 增速中的 3.2 个百分点。

从优势领域角度来看，江苏省重点培育和发展了软件、集成电路、新型显示器件、现代通信、数字音频五大产业，以提高该区域的电子信息产业核心竞争力。江苏省通过鼓励企业自主创新、优化产业结构并构建具有国际影响力的产业带，形成了五大核心产业，以基础软件、嵌入式软件等重点领域的研发和生产为核心的软件产业；以多芯片集成技术、晶圆级封装等技术领域的研发和产业化发展为核心的集成电路产业；以平板显示器、触控模组等领域的研发和生产为核心的新兴显示产业等，这些产业的发展不但提高了江苏省电子信息产业的整体竞争力，而且为该区域的经济社会发展注入了活力。

## 二、上海市

上海市电子信息产业已经形成以计算机、通信和网络设备、电子元器件为主的产业体系，并在部分重点技术上取得了突破性进展。集成电路产业领域，规模已占全国的三分之一，设计和制造能力达到国际主流的 12 英寸 65 纳米工艺水平，高密度等离子刻蚀机等集成电路关键设备打破国际垄断，实现了产业化；TD 领域，构建了涵盖系统设备、芯片、终端、测试仪器等关键环节的完整产业链，汇集了一批国内外领先企业；汽车电子产业领域，集聚了国际排名前 10 位的跨国公司及其技术中心，自主品牌在车身电子、车载电子等方面实现了产业化应用突破。

2014 年 1—9 月，上海电子信息制造业实现工业总产值 4633 亿元，同比上年下跌 3.6%，完成销售收入 4697.5 亿元，实现利润 124.6 亿元，比上年同期增长 11.9%，战略性新兴产业新一代信息技术制造业工业总产值 1266 亿元。

目前，上海市电子信息制造业已经初步形成以国家级信息产业园区为骨干、市级工业园区为补充的产业布局体系。国家微电子产业基地、国家集成电路设计上海产业化基地、国家半导体照明工程上海产业化基地、国家（上海）平板显示产业基地等国家级产业基地已相继在上海落户，初步形成以"一带（由张江、金桥、外高桥组成的浦东微电子产业带）两区（漕河泾新兴技术开发区和松江科技园区）"为核心的上海微电子产业集聚区，以浦东张江、金桥为研发中心和制造基地，徐汇漕河泾、黄浦为创新园区的通信设备产业集聚区，以张江国家半导体照明工程产业化基地、莘庄国家（上海）平板显示产业基地为依托的光电和新型显示产业集聚区，以嘉定安亭国际汽车城、浦东金桥加工区、临港产业基地为核心的汽车电子产业集聚区。上海还积极响应《国务院关于加快培育和发展战略性新兴产业的决定》，从产业政策引导、产业基金扶持、公共服务建设、加强对外交流等方面优化产业发展环境，先后出台了《上海市电子信息产业调整和振兴规划》、《上海推进电子信息制造业高新技术产业化行动方案 (2009—2012 年 )》、《上海推进物联网产业发展行动方案 (2009—2012 年 )》。上海市软件和集成电路产业发展专项资金采取无偿资助、专项补贴、贷款贴息、创业风险投资等方式，支持关键技术研发、产业发展和公共服务平台建设等项目，并建成了多个电子信息制造公共技术服务平台。

# 第十三章　珠江三角洲地区电子信息产业发展状况

## 第一节　整体发展情况

珠江三角洲地区（简称"珠三角地区"）包括广州、深圳、佛山、珠海、东莞、中山、惠州、江门、肇庆等九个城市，面积为24437平方公里，不到广东省国土面积的14%，人口4283万人，占广东省人口的61%。借助改革开放的东风，珠三角地区电子信息产业从无到有、从小到大，目前已经成为我国最大的电子信息产业集聚区之一，也是我国发展速度最快的电子信息产业集聚区，被确定为首批国家级电子信息产业基地。

广东省电子信息制造业产业规模连续多年位居我国首位，而广东省电子信息制造业基本上都位于珠三角地区。2014年珠三角地区规模以上电子信息制造业实现销售产值2.88万亿元，占广东的比重高达97.0%，占全国的比重为27.7%，均与上年持平。

珠三角地区软件和信息服务业起步较早，到受制于人才等因素发展步伐落后于长三角地区。2014年珠三角地区软件和信息服务业实现业务收入5726亿元，占广东省的比重为98%，占全国的比重为15.5%。

### 一、产业规模

2014年全球经济增长速度依旧缓慢，导致消费电子市场继续低迷，而我国电子信息产业正处于"转型升级"关键阶段，中低速增长成为新常态。作为我国电子信息产业最大的生产基地和最重要的出口地区，2014年珠三角地区电子信息产业规模增速稳中有落，保持平稳较快增长。

117

电子信息制造业方面，2014年珠三角地区实现工业总产值2.62万亿元，同比增长8.1%，增速较2013年下滑了1.4个百分点，全年完成工业增加值6430亿元，同比增长11.7%，较2013年下滑了3.5个百分点。

软件与信息服务业方面，2014年珠三角地区实现业务收入5726亿元，同比增长19.4%，增速较2013年下滑了3.5个百分点，实现利润总额近900亿元，同比增长17.5%，同比上年下降了近4个百分点。

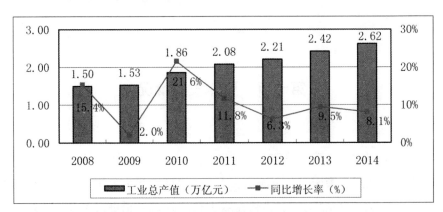

图13-1  2008—2014年珠三角地区电子信息制造业工业总产值

*数据来源：广东统计年鉴，赛迪智库，2015年3月。*

## 二、产业结构

2014年，珠三角地区电子信息产业结构进一步优化，高端电子信息产品继续保持较大幅度增长，软件和信息服务也占比持续提升。光电子器件、智能手机、液晶电视等产品产量分别同比增长32.1%、6.5%、18.2%，华为、比亚迪、中兴、TCL、康佳、创维、酷派等民营骨干企业规模持续扩大，占比也逐年提升。19家企业入围第28届全国电子信息产业百强，名列全国首位。2014年珠三角地区软件和信息服务业业务收入占电子信息产业的比重达到了16.7%，比2013年提高了近1个百分点，华为成为全国唯一一家超千亿软件企业，4家软件企业收入超百亿，15家企业入围第14届全国软件收入前百强名单，位列全国第二。

## 第二节  产业发展特点

### 一、加大新兴产业扶持力度

2014 年珠三角地区进一步加大对新兴产业发展的支持力度，相继出台多个规划、措施以及工作方案，积极开展新兴产业应用试点示范。2014 年广东省相继发布了《广东省云计算发展规划（2014—2020 年）》《广东省大数据发展规划（2015—2020）》，重点围绕珠三角地区推动云计算、大数据等新兴产业发展。深圳市出台了《深圳市机器人、可穿戴设备和智能装备产业发展规划（2014—2020 年）》以及相关发展政策。在广东省开展的物联网产业示范基地和大数据应用示范项目中，80% 以上都集中在珠三角地区。

### 二、产业转移速度进一步加快

一方面，由于人力成本上升、资源承载能力有限以及优惠政策到期等多方面因素影响，而电子信息制造业的部分行业又属于人力密集型产业，对人力成本反应较为敏感；另一方面，广东省出台措施促进省内产业转移，同时我国中西部地区利用其人力资源以及环境优势，加大招商引资力度，出台了许多优惠政策，吸引沿海地区企业入驻。双方面因素作用下，珠三角地区电子信息制造业部分企业加速向广东省其他地区以及周边省份转移。

## 第三节  主要行业发展情况

### 一、平板显示

通过大项目示范及产业链关键核心技术攻关，珠三角地区平板显示产业取得了丰硕成绩。乐金显示 8.5 代线一期项目已于 2014 年 9 月 1 日正式投产。该项目总投资 40 亿美元，计划到 2016 年底实现月加工玻璃基板 12 万片产能。深圳华星光电 8.5 代液晶面板项目自投产后持续满产满销，2014 年实现营收 180 亿元，利润 24.3 亿元，成为全球 8 代面板线产量最大、效率最高的工厂。在广东省财政厅 2014 年组织的绩效评价中，该项目成为珠三角地区首个绩效评价结果为"优"

的省财政扶持企业项目（援疆、援藏项目除外）。TCL通过对华星光电的股权收购，成为国内唯一具备"液晶面板—背光模组—整机制造"的产业链垂直一体化优势的企业，2014年实现智能网络电视销量459万台，同比增长23.01%，继续巩固了世界三大电视生产商的位置。在平板专项的带动下，2014年珠三角地区液晶电视产量达6611万台，同比增长18.2%，珠三角地区彩电产量在进入液晶时代后首次突破全国五成。

## 二、集成电路

2014年，珠三角地区通过国家集成电路设计认定的企业达64家，占全国（480家）的13.3%，在全国IC设计企业销售30强中，珠三角地区占据9席，海思、全志科技分列第一、第十位。2014年珠三角地区IC设计收入110亿元，名列全国第四。目前，珠三角地区已引进中星微和新岸线两个重点项目，有望在视频芯片设计和产业化方面取得新进展。在集成电路制造方面，深圳中芯国际建成投产一条8英寸线，使珠三角地区6英寸以上生产线达到3条。此外，广东珠三角地区还是全国最大的集成电路产品应用市场，手机产量占全国六成，电视模组产量占全国五成，卫星定位导航产品产量占全国七成，在物联网、智慧城市、智能家居等应用领域也走在全国前列。为推动集成电路产业发展取得新突破，广东省扎实落实《国家集成电路产业发展推进纲要》，研究出台产业扶持新政，积极推进设立广东省集成电路产业发展专项，已和财政部门协商计划先期投入20亿元扶持集成电路设计和制造产业发展。

## 三、云计算/大数据

2014年初广东省出台《广东省云计算发展规划（2014—2020年）》，布局云计算重大工程建设，推动云计算发展，取得明显成效。2014年广东省云计算产业规模超过4100亿元（含云服务产业和云终端产业），同比增长20%，其中珠三角地区占比超过70%。中国电信投资50亿元建设华南最大云计算数据中心——亚太信息引擎，金山公司投资10亿元与世纪互联共建数据中心，佛山市富士通华南数据中心、汇丰数据中心、佛山禅城云计算数据中心等一批项目已经建成启用，同时珠三角地区还建成广州国家超级计算中心、深圳超算中心两个国家级超算中心。华为、中兴、金蝶、金山、品高、国云、云宏、北明等一批优势企业致力突破云计算关键技术，打造世界级的信息技术创新制高点，广东云宏的wincloud专有云通用解决方案研发与推广项目获得国家 1500 万元资金支持。电子政务云平台建设取得进展，广东省被列为国家电子政务云平台建设试点省，珠三角地区积极部署电子政务云试点项目。借助粤港合作的地缘优势，珠三角地区与香港地区积极推进云计算产业合作交流，推动云计算安全标准研究以及云计算服务推广取得重要突破。同时，广东省还编制完成《广东省大数据发展规划（2015—2020）》，将珠三角地区作为重点发展地区。积极推进大数据示范应用，确定了首批 5 家大数据应用示范项目，其中珠三角地区占据 4 家。

### 四、物联网

广东省积极发展互联网产业，推动"星光中国芯物联网工程"落户广东省，开展互联网与工业融合创新试点，广东省 4 家企业列入 2014 年国家首批 23 家试点，试点规模全国第一，其中珠三角地区占据 3 家。同时，珠三角地区 2014 年共认定广州、深圳、佛山、惠州、东莞、中山等地 8 家广东省物联网产业示范基地，占全省的 80%。2014 年广东省物联网产值约 2330 亿元，同比增长超过 25%，其中珠三角地区占比超过 90%。广州龙头企业有旭丽电子、芬欧蓝泰、新邮通信、高新兴、京信通信等。东莞物联网产业基地培育了以宇龙酷派、远峰科技、美赛达欣、华贝电子、泰斗微电子、大普通信、晖速天线等为代表的物联网先进制造企业 100 多家。惠州拥有物联网终端及应用服务企业近 120 家，形成华阳集团、德赛集团、TCL 三大龙头企业，重点发展车联网、智慧家庭及交互式个人信息终端。深圳成为全国物联网产业创新发展先行区，与物流和供应链密切相关的物联网产品占据国内 70% 以上的市场，远望谷、先施、国民技术、中兴通讯等企业在超高射频产品领域占据国内 90% 的市场。

## 第四节　重点省市发展情况

### 一、深圳

深圳市充分发挥特区优势，积极承接全球电子信息产业转移，大力发展电子信息产业，已成为我国乃至全球重要的电子信息产业研发、生产、出口基地，手机、彩电、计算机等一大批电子信息产品产量位居我国乃至全球前列。深圳也是我国民族企业培育基地，华为、中兴、联想、长城科技、宇龙、腾讯、创维、TCL 等已成为全球知名品牌企业,以比亚迪、航盛电子等为代表一批创新型企业正在逐步崛起。

2014 年,深圳市规模以上电子信息制造业实现工业增加值 3805 亿元,占深圳市工业增加值的 58.5%,同比增长 14%,增速较上年提高 1.2 个百分点;完成销售产值达到 13829 亿元,约占全国的 1/7,同比增长 10.9%,提前完成《深圳新一代信息技术产业振兴发展规划(2011—2015 年)》目标;实现出口贸易额 1347 亿美元,约占全国电子信息产品出口额的 1/6。深圳市经过国家认定的 IT 类高新技术企业 2902 家,占全市高新技术企业的 61.2%。2014 年深圳市有 14 家企业入选 2014 年中国电子百强企业,58 家企业被认定为规划布局类重点企业。2014 年深圳市电子信息领域 PCT 国际专利申请量突破 1 万件,占全国比重的 48.5%,连续 11 年居全国各大城市首位。

2014 年根据产业发展的新形势,深圳市发布了《深圳市机器人、可穿戴设备和智能装备产业发展规划 (2014—2020 年)》及《深圳市机器人、可穿戴设备和智能装备产业发展政策》,及早规划、抢先布局新兴产业,制定了深圳市集成电路产业发展推进方案以及大数据技术应用创新进行产业化实施方案,加快集成电路产业尤其是 IC 设计业发展,2014 年深圳市 IC 设计规模达到 243.5 亿元,占全国的 1/4 左右。

深圳市新业态发展迅速,云计算、移动互联网、大数据挖掘、物联网已经成为深圳市 IT 业的主形态。2014 年深圳市互联网产业实现工业增加值 571 亿元,较 2013 年增长了 15.3%;电子商务交易额达到 1.5 万亿,同比增长 50%,其中跨境电子商务交易额 170 亿元,网络零售规模 950 亿,相当于全市社会销售零售额的 19%。

今后几年,深圳市一是要全面实施"互联网 +"战略,在互联网 + 生产、互联网 + 消费等领域加速推进,积极促进工业和信息化深度融合,推动制造业网络化、数字化、智慧化发展。二是要发展消费型互联网产业,加快衣食住行、政务内容的互联网发展。三是加快推进信息安全产业协同发展。四是加快通信产业向前沿发展,利用深圳市现有优势,推动 5G 通信、全光网络、SDN 等关键核心技术突破。五是加快智能装备和机器人产业向高端发展,加强机器人关键技术攻关,努力使终端产业能够提到一个更深、更高的发展水平。

## 二、东莞市

自改革开放以来，东莞市发挥紧邻香港地区、深圳位处开放前沿的地缘优势，将电子信息制造业作为发展重点，目前已经发展成为国内乃至全球重要的电子产品制造中心之一。电子信息制造业现已成为东莞市第一大支柱产业，其规模位居广东省第二位，仅次于深圳市。东莞市抓住产业转型升级机遇，不断吸引三星、华为等知名企业入驻，逐步形成了以智能手机为核心产品、电子元器件为主体的电子信息制造业体系。东莞市聚集了台达、三星、京瓷、日立、先锋等一批世界500强企业以及聚信科技、步步高等国内知名企业。全市超50亿的10家企业中有4家属于电子信息制造业，三星视界、金宝电子和聚信科技率先步入超百亿企业行列。

2014年，东莞市电子信息制造业有规模以上企业近1000家，实现工业增加值848.4亿元，同比增长16.9%，占全市工业增加值的比重达到32.7%，比2013年提高了2.3个百分点；完成销售产近4500亿元，同比增长16%，智能手机出货量2.3亿部，占全球的17.7%；新兴产业发展取得长足进步，2014年东莞市从事云计算应用的企业超2000家，物联网及相关产业实现产值680亿元。2014年，东莞市正式被工业和信息化部批准成为第二个国家级两化深度融合暨智能制造试验区，为此，东莞市启动了"机器换人"行动计划，连续三年、每年安排2亿元市财政资金对相关企业进行资助，并着力打造松山湖国际机器人产业基地，大力推进智能制造示范工程推广应用。东莞市还成功创建国家电子商务示范城市，全市电商主体达5.4万户，电商交易额增长26%，阿里巴巴网络收货量和发货量分别居全国第七和第二。

2015年东莞市政府发布一号文件《关于实施"东莞制造2025"战略的意见》，明确提出，把"东莞制造2025"作为新常态下争创发展新优势的重大战略来抓，着力提高东莞制造的硬实力和影响力，努力争创中国制造样板城市，力争到2025年实现规模结构领先、制造模式先进、创新能力强劲、质量效益一流、生产绿色低碳等五大目标，实现从制造业大市向制造业强市的转变，工业总产值翻一番，实现由1万亿向2万亿跨越。

# 第十四章 环渤海地区电子信息产业发展状况

## 第一节 整体发展情况

### 一、产业规模

环渤海经济区是指环绕着渤海全部及黄海部分沿岸地区所组成的经济区域，涵盖北京市、天津市、河北省、山东省、辽宁省一共两市三省，全区域陆域面积51.8万平方公里，总人口2.3亿。环渤海地区是我国第三大电子信息产业集中区，电子信息产业基础雄厚，各种产业资源在此高度整合和交汇。继长三角、珠三角经济圈之后，环渤海经济区正在加速崛起，成为大陆经济板块中乃至东北亚地区极具影响力的经济发展地带。近年来，在国家扩大内需、保持经济高速稳定增长的政策驱动下，环渤海地区充分利用京津地区在教育、科技、交通、经济等方面的突出优势，发展成为我国重要的高新技术及经济、文化发展基地。

2013年，环渤海地区实现规模以上电子信息制造业销售产值14066.6亿元，占全国比重为15.1%。如表14—1所示，2008年到2013年的六年时间内，环渤海地区电子信息制造业主营业务收入和利润额也呈现先抑后扬的稳步增长态势。目前，随着国内经济增速整体放缓、基础设施建设日趋成熟、产业发展步入新常态，环渤海地区经济发展速度也同比回落，进入一个相对成熟平稳的阶段。此外，知识密集型和技术密集型的产业成为环渤海地区重点扶持的发展方向。同时，京津冀地区的国际竞争力也在进一步提高。

表 14-1　2008—2013 年环渤海地区电子信息制造业主营业务收入情况（单位：亿元）

|  | 2008 | 2009 | 2010 | 2011 | 2012 | 2013 |
|---|---|---|---|---|---|---|
| 北京 | 2466.59 | 2601.14 | 2762.45 | 2485.03 | 2192.27 | 2785.37 |
| 天津 | 1734.94 | 1541.8 | 1855.09 | 2173.62 | 2876.27 | 3321.03 |
| 河北 | 255.82 | 263.91 | 406.35 | 471.38 | 545.99 | 749.20 |
| 辽宁 | 792.11 | 747.42 | 1095.13 | 1236.4 | 1313.91 | 1306.49 |
| 山东 | 3500.11 | 4315.15 | 4881.12 | 5471.7 | 5045.22 | 5904.51 |
| 合计 | 8749.57 | 9469.42 | 11000.14 | 11838.13 | 11973.66 | 14066.60 |
| 占全国比重 | 17.1% | 18.5% | 17.2% | 7.6% | 14% | 15.1% |

数据来源：工业和信息化部运行监测协调局，2015 年 1 月。

## 二、产业结构

环渤海地区教育发达，科技实力雄厚，工业基础扎实，适合发展知识密集和技术密集型的产业，逐步形成了以移动智能终端、集成电路、计算机及网络设备、视听及平板显示产业、移动互联网、智能机器人、显示器件、新型材料、航空航天、智慧城市、物联网、云计算等为代表的新的优势产业。其中，北京的高科技人才数量是全国平均水平的数倍，从而带动培育了一系列产业园区，如中关村产业园、亦庄经济技术开发区等国家级经济开发区，在软件开发、集成电路、移动互联网等领域的发展取得国内领先优势。天津依托滨海新区加快发展电子信息制造业，逐渐成为全国最大的电子通讯设备、平板显示器件等生产基地。同时，河北、辽宁、山东等省，在京、津经济发展辐射作用带动下，将高新技术产业纳入新型工业化建设的长远发展，形成了在太阳能光伏、医疗电子、软件开发、新材料、节能环保等电子信息行业领域独具特色的产业发展基地。

## 第二节　产业发展特点

### 一、产业集聚度较高，但下游环节有待完善

环渤海地区电子信息产业集聚度较高，主要集中在各个工业园区，如北京中关村科技园、亦庄经济技术开发区、天津滨海新区、沈阳光电产业园、大连软件园等，从而形成多个电子信息产业聚集地。其中，北京—天津手机产业集群以跨

国公司为主导，具有较高的生产效率、竞争优势、集群效益。此外，环渤海地区老工业基地较多，区域内电子信息产业基础实力雄厚，远超国内大部分地区。环渤海地区的发展一方面借助其教育、科研、资源等优势，促进了该地区电子信息产业的稳步发展。但另一方面，大城市对制造业的先天限制性影响，使电子信息各细分产业链发展都着重于某一环节，产业配套能力较差。

## 二、京津冀一体化进程加快，大区大市场优势突出

京津冀一体化是指加强环渤海及京津冀地区经济协作，国务院相关部门提出交通一体化、物流一体化、环境一体化和检验检疫一体化，并将天津滨海新区、曹妃甸、廊坊（包括燕郊、香河）、永清、保定涿州等一线作为承接产业转移的重点区域。目前，环渤海地区大城市密集，拥有2000万以上的特大城市1个，200万人以上的超大城市10个，100万—200万人的特大城市13个，50万—100万人的大城市17个。伴随着京津冀一体化的推进，环渤海地区形成了一个巨大的市场，为本地区电子信息产业的发展提供了强大的市场资源。

## 三、资源、交通等优势明显，产业发展潜力巨大

环渤海地区拥有丰富的矿产资源、油气资源、海洋资源和煤炭资源，拥有40多个港口，构成了中国最为密集的港口群；环渤海地区是我国海运、铁路、公路、航空、通讯网络的枢纽地带，交通、通讯联片成网，形成了以港口为中心、陆海空为一体的立体交通网络，成为沟通东北、西北和华北经济及进入国际市场的重要集散地。环渤海地区以京津两个直辖市为中心，大连、青岛、烟台、秦皇岛等沿海开放城市为扇面，以沈阳、太原、石家庄、济南、呼和浩特等省会城市为区域支点，构成了中国北方最重要的集政治、经济、文化、国际交往和外向型、多功能为一体的城市群。

## 第三节  主要行业发展情况

### 一、移动智能终端产业

环渤海地区的移动智能终端产业发展迅猛，产业链较为完善。北京地区依靠人才、技术、资金等优势资源，培育了小米、联想等快速成长的智能终端产业。其中，小米2014年智能手机出货量为6112万部、含税销售额为743亿元，分别同比增

长 227% 和 135%。联想集团的全球出货量也超过 8000 万部。天津依托经济技术开发区、滨海高新区、西青开发区和天津保税区四大产业聚集区，在智能手机领域形成了集研发、生产、应用为一体的产业链条，产业链配套逐渐完善。廊坊富士康作为小米、锤子等的生产加工厂，确保了产能和供应量。此外，环渤海地区智能终端产业链较全，覆盖上游的操作系统研发和芯片设计，以及中下游的生产、配套、加工等环节；物流交通也为智能终端的销售提供强力保障。目前，环渤海地区移动智能终端的产销量占据全国份额超过 30%。

## 二、集成电路产业

在制造领域，环渤海地区是仅次于长三角地区的全国集成电路制造企业聚集区，拥有中芯国际分设北京、天津的 12 英寸和 8 英寸线，英特尔在大连设立的 12 英寸线。在封测领域，环渤海地区也聚集了威讯、瑞萨半导体等大规模企业。在设计领域，北京是全国集成电路设计实力最强的城市之一，聚集了中星微、华大、大唐、清华紫光、北京君正等实力领先的设计企业。此外，《北京市进一步促进软件产业和集成电路产业发展的若干政策》提出集聚发展并鼓励投资高端生产性项目，推进集成电路产业集聚发展，建设国家级集成电路设计产业基地，在南部高新技术制造业和战略性新兴产业发展带建设国家级集成电路产业园，为集成电路设计、制造、封装测试、装备材料及整机终端生产的集聚发展提供新的空间。

## 三、计算机及网络设备产业

环渤海地区计算机及网络设备产业主要集中在北京、山东两地，是我国自主品牌计算机及网络产品的聚集地，汇集了联想、浪潮、长城电脑、清华同方、北大方正、海尔电脑等品牌。联想 2014 年完成收购 IBM 的 x86 服务器业务，实力大增。在服务器市场中，浪潮、联想等国产服务器厂商的份额快速增加，几乎在各个领域都占据优势，其中，浪潮于 2014 年第一季在中国服务器市场销量 80929 台，市场份额 19%，位居中国第一。天津依托国家超算天津中心，成立了高性能计算应用技术工程中心，面向高性能计算支柱和战略性新兴产业，研发高性能计算、高性能计算与云计算和大数据融合等关键技术；提升滨海新区油气勘探、高端装备制造、生物医药、动漫渲染等优势领域高性能计算应用技术水平。

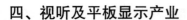

## 四、视听及平板显示产业

环渤海地区的视听及平板显示产业主要聚集在北京、青岛两个城市，其中青岛是我国传统视听产业聚集地，海信、海尔均发源并成长于此，海尔、海信等传统企业也积极发布了向互联网化的转型战略；北京视听及平板显示产业主要以京东方为核心，在京东方率先量产5代、8.5代TFT-LCD面板生产线后，围绕京东方在北京经济技术开发区打造了数字电视产业园，已初步形成从面板配套件及材料到面板，再到显示模组、整机的完整产业链。

# 第四节　重点省市发展情况

## 一、北京

北京在集成电路、平板显示、通信设备、计算机及网络等领域具有较强的产业实力，并培育了联想、大唐电信、小米和君正等一批知名企业。中关村科技园作为我国第一家自主创新示范区，在创新体系建设、配套服务、节能环保等方面具有较高发展水平。2014年，北京全市规模以上工业增加值比上年增长6.2%。其中，战略性新兴产业增长17.9%。重点行业对全市工业增长发挥明显支撑作用，其中计算机、通信和其他电子设备制造业增长17%。

## 二、天津

天津在通信终端、电子元件、视听、集成电路等领域具有优势，国家超级计算天津中心、中国RFID产业联盟纷纷入驻。其中，天津市智能终端产业快速发展，2013年主营业务收入达到1500亿元，智能手机产量1亿部，占全国产量的7%，平板电脑产量1500万台。

## 三、山东

山东省在视听、服务器和电声配件产业领域具有较强实力，培育出了海尔、海信、浪潮、歌尔声学等一大批优秀的本土品牌企业，其中浪潮服务器市场增速迅猛，已取得国内市场份额第一的成绩。近年来，山东在高性能计算、集成电路领域也取得了重点突破。

## 四、辽宁

辽宁省电子信息制造业主要集中在沈阳和大连两地，其中，沈阳的手机产业园发展迅速，现已引进 118 家智能终端与互联网企业，拥有了从研发、制造、销售到应用的智能终端全产业链，年产值超过 300 亿元。大连在 LED、集成电路、应用电子领域具有传统优势。东软集团的医疗电子技术国内领先。

## 五、河北

河北省电子信息制造业发展速度加快。其中，廊坊富士康依靠雄厚的制造加工实力，为国内外众多企业如小米、诺基亚、三星等进行手机生产服务。此外，河北省已经部署多模卫星导航等研究工作，重点支持移动通信、光通讯、多媒体通信等系统的研发和产业化。

# 第十五章　福厦沿海地区电子信息产业发展状况

## 第一节　整体发展情况

### 一、产业规模

福建是我国电子信息产业发达地区之一，其电子信息产品制造业销售收入居全国第六位，软件产业销售收入居全国第八位，电子信息产品出口额占全省外贸出口总额的三分之一。2014年，福建全省完成固定资产投资188449亿元，同比增长18.8%。2014年1—9月，全省电子信息制造业完成工业总产值3112.2亿元，同比增长7.5%，完成销售产值2988.7亿元，同比增长5.7%，累计实现工业增加值718.8亿元，同比增长11.4%。"两化"融合发展水平居全国第7位。实施一批科技重大专项，"数字福建"云计算中心、北斗位置服务平台、大数据产业重点园区等加快推进。

### 二、产业结构

福厦沿海地区作为全国首批9个信息产业基地之一，厦门、福州、漳州、莆田等地区均具有一定的电子信息产业规模，在计算机、数字视听、通信设备、光电子等领域发展较快。其中，厦门形成了计算机、视听和手机等产业集群，福州形成了以华映光电、冠捷为龙头企业的产业集聚区，漳州具有智能小家电和数字化仪器仪表产品链，莆田的计算器、电子手表和中小屏幕液晶显示产品生产已有一定规模。

在此基础上，福建电子信息产业还将依托其海岛经济特点，围绕"海峡、海湾、海岛"三大优势特色，进一步加快生产方式转变，优化产业空间布局，努力建成全国陆海统筹协调发展示范区、两岸海洋开发深度合作基地、全国重要的海洋开发和科研基地、区域海洋综合管理创新试验区、全国海洋生态文明建设示范区，在深入发展海洋经济，深度结合信息技术优势特点，更好地服务于福建经济实现健康快速发展。

## 第二节　产业发展特点

### 一、产业聚集度逐步提高

福厦沿海作为福建省电子信息产业的主要集聚区，以福州、厦门、漳州、泉州、莆田五个市的信息产品制造业为主，以及福州、厦门两个市的软件业为支撑。形成平板显示、数字视听、太阳能光伏、半导体照明和移动通信等产业集群。其中，平板显示产业以福清融侨经济技术开发区、厦门火炬高技术产业开发区、福州马尾园区为主；半导体照明和太阳能光伏产业集群辐射福州、漳州、泉州、莆田等地市，以厦门半导体照明工程产业化基地为主；移动通信产业以泉州、福州、厦门为主要区域。

### 二、产业链逐步完善

福厦沿海已逐步形成计算机及网络产品、移动通信产品、数字视听产品三大产业链，三大产业占全行业产值70%以上；此外，LED、新型显示、物联网等产业发展迅速，产业配套逐步完善。其中，计算机与通信设备产业链已形成"电子元器件—接插件辅件—数码、小器件—手机或整机"的产业链；新型显示产业由终端和模组向上游液晶面板制造环节延伸，翔安火炬光电产业园已成为大陆重要的光电产品生产基地；LED产业基本形成外延片、芯片、封装、应用的完整产业链；物联网产业发展迅速，在传感器、二维码、自动控制等产业链关键环节具备研发生产和集成应用的能力。

### 三、产业园区实力不断增强

福厦沿海地区作为全国首批9个信息产业基地之一，在园区发展规模和竞争实力方面具有一定优势。产业集聚效应不断增强，优势资源持续丰富。目前，福建省已建成福清显示器产业园、福州显示器产业园、厦门半导体照明工程产业化基地、莆田液晶显示产业基地和泉州微波通信产业基地等五个国家级产业园区。

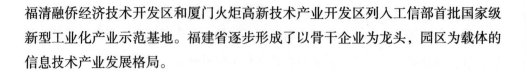

福清融侨经济技术开发区和厦门火炬高新技术产业开发区列入工信部首批国家级新型工业化产业示范基地。福建省逐步形成了以骨干企业为龙头，园区为载体的信息技术产业发展格局。

## 第三节　主要行业发展情况

### 一、集成电路产业

福州瑞芯微电子是福建省集成电路重点企业，日前已取得微软(Microsoft)授权，成为高通(Qualcomm)和辉达(NVIDIA)之后，第三家可生产支援Windows作业系统的应用处理器大厂。2014年，瑞芯针对旗舰型芯片进行全面技术革新，并宣布进军3G/4G通讯方案领域，联合英特尔联合发布3G通讯芯片XMM6321，并且计划在物联网领域进行战略布局，研发适用于智能手表及智能家居的系列芯片产品，打造行业新生态体系。2014年9月，清华紫光集成电路产业园落户厦门；10月，台湾联华电子集团与厦门市政府、福建省电子信息集团签订协议，计划在厦门建设一座12英寸晶圆厂，总投资62亿美元，这也是台湾地区企业首度在大陆投资12英寸晶圆厂。

### 二、移动通信产品

福建省移动通讯产业主要包括无线传输与接入设备、无线终端设备，相关制造业主要位于泉州和福州。泉州市已成为全国民用微波通信射频组件的最大生产基地，在射频部件的研发和制造方面处于国内领先水平。福建省移动通信产业已初步形成拥有自主知识产权的新一代宽带的移动通信产业集群，以厦门、福州、泉州等地区为发展为重点。福建省短距离无线互联与传感器网络（物联网）产业处于起步阶段；对讲机产品链较为完备，从应用类型来看涵盖了商用机、专业机、集群机及专业配件；福建手机领域有自有品牌生产的企业有厦门联想，另有品牌委外代工和纯代工生产两种模式，星网锐捷、万利达、捷联等省内大企业也纷纷跟进各类终端的研发和生产。

### 三、计算机及网络设备产业

福建省是我国计算机及网络设备产业的新兴发展力量，福建省继续支持相关产业发展，延伸计算机终端产品升级、宽带接入与网络设备研发生产、物联网产业等三大产业链，发展以厦门、福州、泉州等为重点的计算机和网络产品产业集群，壮大厦门戴尔、友达光电、捷联电子、万利达、星网锐捷、新大陆等骨干企业规模。福建省加快培育建设具有自有核心技术的终端和网络产品研发生产体系，重点推动捷星超薄液晶显示器生产、万利达三网融合系列新型信息终端产品开发及产业化、星网锐捷网络综合安全接入设备产品升级改造、英冠达电脑一体机等产业链配套项目的研发和产业化。

## 四、视听及平板显示产业

福建地区的平板显示产业在国内起步较晚，但已受到当地政府及产业界的高度重视，目前发展迅速，并推动视听产品产业成为地区三大产业集群之一在视听领域，2014 年，星网锐捷主要推动基于云计算、下一代网络、智慧园区、移动互联网、物联网等领域的智慧家庭产品创新，冠捷促进自主品牌 AOC 完成了"两翼、四屏、一牌"的战略布局，在液晶电视、4K 高分屏等领域发展更进一步，从注重销量向注重品牌建设转型。在平板显示领域，福建超百亿元的企业如友达、宸鸿、冠捷、达运精密，全都与平板显示产业有关。2014 年，天马微电子 5.5 代低温多晶硅 TFT–LCD 及彩色滤光片生产线有望实现全面满产，此生产线总投资达 70 亿元，年产值预计将超 100 亿元，年阵列玻璃基板加工能力和彩色滤光片玻璃基板生产能力分别达到 36 万片和 72 万片。

# 第四节　重点省市发展情况

## 一、福州

电子信息产业是推动福州经济发展的战略支柱型产业，产业规模较大、带动力较强、影响面较广，也是台湾地区同胞、海外华商投资最多的产业。目前，福州已形成了以联迪商用、新大陆电脑、爱普生等为代表的计算机外设产业；以华映光电、天马微电子、华冠光电、捷联电子等为代表的平板显示产业；以星网锐捷、三元达通讯、邮科通信等为代表的网络通信产业；以高意科技、福晶科技等为代表的新型光电子元器件产业；以瑞芯微电子、福顺微电子等为代表的集成电路产业；以苍乐电子、慧丰机电等企业为代表的 LED 照明产业；以福大自动化、恒锋电子、凯特科技等为代表的系统集成产业；以榕基软件、国通信息、亿榕信

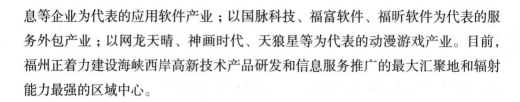

息等企业为代表的应用软件产业；以国脉科技、福富软件、福昕软件为代表的服务外包产业；以网龙天晴、神画时代、天狼星等为代表的动漫游戏产业。目前，福州正着力建设海峡西岸高新技术产品研发和信息服务推广的最大汇聚地和辐射能力最强的区域中心。

## 二、厦门

厦门市电子信息制造业具有发展速度快、整合潜力大、链条较为完备的特点，在数字视听、移动通信、计算机领域拥有一批国内外知名企业，如冠捷、厦华、联想移动、夏新科技等。厦门市是国家首批沿海开放城市之一，也是福建地区电子信息产业发展的重点城市。厦门市已形成较为完备的平板显示产业链、现代照明和太阳能产业链、计算机与通信设备三大产业链。其中，平板显示产业链已形成从液晶显示模组延伸到整机产品的产业链，年产值达千亿元，4家企业年产值超百亿元，火炬（翔安）光电产业园成为大陆重要的光电产品生产基地；现代照明和太阳能产业链已形成从 LED 到照明产品应用的产业集群，成为国家半导体照明产业基地之一；计算机与通信设备产业链已初步形成"电子元器件—接插件辅件—数码、小器件—手机或整机"的产业链，厦门市计算机与通信设备规模以上企业超百家，产值近千亿元。随着友达等台湾地区光电企业在厦门投资发展液晶显示模组、彩电、触控产品，厦门光电产业集群迅速崛起。厦门集成电路产业成长速度较快，2014 年迎来清华紫光和台湾联华电子的规模投资，产业发展步入快车道。

# 第十六章　中西部地区电子信息产业发展状况

　　按照我国省级行政区域的划分，中西部地区包括 20 个省级行政区域，分别为西部地区的四川、重庆、贵州、云南、西藏、陕西、甘肃、青海、宁夏、新疆、广西、内蒙古以及中部地区的山西、吉林、黑龙江、安徽、江西、河南、湖北、湖南。中西部地区的面积占我国面积的 2/3，与电子信息产业发达的东部沿海地区相比，中西部地区发展具有自身特点，近年来，在国家宏观政策引导下，电子信息制造业加速向中西部地区转移，目前已形成以重庆、成都、西安、武汉、郑州、合肥为代表的多个产值过千亿的电子信息产业发展中心，形成了一批产业亮点，为中西部地区电子信息产业高速发展奠定良好基础。

## 第一节　整体发展情况

### 一、产业收入

　　中西部地区在国家电子信息产业由东部地区向中西部转移的战略方针指引下，近五年主营业务收入增长较快，占全国比重逐年提升，利润额增长迅速，始终保持在 30% 以上。2014 年，我国规模以上电子信息制造业中部地区和西部地区分别实现销售产值 12574 亿和 9376 亿元，同比增长 25.9% 和 26.2%，增速高于平均水平 15.6 个和 15.9 个百分点；中西部地区占全国销售产值比重达到 21.1%，比 2013 年提高 2.1 个百分点，对全国电子信息产业增长贡献率达 47%。

　　在固定资产投资方面，中西部地区投资加速明显，分别完成投资 3959 亿元和 2013 亿元，同比增长 16.9% 和 22.1%，高于平均水平 6.5 个和 10.7 个百分点，比重均提高 1.5 个百分点。在出口贸易方面，部分中西部省市出口增势迅猛，重庆、

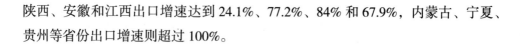

陕西、安徽和江西出口增速达到24.1%、77.2%、84%和67.9%，内蒙古、宁夏、贵州等省份出口增速则超过100%。

## 二、产业结构

在承接产业转移及政策带动产业布局优化调整的双重带动下，电子信息制造产业由东部地区向中西部转移取得明显成效。中西部地区把抓住西部大开发及中部崛起的战略机遇，通过承接东部地区电子信息制造业调整和转移的机遇，大力招商引资，目前已形成了明显的集群效应，西部地区形成以军工电子、通讯设备、光通信和软件为主的产业集群，中部地区则形成了以平板显示、通信设备、光电子等为主的电子信息产业集群。重庆、成都、郑州、武汉、西安等城市正在成为我国继北京、上海、深圳、昆山等地之后新的具有国际影响力的电子信息产业基地。

# 第二节　产业发展特点

## 一、地区发展特色明显

近年来，中西部地区发展速度明显加快，一些省市充分利用东部地区产业转型升级和西部大开发的有利契机，加快本地区电子信息产业的发展，形成明显的区域特色，进而带动了整个地区产业的发展。

陕西省电子信息产业紧紧围绕"保增长、调结构、促升级"的总体要求，加快推进集成电路、北斗卫星、物联网、大数据、高端软件等新一代信息技术产业发展，认真抓好重大项目和重点企业跟踪服务工作，加强行业运行监测，确保了全省电子信息行业的稳定增长。总量持续快速增长，雷达、通讯、元器件行业仍是拉动产业增长的主要力量。三星及配套项目建设进展有序推进。

重庆电子信息产业发展迅速，已成为重庆市的支柱产业之一，发展基础良好，发展潜力巨大。2014年重庆市"6+1"支柱产业均实现正增长，电子信息产业持续发力，建成"5+6+800"全球最大电脑产业集群，全年生产笔记本电脑6348.84万台，增长16%，实现全球每3台笔记本就有1台重庆造，打印机和显示器分别为1616.29万台和1467.34万台。

江西电子信息制造业认真贯彻落实《江西省人民政府办公厅关于加快电子信息制造业发展的意见》，牢牢把握做大总量、优化结构、提升集聚、推动升级的行业发展思路，精心实施《2014年江西省电子信息制造业主营业务收入过千亿实施方案》，大力推进产业集群发展和产业基地建设，积极推动重大项目竣工投产，精心培育龙头骨干企业发展壮大，实现了全行业持续、健康、较快的发展。2014年，江西省电子信息制造业规模以上企业累计实现销售产值2370.7亿元，同比增长22.7%，成为江西省第八个主营业务收入过千亿的产业。

湖北省电子信息产业按照稳中求进、竞进提质、升级增效的总要求，主动适应经济发展新常态，以壮规模调结构为主攻方向，坚持项目带动、投资拉动、创新驱动，加速转型发展，全行业呈现出"高位运行，高速增长"的良好发展态势。2014年，湖北省电子信息产业实现主营业务收入4137亿元，工业增加值1284亿元，利润总额215亿元，利税总额328亿元，分别比上年增长23.57%、22.75%、12.57%和15.9%。

## 二、政策扶持逐步到位

近年来，国家出台了一系列政策扶持中西部地区的发展，优先安排中西部地区资源开发和基础设施建设项目；逐步增加财政支持和建设物资；调整电子信息产业布局，引导资源加工型和劳动密集型产业向中西部地区转移；增强中西部地区自我发展的能力；先后出台《产业转移指导目录》、《科技助推西部地区转型发展行动计划（2013—2020年）》等多项政策，改善中西部地区的投资环境，引导外资更多地投向中西部地区；加强东部地区与西部地区的经济联合与合作，鼓励向中西部地区投资，引导人才向中西部流动。

地方政府也先后出台多项相关政策，河南省出台《关于印发河南省推进信息化促进信息消费实施方案(2014—2016年)》，湖北省出台《关于加快电子信息产业发展的行动方案》，江西省推出《江西省人民政府办公厅关于加快电子信息制造业发展的意见》、《2014年江西省电子信息制造业主营业务收入过千亿实施方案》等，这些措施有力地促进包括中西部地区电子信息产业的快速发展。

## 三、骨干企业带动作用明显

重点骨干企业充分发挥引领支撑和带动发展作用。新引进的大中型企业、原有的骨干企业在产业增长中发挥着重要作用。

近年来，湖北省以企业为核心打造产业集群，建设了一批产业链完善、规模效益明显、特色鲜明的龙头企业，实现了电子信息产业跨越发展，武汉邮科院、长飞、骆驼集团连年被评为全国电子百强企业；武汉联想自2013年投产以来，迅速成长壮大，2014年实现主营业务收入近300亿元；襄阳史迈诺等新引进企业项目投产带动襄阳消费电子领域快速增长，全年消费电子领域实现产值50.8亿元，同比增长28.0%；荆州的华讯方舟、荆门的格林美、随州的美亚迪、仙桃的健鼎等一批新引进的企业为产业增长起到重要带动作用。

陕西省通过加大对电子信息产业扶持力度，培育龙头企业，引领产业转型升级。依托龙头企业先后建设了一批国家级、省级创新平台，主要包括无线网络安全技术和新一代移动通信技术应用等国家工程实验室，物联网、云计算、集成电路、通信设备、平板显示、高功率半导体激光器、新型电子元器件等一批省级企业研究中心。同时，三星、中兴、比亚迪等一批知名企业的重点项目纷纷落户陕西，为陕西省电子信息产业跨越发展注入了活力。目前，陕西省基本形成以英特尔、西安华芯、航天华讯为代表的芯片设计企业，以三星、美光、华天、卫光为代表的芯片制造及测试封装企业，以应用材料、西北机器为代表的集成电路设备生产企业，在半导体存储芯片制造、封装测试、研发设计、设备制造等领域形成了较为完整的产业链。2014年7月，陕西省印发《陕西省关于围绕三星项目加快配套产业发展规划》，进一步明确了骨干企业的带头引领作用。

除此之外，河南省的富士康，江西省的欧菲光，四川省的戴尔，重庆市的京东方、宏碁、惠普等特色龙头企业落地发展，为当地电子信息产业发展起到了领头羊作用。

## 第三节　主要行业发展情况

### 一、集成电路产业

2014年，继国务院印发了《国家集成电路产业发展推进纲要》后，安徽、甘肃、湖北、四川等中西部地区陆续跟进并出台了产业发展政策，积极承接封装测试等行业的转移，设立地区发展基金，掀起了中西部地区跨越式赶超发展的热潮。安徽集成电路发展主要集中在家电、显示面板、汽车制造等终端企业的应用，在安徽省出台的《关于加快集成电路产业发展的意见》，提出建立以企业为主体的多元化投融资体系，对在中小企业板和创业板上市的集成电路企业，由省和同级财政分别给予100万元奖励；并支持合肥等市建立集成电路产业发展基金。湖北省则设立 300 亿元集成电路产业基金，构建新的战略性千亿产业。基金将逐步募集，主要用于扶持相关企业和科研项目的发展。预计到 2016 年，湖北省集成电路产业规模将由现在的约 30 亿元提升至 400 亿元。2020 年力争产业规模达到 1000 亿元。甘肃已形成了以集成电路封装测试业为核心，引线框架、封测专用设备、模具、半导体封装材料和包装材料等配套的产业体系。英特尔将上海工厂全部产能转移四川成都后，成都工厂已成为亚洲最大的芯片封装测试厂，全球笔记本计算机 60% 的芯片组和 55% 的微处理器是从英特尔成都工厂封装出厂。

## 二、计算机产业

2014 年，我国计算机产品出口省份从沿海向中西部地区转移的趋势继续深化，广东、上海、江苏三个传统主要省市 2014 年计算机出口额均明显下滑，三省市合计出口额占总体比重从 2007 年最高的 91% 回落到 2014 年的 68%。重庆市和四川省继续巩固在计算机出口的地位，2014 年出口分别增长 23.5% 和 9.2%，分别达到 280 亿美元和 144 亿美元。安徽、陕西、江西、广西、湖南等内陆省份计算机出口增幅明显，安徽出口增幅更是高达 269%。2014 年，重庆市生产电脑 6400 万台，在全球笔记本电脑萎缩的情况下，重庆市逆势增长 15%，占全球笔记本电脑产量的四成左右。

## 三、平板显示产业

2014 年中西部地区平板显示产业规模进一步扩大，2014 年开工建设和签约的产线基本集中在中西部地区。华星光电投资 160 亿元建设第 6 代显示面板生产线、天马投资 120 亿元左右建设第 6 代低温多晶硅（LTPS）TFF-LCD 及彩色滤光片生产线项目，为武汉地区中小面板生产基地建设起到重要作用。总投资 328 亿元的重庆京东方 8.5 代 TFT-LCD 生产线进展顺利，预计在 2015 年第一季度建成投产。此外，郑州、成都、绵阳等地也都积极筹措新建产线，合肥作为平板显示产业聚集优势较为明显的地区，产业规模迅速扩大，2014 年合肥平板显示集聚区产值超过 800 亿元。已形成以面板为核心，吸引上游液晶玻璃、光学膜、驱动芯片、笔记本电脑、液晶电视、智能手机、触摸屏等一大批配套企业的汇集，安徽省正在成为国内面板产能最大、产品线最丰富、技术水平一流的集聚发展区。

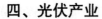 

### 四、光伏产业

受政策带动作用影响，我国光伏产业已经形成东中西部地区共同发展的格局。受益于丰富的太阳能资源，中西部地区十分重视光伏产业发展，将光伏产业发展作为调整和优化产业结构、改善生态环境、培养新的经济增长点以及带动相关产业发展的重要措施。以青海、新疆、陕西、四川为代表的中西部省区以光伏应用为抓手，致力于完善光伏电池产业链，大力引进多晶硅及单晶硅项目，积极发展硅片和电池组件下游产业，加强配套项目建设。2014 年，青海电网新增光伏并网容量 101 万千瓦，实现连续 4 年接纳百万千瓦光伏发电容量的目标，全省并网光伏电站规模已达 412 万千瓦，占全省发电装机总量的 22.7%；累计发电量达到 102.2 亿千瓦时，占国家电网经营区域内并网光伏发电总量的 18.8%。在陕西，根据《陕西省人民政府关于示范推进分布式光伏发电的实施意见》，从 2014 年起将连续 3 年按照每年 100 兆瓦左右的规模布局，《意见》"建设 6 个分布式光伏发电示范区，50 个光伏发电应用示范镇、文化旅游名镇（街区）及示范村"。财政上将每年补贴 1 亿元。

表 16-1  2014 年我国部分中西部地区光伏发电统计信息（单位：万千瓦）

| 省（区、市） | 累积装机容量 | 其中：分布式光伏 | 新增装机容量 | 其中：分布式光伏 |
|---|---|---|---|---|
| 山西 | 44 | 1 | 23 | 1 |
| 内蒙古 | 302 | 18 | 164 | 4 |
| 河南 | 23 | 16 | 16 | 9 |
| 湖北 | 14 | 6 | 9 | 1 |
| 湖南 | 29 | 29 | 5 | 5 |
| 云南 | 35 | 2 | 15 | 0 |
| 西藏 | 15 | 0 | 4 | 0 |
| 陕西 | 55 | 3 | 42 | 1 |
| 甘肃 | 517 | 0 | 97 | 0 |
| 青海 | 413 | 0 | 102 | 0 |
| 宁夏 | 217 | 0 | 82 | 0 |
| 新疆 | 275 | 4 | 42 | 0 |
| 新疆兵团 | 81 | 0 | 17 | 0 |

数据来源：国家能源局，2015 年 3 月。

## 第四节　重点省市发展情况

### 一、安徽

安徽省电子信息产业抢抓新技术发展应用以及承接产业转移等机遇，快速形成新型显示、语音、智能终端、软件、计算机、LED 光电等一批高成长领域，产业规模和发展层次快速提升，已成为安徽工业发展速度最快、前景最好、最具活力的行业之一。

#### （一）抓住电子信息优势特征推动产业规模快速增长

2014 年，安徽省电子信息产业实现工业增加值增长 43.8%，对工业经济增长和效益提升贡献率历史性地晋升各行业首位，成为新常态下拉动工业平稳增长和转型升级的主引擎；新型显示产业快速成长，正发展为国内面板产能居前、产品线最丰富、技术水平一流的产业集聚区；智能终端产业迅速壮大，笔记本电脑产量跃入全国前 5、中部第 1，液晶电视产量全国排名进入前 6，智能手环出货量居国内同类产品首位；智能语音产业发展领先全国，掌握了一批具有自主知识产权且国际领先的智能语音技术成果，中国(合肥)智能语音产业基地暨中国声谷建设正在推进。

#### （二）逐渐形成从"制造"转向"智造"的新兴产业形态群体

以"领军企业—重大项目—产业链—产业集群—产业基地"为发展思路，安徽省加大承接产业转移力度，通过联想(合肥)基地、合肥京东方、芜湖东旭等重点项目的龙头的带动，巩固了安徽省电子信息产业集聚发展优势。京东方 6 代线和 8.5 代线项目的成功量产让合肥成为全国重要的新型平板显示基地；项目直接带动上下游产业投资 200 多亿元，上缴税收约 30 亿元，新增就业岗位 2 万余个，形成产值近千亿元的新型显示产业集群。

### 二、湖北

#### （一）产业增速处于高位运行

2014 年，湖北省电子信息制造业呈快速增长态势，主营业务收入 3184 亿元，

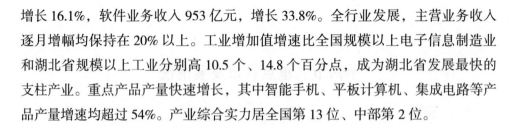
增长 16.1%，软件业务收入 953 亿元，增长 33.8%。全行业发展，主营业务收入逐月增幅均保持在 20% 以上。工业增加值增速比全国规模以上电子信息制造业和湖北省规模以上工业分别高 10.5 个、14.8 个百分点，成为湖北省发展最快的支柱产业。重点产品产量快速增长，其中智能手机、平板计算机、集成电路等产品产量增速均超过 54%。产业综合实力居全国第 13 位、中部第 2 位。

### （二）重大项目布局建设步伐加快

项目主导发展，投资决定增长。随着产业转移步伐加快，湖北省加大招商引资力度，积极承接产业转移，进一步扩大产业投资规模。主要投资项目有：华星光电投资 160 亿元第 6 代显示面板生产线、天马投资 120 亿元第 6 代低温多晶硅（LTPS）TFT–LCD 及彩色滤光片生产线项目、联想分别投资 50 亿元的智能手机和平板电脑生产基地项目和移动互联和数字家庭运营中心、华为投资 50 亿元的武汉研发中心项目、投资 53 亿元的奇宏电子华中基地项目等。2014 年，湖北省电子信息产业固定资产投资明显加快，全行业累计完成投资 752 亿元，同比增长 22.7%，新增固定资产 404.5 亿元，同比增长 66.8%，固定资产投资规模目前位列全国第 5 位，投资的快速增长为湖北省电子信息产业增添了发展后劲。

### （三）外向型特征明显增强

2014 年，有 9 家电子信息企业名列湖北省进口前 20 名，累计进口 39.3 亿美元，而 2013 年同期前 20 名企业中电子信息企业累计进口 15.7 亿元，同比增长 66.7%，占全省外贸进口总额的 24.0%，比 2013 年增长 6.6 个百分点。其中，鸿富锦累计进口 12.8 亿美元，同比增长 7.7%；联想、海思累计进口分别是 11.3 亿美元、4.1 亿美元，分别是上年同期的 4.9 倍和 4.5 倍。8 家电子信息企业名列湖北省出口前 20 名，累计出口 48.0 亿美元，而 2013 年前 20 名企业中电子信息企业累计出口增长 9.4 亿元，同比增长 24.47%，占全省外贸出口总额的 18.0%，比上年增长 1.1 个百分点。其中，鸿富锦累计出口 28.3 亿美元，同比增长 4.6%；随州波导、烽火国际分别增长 70%、55.4%；武汉新芯累计出口是上年同期的 2.7 倍。湖北省出口电子产品主要有：台式及平板计算机、智能手机、集成电路、液晶显示器等。

### （四）各市州产业竞相发展

2014 年，湖北省开展电子信息产业统计的 16 个市州产业发展保持了稳定增长的良好态势。其中，武汉市电子信息产业在湖北省产业发展中起到了重要的支撑作用。武行市电子信息制造业主营业务收入占湖北省总额的 70.3%，软件业务收入占湖北省总额的 98.4%。2014 年，湖北省有 7 个市州电子信息制造业主营业务收入同比增长超过 21%，其中黄石、十堰、咸宁等市同比增长均超过了 27.2%。襄阳市电子信息制造业主营业务收入突破了 370 亿元，宜昌市、荆州市则分别达到 180 亿元和 140 亿元以上。

## 三、河南

河南省抢抓产业转移机遇，引进智能手机龙头项目，电子信息产业规模迅速扩大，层次不断提升，围绕智能手机产业构建的全球物流体系、支撑服务体系基本建成，综合性竞争优势明显提升。

### （一）龙头企业带动产业规模快速增长

2014 年，行业增加值同比增长 29.7%，高于全省工业平均增速 18.5 个百分点。郑州航空港经济全产业链综合效应发力，河南省智能终端基地发展迅猛，产品产量、产值均有较大提升。重点监测的 35 户企业，完成工业总产值 185.3 亿元，同比增长 32.2%；实现主营业务收入 204.9 亿元，同比增长 24.8%。

### （二）承接转移培育优势集群

河南省以承接产业集群转移为抓手，实施智能终端产业发展工程，集中力量打造全球重要的智能手机生产基地，积极发展平板电脑、智能电视和可穿戴智能终端产品，培育适应信息消费和新兴业态发展需要的制造业增长点。2014 年富士康产能进一步扩大，新郑航空港实验区新引进正威、酷派、中兴、天宇、展唐等手机整机及配套企业，已有中兴、天宇、创维、华世基等 12 家手机整机企业投产，年产智能手机 1.43 亿部，约占全球供货量的八分之一，初步建成全球重要的智能终端生产基地。智能终端产业链基础日益完善，友嘉精密机械产业园、瑞弘源蓝宝石、普传物流基地、中移动等一批项目相继签约开工，重大项目年内完成投资 328 亿元。

# 园 区 篇

# 第十七章  中关村国家自主创新示范区

## 第一节  园区概况

中关村国家自主创新示范区（简称中关村示范区）起源于 20 世纪 80 年代初的"中关村电子一条街"，经过 20 多年的发展建设，中关村示范区已经聚集了以联想、百度为代表的高新技术企业近 2 万家，形成了以下一代互联网、移动互联网和新一代移动通信、卫星应用、生物和健康、节能环保以及轨道交通等六大优势产业集群以及集成电路、新材料、高端装备与通用航空、新能源和新能源汽车等四大潜力产业集群为代表的高新技术产业集群和高端发展的现代服务业，构建了"一区多园"各具特色的发展格局，成为首都跨行政区的高端产业功能区。目前，中关村园区包含一区十六园，包括东城园、西城园、朝阳园、海淀园、丰台园、石景山园、门头沟园、房山园、通州园、顺义园、大兴—亦庄园、昌平园、平谷园、怀柔园、密云园、延庆园等园区，示范区面积达到约 500 平方公里。

## 第二节  发展特点

### 一、创新创业生态日趋完善

中关村建立起了良好的创业服务体系和发展环境，协同发展骨干企业、高端人才、金融服务、高等院校、科研机构、创业服务和创业文化。2014 年，中关村新创办科技型企业超过 1.3 万家，是 2010 年的 3.6 倍，平均每天诞生科技型企业 27 家，创业投资金额和案例约占全国的 40%。创新工场、车库咖啡等"孵化

+投资"的新型创业服务业逐渐兴起,留学归国人员、科技人员创办企业成为主要潮流。2014年以来,中关村积极建设软件城、创新创业孵化一条街、知识产权和标准化一条街及科技金融一条街,2014年6月,中关村创业大街建成为全国首个创业服务机构集聚区,年底入驻创业服务结构达到16家。中关村逐步构建新服务、新生态、新潮流、新概念、新模式和新文化的创新创业生态体系。

## 二、产业发展以六大重点领域为主

2014年1—4月,中关村重点监测新材料及应用技术、先进制造、生物工程和新医药、电子与信息、环境保护、新能源领域等六大高新技术领域收入出现一定程度分化。其中,环境保护、电子信息领域收入仍保持增长,生物工程和新医药、先进制造领域总收入较上年同期均有所增长,新材料及应用技术、新能源与高效节能技术领域总收入较上年同期分别下降7.8%和4.1%。

## 三、移动互联网、节能环保和现代服务业成为新增长极

随着网络经济和服务经济的快速发展,园区移动互联网、现代服务业和节能环保产业近年来保持迅猛增长态势,成为中关村新的优势产业,助推园区经济结构调整和产业转型升级。2014年1—10月,中关村移动互联网产业实现收入5242.9亿元,较2013年同期增长39.4%,继续保持高速增长;利润总额114.7亿元,较2013年同期增长16.8%。示范区现代服务业保持快速发展,实现收入总额1.64万亿元,较2013年同期增长20.7%。其中,电子商务产业增长速度最快,实现零售额7134.2亿元,较2013年同期增长20.9%,占现代服务业总收入的43.5%。节能环保产业继续保持高位增长,实现总收入1897.2亿元,实现利润189.4亿元;税费总额达120.5亿元,较2013年同期增长88.8%,对示范区税费增长贡献率达17.1%。

## 四、国际化发展步伐加快

成功申办2015年世界科技园协会年会,并举办"科技创新与产业革命"中关村论坛年会。拓展国际化发展渠道,分别与芬兰、以色列共建芬华创新北京中心和中以创新合作转移中心,与中关村建立合作关系的国际创新区域达20个。支持企业在境外建立研发机构、合资公司、企业孵化器,百度公司设立了"硅谷深度学习研究院",昭衍公司建设了"美国昭衍创新园",中关村发展集团在加拿

大渥太华设立了国际孵化中心。设立了国际化发展专项资金，支持企业及社会组织的国际市场拓展，研发合作与交流，扩大海外市场收入，以及聚集国际商务、投资与科技服务机构等。整合利用全球创新资源，出台中关村国际化发展行动计划，绘制全球领先技术团队分布图，目前，示范区聚集留学归国人员1.7万人，外资企业2000家，外资研发机构260个；企业累计在境外设立分支机构457家，83家企业境外上市，占示范区上市企业总数的36%。

## 第三节　发展情况

### 一、产业规模保持快速增长

2014年1—10月，中关村国家自主创新示范区经济运行平稳，规模以上企业的利润和税收指标保持30%左右高速增长。规模以上企业实现总收入2.6万亿元，较2013年同期增长19%。其中，规模以上企业技术收入3235亿元，同比增长超20%。规模以上企业实缴税费1468亿元，较去年同期增长29.2%，比1—9月小幅提高0.8个百分点。规模以上企业利润率达到7.5%，较上年同期提高1个百分点。这些数据表明，中关村示范区的高端、高效、高辐射和微消耗的特征日益显现，在构建和优化"高精尖"经济结构的道路上步伐不断加快。

### 二、企业实力得到稳步提升

2014年1—10月，中关村示范区内大型企业实现总收入1.7万亿元，较2013年同期增长25%，占示范区总收入的66.4%，对示范区收入增长贡献率达83%。其中，小米、京东、百度等5家百亿级企业总收入均实现翻番。截至2014年4月，中关村示范区境内外上市公司总数达到231家，其中境外86家，境内145家。境内上市公司中，主板市场51家，中小板市场32家，创业板市场62家。2014年《福布斯》中文版连续第十年推出"中国最具潜力中小企业"榜单。在总共入选的200家企业中，中关村示范区入选企业达54家，占北京入选企业总数的85.7%。示范区上榜企业集中于电子信息、生物医药等领域，均表现出了巨大的发展潜力。

### 三、创新能力建设稳步增强

2014年1—10月，中关村示范区规模以上企业实现技术收入3235亿元，较

2013 年同期增长 22.3%。企业技术收入占总收入的比重为 13%，该比重自 2014 年 5 月以来一直保持在 12% 以上。专利作为衡量企业技术实力的重要指标之一，2014 年 1—10 月，中关村示范区企业专利申请量为 3.3 万件，占北京市的 30.9%，授权量为 1.9 万件，占北京市的 31.3%。其中，发明专利申请量达 1.9 万件，同比增长 18%，占企业专利申请总量的 59.3%；发明专利授权量达 6300 件，较 2013 年同期增长 11.2%，占示范区企业专利授权总量的 33.8%。百度、联想等 5 家重点企业，每家企业专利申请均在 600 件以上，2014 年 1—10 月 5 家企业的专利申请总和占示范区专利申请总量的 17%，其中联想专利申请量最多，专利申请量 1—10 月高达 2441 件。

## 四、产业结构不断优化

园区致力于打造高精尖的产业结构，互联网、大数据等现代科技服务业发展极为迅速。中关村园区产业结构呈现制造业服务化、传统产业升级和模式创新深化的主要特征。在制造业服务化方面，小米、软通动力、利亚德、中国普天、北斗星通、数码大方等企业快速发展，其中小米公司注重打造手机通信生态系统，手机销售量位居国内首位，世界前列，2014 年 12 月企业市值高达 450 亿美元。在传统产业转型升级方面，百度以搜索为主要手段颠覆了传统的知识获取方式，乐视跨界进入彩电行业改变传统的电视制造模式，58 同城以信息平台为载体革新了传统的生活服务业。在模式创新方面，互联网、大数据、云计算等新技术催生出远程医疗、智能家居、车联网、节能服务、互联网金融等新兴业态，现代科技服务业发展进入快车道。

## 五、国家科技金融创新中心加快建设

《关于中关村国家自主创新示范区建设国家科技金融创新中心的意见》发布之后，中关村大力推进科技金融服务建设，通过多元化的投融资科技金融服务措施促进科技创新。发起成立中关村互联网金融行业协会，启动中关村互联网金融信用信息平台。支持筹建中关村银行，建设中国互联网金融创新中心。"全国中小企业股份转让系统"正式挂牌落户中关村。北京股权交易中心有限公司("四板"市场）启动。截至 2014 年底，中关村新三板累计挂牌企业数量达 1595 家，其中超过 77% 的公司在 2014 年挂牌。2014 年 12 月，园区针对中关村内创业企业提供普惠担保产品"普惠保"，每家创业企业将得到不少于 10 万元的主动担保授信，是中关村服务示范区海量小微企业的最新尝试。

## 第四节　发展趋势

### 一、现代服务业规模将实现快速增长

2014 年 1—10 月，现代服务业总收入 1.64 万亿元，占示范区规模以上企业总收入的 63.8%。对示范区收入增长的贡献率约 60%，现代服务业支撑作用明显，逐步形成以高端制造业和现代服务业为两大发展极的产业格局。预计到 2015 年，中关村示范区现代服务业收入将达 2.4 万亿元，电子商务、软件和信息服务、研发设计等高技术服务业占中关村 GDP 比重将达到 65% 以上，并形成一批具有国际影响力的现代服务业集聚区和集团企业。

### 二、大数据产业将加快布局

中关村园区在发展大数据产业方面处于全国领先位置，拥有百度、用友、京东、曙光、中金数据等百余家大数据企业。在分布式存储和计算、超大规模数据仓库、人工智能数据分析、人机交互等技术方面处于全球领先水平。2014 年，中关村示范区出台了《加快培育大数据产业集群推动产业转型升级的意见》（以下简称《意见》），《意见》规定，2016 年中关村大数据带动的产业规模将超过 1 万亿元。为此，中关村示范区将大力推动大数据技术发展，促进应用创新，促进传统产业转型升级，打造全球大数据创新中心。基于海量数据资源的挖掘和应用催生的大数据产业，是中关村园区促发创新、角力竞争、提高生产力的前沿领域。

### 三、京津冀区域创新合作将得到加强

中关村示范区将大力建设大数据基地、营造跨区域的创新创业生态系统，加快推进产业合理布局、地区的产业结构优化升级，打造首都经济圈，推进京津冀区域经济一体化。中关村示范区的发展将纳入京津冀和环渤海经济区的战略空间，从顶层设计上加以考量，突出北京首都优势，广泛激活北京要素资源，打通交通和资源发展动脉，实现京津冀地区的科学协同发展。未来，在平台化思维和互联网技术的推动下，实现京津冀区域产业转型升级，并通过节能环保产业提升传统产业，打造京津冀大数据走廊和京津冀科技新干线，使中关村示范区在京津冀区域创新合作中的作用进一步凸显。

# 第十八章　深圳市高新技术产业园区

## 第一节　园区概况

深圳市高新技术产业园区（简称深圳高新区）始建于 1996 年 9 月，规划面积 11.5 平方公里，是国家"建设世界一流高科技园区"的六家试点园区之一。作为国家高新技术产业标准化示范区、国家知识产权试点园区、国家文化和科技融合示范基地、科技与金融相结合全国试点园区和国家海外高层次人才创新创业基地，深圳市高新技术产业园区还被国家认定为"高新技术产品出口基地"、"先进国家高新技术产业开发区"、"中国青年科技创新行动示范基地"和"国家火炬计划软件产业基地"和"亚太经合组织（APEC）科技工业园区"等。建园十多年来，深圳高新区率先探索和建立创新生态体系，创新集聚高端资源，加强市场化改革和开发开放，促进科技、金融、人才、知识产权保护、文化等要素的创新融合，逐步形成服务地方经济的产业体系；推动园区、校区和社区的"三区融合"，建设现代化新型科技园区；推进国家创新型城市建设和世界高新技术产业基地建设；推动骨干企业发展，华为、中兴、腾讯等一批行业领军企业加速发展，促进深圳经济发展迈上新台阶。

## 第二节　发展特点

### 一、技术创新体系较为完备

深圳高新区加速自主创新要素的合理流动和高效配置，建立自主开发与引进相结合的新型技术开发体系。重点扶持高新区骨干企业，凡进入高新区的生产型企业必须是大规模、技术含量高、有足够资金、效益好的高新技术企业，其年产值应达到 20 亿元人民币以上。目前已初步建成以企业为主体、市场为导向、国内外大学和研究所为依托、产业化为核心的技术创新和公共服务系统，并实现辐射周边地区，拓展国内外市场的主要目标。以研究院群、企业研发中心群为技术支持，以孵化器群、加速器群为产业依托，以创新人才群为人才支撑，形成创新要素高新区内小循环、高新区内外大循环的全新创新格局。

## 二、下一代互联网产业发展迅速

深圳高新区在发展下一代互联网产业方面具备研发、制造、推广的完备产业体系，以移动互联网、内容服务、软件服务、云计算、电子商务、物联网等为优势方向。在移动互联网方面，华为和中兴位列全球手机销量前十位；在内容服务方面，全国最大的互联网综合运营服务商腾讯、中青宝网游以及 A8 数字音乐服务平台等均位于深圳高新区；在软件服务方面，金蝶是我国管理型 SaaS 服务的领军企业，华为、中兴、卓望数码、融创天下在核心环节平台软件上优势显著；在云计算领域，国家超级计算深圳中心落户园区，运算速度超千万次，处于世界领先位置；在电子商务领域，腾讯"拍拍网"和"财付通"是我国位居第二的交易支付平台；在物联网方面，以华为、中兴为代表技术企业在物联网系统集成、计算处理及解决方案方面具有较强实力。截至 2014 年底，深圳高新区的下一代互联网产业相关企业总数超千家。

## 三、科技金融服务平台加快完善

深圳高新区高度重视科技与金融的融合发展，持续构建多层级的资本市场。截至 2014 年 3 月，深圳高新区累计上市公司已达 84 家，累计通过资本市场募集资金约 400 亿元，深圳高新科技产业资本领域发展位列全国前列。高新区内，已有近 40 家银行机构、近 10 家证券机构、超 400 家国内外创投基金公司、10 多家律师会计师审计师事务所和 20 多家担保机构，形成了种类齐全、配套完善的投融资服务体系。深圳高新区陆续设立新产业技术产权交易所和"新三板"工作机构、工作联盟，以"科技＋金融＋服务"创新模式为基础，为科技型中小企业、高校、科研机构提供专业的知识产权服务。稳步推进深圳柜台市场建设，依托深圳联合产权交易所，在产权交易、碳排放交易、技术和知识产权交易以及金融资产交易方面取得显著成效。

# 第三节　发展情况

目前深圳高新区汇集了国内外数十所高校和研究院所，拥有工程实验室、重点实验室、企业技术中心及博士后工作站等研究开发机构近 200 个，IC 基地设计产值超百亿元，创投广场管理资本超百亿元。深圳高新区已基本实现政务信息化、企业信息化、商务信息化和警务信息化，建设了园区行政审批电子平台、知识产权和标准化服务信息平台、企业产品展示信息平台、企业管理服务信息平台、人力资源管理服务平台，降低了企业在信息化方面的费用，提高了企业的工作效率和管理水平，提升了高新区的核心竞争力。

## 一、电子信息制造业成为高新区的核心基础产业

深圳高新区形成了以市场为导向、企业为主体、产学研结合的区域创新体系。市政府创立深圳虚拟大学园，与清华、北大和哈工大开展深入合作，推动国家集成电路设计深圳产业化基地建设。尤其是在通信和视听产业两个方面，深圳高新区是我国通信和视听本土骨干企业的发祥地，培育成长了华为、中兴通讯、创维、康佳等著名企业。华为、中兴通讯两家通信企业继续开拓国际市场，国际竞争力和影响力进一步扩大。2014 年，中兴通讯实现营收 812.42 亿元，较上年增长 7.99%；净利润 26.36 亿元，较上年增长 94.17%。受益于国内 4G 大规模建设，国内运营商收入同比实现大幅增长，在国内三大运营商市场均获得领先份额，成为 LTE 第一大供货商。2014 年，创维继续深化实施"双平台、双品牌"的发展战略，取得较好成效。华星光电自主建设的第二条 8.5 代液晶面板生产线项目提前顺利完工，设计产能 10 万片 / 月，继续延续良好发展势头，保持行业领先水平。

## 二、积极向产业链高端发展

深圳高新区以向产业链高端发展作为目标，重点发展电子通信、数字视听等高技术优势产业，抢占世界高技术产业制高点的前沿阵地，加强创新载体建设，建立技术和服务支撑平台。北区建成传统优势产业提升区，鼓励企业实施品牌和标准化战略，加强高新技术在优势传统领域的应用，提升产业附加值，增强产业

效率效益。中区建成软件及集成电路设计产业集聚区，重点发展软件、集成电路设计、计算机及外设、生物医药等优势产业，以应用推广拉动产业增长，提升产业发展的层次。而随着移动互联网快速发展和4G网络规模部署，市场智能终端需求不断提升，深圳高新区扶植园区企业开展研发及产品战略转型，推动技术产品向产业链高端延伸，加强与全球主流运营商的战略合作，提升品牌价值和市场竞争力。

## 第四节　发展趋势

《深圳高新区转型升级工作方案》提出，在深圳转型升级的关键时期，再出发、再优化、再提升，引领、带动全市的经济发展方式转变和产业转型升级，2015年高新园区工业总产值、工业增加值和高新技术产品产值，比2011年将分别再翻一番，达到6300亿元、1900亿元和5800亿元。园区拥有自主知识产权的高新技术产品产值占园区高新技术产品产值的四分之三；高新技术产品产值占全市的三分之一；企业主导或参与国际、国家行业标准制定占全市近一半；专利申请数超24000件。

### 一、产业布局日趋合理，高端产业集聚发展

产业布局方面，高新区将以"一核两轴四基地"为重点，建设新型现代化高新科技园区。其中，"一核"是以深圳湾园区为中心，以留仙洞园区战略性新兴产业基地为产业空间拓展区，以大学城园区为创新能力拓展区，形成国家自主创新示范区的核心区。"两轴"是指沿科苑大道轴线建设的创新动力轴，和沿大沙河流域轴线建设的综合配套服务轴。"四基地"即重点建设深圳集成电路设计产业园、国家软件产业（出口）基地、深圳湾科技生态园、留仙洞战略性新兴产业基地等。到2015年高新区将培育出通信设备、软件和互联网3个超千亿的产业集群，园区工业总产值、高新技术产品产值和工业增加值分别占全市的20%、30%和22%。

### 二、科技创新速度加快，平台建设日益完善

科技创新方面，高新区积极引进各类投融资服务机构，探索建立投资与信贷

结合新型金融机构，全面推动科技与金融、文化产业的创新融合。加速推进创新载体建设，2015 年新增 1—2 家国家工程技术研究中心、新增 2—3 家国家级重点实验室、新增 80—100 家市级工程实验室和技术中心。强力支持企业在新三板市场挂牌交易，建设新三板培育基地，争取成为国家新三板扩大试点首批高新区。

### 三、高端人才加速聚集，区域竞争力不断加强

人才建设方面，深圳高新区坚持开放式创新的人才政策，积极吸引高端人才资源落户深圳。加快建设现代化国际化城市，为高端人才提供完备的生活保障服务。依照深圳产业定位，站在科技创新前沿和产业发展前沿，引进更多高质量、高层次海外人才。进一步完善高层次人才引进相关工作，加强甄选、考评和反馈制度建设。以城市长远竞争力为战略重点，瞄准未来增长点，为深圳人才引进注入创新活力，加快形成全社会、全方位、全领域集聚创新人才的独特优势和竞争力。

# 第十九章　苏州工业园区

## 第一节　园区概况 [1]

　　苏州工业园区是中国和新加坡两国政府间的重要合作项目，于 1994 年 2 月经国务院批准设立，同年 5 月实施启动，行政区划面积 278 平方公里，其中，中新合作区 80 平方公里，下辖 4 个街道，常住人口约 78.1 万，到 2014 年苏州工业园区已经走过 20 个春秋。20 年以来，苏州工业园区保持快速健康发展态势，主要经济指标年均增幅超过 30%，取得了 GDP 超千亿元、累计上交各类税收超千亿元、实际利用外资（折合人民币）超千亿元、注册内资超千亿元"四个超千亿"的发展业绩。如今的苏州工业园区，以占苏州市 3.3% 的土地、7.4% 的人口、6.3% 的建设用地创造了全市 15% 左右的经济总量、13% 的工业总产值、16% 的公共财政预算收入，连续多年名列"中国城市最具竞争力开发区"排序榜首，综合发展指数位居国家级开发区第二位，生态环保指标列全国开发区首位。2014 年 10 月 27 日，在中新苏州工业园区联合协调理事会第十六次会议上，中共中央政治局常委、国务院副总理张高丽以及新加坡政府领导人都一致肯定了园区 20 年来取得的辉煌成就。

　　2014 年，苏州工业园区以开发建设 20 周年为契机，坚持稳中求进，突出创新引领，率先改革突破，协调推进经济建设、政治建设、文化建设、社会建设、生态文明建设和党的建设、各方面共组都取得了新的进步，经济社会保持持续健康较快发展。2014 年，苏州工业园区实现地区生产总值 2001 亿元，同比增长

---

[1]　部分内容引自苏州工业园官方网站。

8.3%；完成公共财政预算收入 230 亿元，同比增长 11.3%；新增实际利用外资近 20 亿美元，与 2013 年持平；实现进出口总额 803 亿美元，较 2013 年略有下滑；完成固定资产投资 701 亿元，同比下滑 5.6%；实现社会消费品零售总额 316 亿元，同比增长 13.4%。

## 第二节 发展特点

### 一、产业结构进一步优化

2014 年，苏州工业园区加快推进产业升级，加快培育和发展战略新兴产业，加快发展现代服务业，不断优化产业结构。

"园区制造"不断加快高端化步伐，以电子信息、机械制造为代表的主导产业不断优化升级。以择商选资为突破口，一批优质项目相继落户、增资扩产，罗氏诊断亚洲生产基地、上银科技、绿控新能源等优质项目落户，金红叶纸业、旭硝子特种玻璃等大幅增资，京东方光科技华东总部、礼来新工厂等项目加快推进。在一系列技术升级或新产品推出的带动下，园区工业经济平稳发展，规上工业企业实现利税、利润均增长 16%。

以国际科技园、生物纳米园等为载体，着力推动新兴产业发展壮大。积极推动生物医药、纳米技术应用、云计算等新兴产业发展，加大对新兴产业项目扶持和投资力度，三大新兴产业 2014 年分别实现产值 283 亿元、200 亿元和 192.8 亿元，分别同比增长 23%、48% 和 31.3%。2014 年园区 50 家重点科技型自主品牌企业销售收入均超亿元、销售总收入同比增长 15%。领军人才项目快速发展，2014 年实现销售收入 50 亿元，同比增长 37%。

加快发展现代服务业，推动第三产业比重不断上升。2014 年，园区服务业增加值占 GDP 比重比上年提高 1.5 个百分点，首次突破四成、达 40.8%。一大批服务业项目开工、投运，第三产业快速发展。农银国际、耐世特、卫材等投资公司顺利入驻，新增南洋商业银行、平安银行、国寿产险、太平人寿、浙商证券、国泰君安证券等金融和准金融机构 67 家，累计达 585 家；转口贸易额实现同比 15 倍快速增长，电子商务交易额增长 25%，金螳螂、聚美优品等规模型电商项目成功落户。

## 二、改革创新扎实推进

苏州工业园区积极落实党的十八届三中全会精神，坚持以开放创新综合改革试验为抓手，积极推进先行先试和各项改革，发展活力动力得到新的激发，产业转型升级新优势开始显现。

先行先试成效显著。2014年中新苏州工业园区联合协调理事会第十六次会议为园区深化体制机制改革提供了良好的契机。作为江苏省首批率先启动工商登记制度改革工作的试点地区之一，园区制定了《苏州工业园区工商登记制度改革实施方案》，从放宽注册资本登记条件、减少前置审批限制、简化无产权房证明等方面提出15条意见，并积极启动落实工作，发出了苏州市第一张"三证合一"企业营业执照。园区积极推动跨境人民币创新业务试点工作，中新跨境人民币4项试点业务稳步推进。同时，上海自贸区海关监管5项改革和税收服务创新措施率先在苏州工业园区复制推广。2014年10月，国务院正式批复同意在苏州工业园综合保税区开展调整相关税收规定促进贸易多元化试点，同意苏州工业园综合保税区现有规划面积内划出专门区域作为贸易功能区，开展贸易、物流和流通性简单加工等业务，进一步提升了园区自主发展能力，也使园区对接上海自贸区，政策功能更趋完善。

走出去战略稳步实施。根据江苏省的统一部署，苏州工业园通过共建等方式积极推动园区发展经验向外辐射。通过共建方式，苏州工业园分别同苏州市相城区、宿迁市成立苏相合作区、苏宿工业园，苏州工业园派出管理人员。通过战略合作方式，苏州工业园与江苏部分地市成立苏通科技产业园、霍尔果斯经济开发区、苏滁现代工业园、苏虞生物医药产业园，加大产业对接力度。

## 三、区域创新能力持续增长

2014年，苏州工业园区把创新驱动作为区域发展的核心战略，大力集聚创新要素，推进协同创新，着力建设以企业为主体、市场为导向、政产学研紧密结合的区域科技创新体系，加快打造创新型园区，科技创新活力显著提升，在国家级高新区排名居全省第一位。2014年10月，国务院批复同意苏南8个高新技术产业开发区和苏州工业园区建设苏南国家自主创新示范区。

创新平台不断丰富。2014年，中科院电子所苏州研究院、兰化所苏州研究院、药物所苏州研究院等科技创新平台落户园区，中科院药物所成果转化中心、中国医学科学院苏州系统医学研究所正式运作，纳米真空互联实验站首期工程启动,国内首个微纳机电系统中试平台也建成投用。德国卡尔斯鲁厄理工学院（KIT）中国研究院、美国加州大学洛杉矶分校苏州研究院揭牌，法国知识经济与管理学院中国（苏州）新校区正式启用。

科技金融深度融合。新兴产业融资风险补偿专项资金效应逐渐放大，风险补偿类市场创新产品不断完善，帮助科技中小企业获得贷款 2.7 亿元。政府统贷平台发放贷款 1.5 亿元，支持科技中小企业近 100 家。东沙湖股权投资中心集聚股权投资机构 110 多家，管理资金规模达 530 亿元，元禾控股进入中国创业投资机构五强。

创新氛围日趋浓厚。第六届中国国际纳米大会、"千人计划"创业大赛等成功举办，生物产业合作论坛、领军产业沙龙路演等活动成果丰硕。全国首个知识产权司法保护公共平台上线运行，万人有效发明专利拥有量达 60 件，PCT 国际专利申请 180 件，园区成为全省首家全国中小微企业知识产权培训基地。

创新人才加快集聚。2014 年苏州工业园区新增"千人计划"人才 22 人、累计达 97 人，居全国开发区首位。累计"省双创计划"达 119 人，姑苏领军人才达 179 人，继续保持省市第一。大专以上人才占就业人口比重达 37%，硕士及以上高层次人才占人才总量比例达 10.3%，总量和占比均居全市第一。

## 第三节　发展情况 [1]

### 一、高新技术产业稳步发展

苏州工业园区大力开展择商选资，加快转变经济发展方式，提升发展质效，重点发展电子信息、机械制造、生物医药、纳米技术应用、云计算等高新技术产业。2014 年，园区累计吸引外资项目超 5200 个，实际利用外资 267 亿美元，其中 91 家世界 500 强企业在区内投资了 150 个项目；全区投资上亿美元项目 139 个，其中 10 亿美元以上项目 7 个，首期投资 30 亿美元的三星高世代液晶面板项目竣工投产，生物医药、纳米技术应用、云计算等战略性新兴产业快速发展。2014 年高新技术产业产值 2719 亿元，占规模以上工业总产值比重达 68.5%，比 2013 年提高 4.3 个百分点，成为全国唯一的"国家纳米高新技术产业化基地"。

[1]　主要内容引自苏州工业园区官方网站"亮点2014"专题报道。

## 二、云计算迸发创新活力

云计算是苏州工业园区三大新兴产业之一，2012 年起，园区开始推行云计算产业发展计划——"云彩计划"，计划提出将加速集聚云计算相关产业及项目资源，整体推进云计算产业发展，聚焦云服务和云应用领域，营造信息化应用示范的带动优势，走出具有园区特色的云计算产业发展之路。2014 年，园区进一步加大对云计算产业的政策支持力度，创新创业孵化服务模式，大力发展创新型孵化器集群建设，优化产业发展环境，提升服务水平，打造形成了生机蓬勃的产业生态圈，园区云计算实现产值 192.8 亿元，年增长 31.3%。一批成长型企业正在走向成熟，同程网、麦迪斯顿、矩子智能、蜗牛电子等园区"扎根计划"重点企业开建总部大楼；盈联智能建设的国内首个智能零售体验中心落成启用；蜗牛数字成为游戏业首家虚拟运营商等等。2014 年，由苏州国际科技园辅导的瑞翼信息、迈科网络、瀚远科技、凌志软件等 4 家科技企业成功挂牌新三板，盈联智能被香港上市公司成功收购，同程网获得腾讯、博裕、元禾三家机构 5 亿元投资，旭创科技获得谷歌资本与光速安振中国创业投资 3800 万美元投资融资。

## 三、科技"小巨人"加速成长

2014 年，苏州工业园区通过推进转型升级，着力提升质量效益，聚焦新产业、新技术、新业态、新模式，一批科技"小巨人"加速成长，园区纳米技术应用、生物医药、云计算三大新兴产业都保持在 30% 以上速度增长，已有 13 家企业登陆新三板，占全市一半、全省四分之一。在 2014 年进驻园区的企业中，60% 以上项目涉及生物医药、信息技术等新兴产业，呈现出高端产业密集、科技含量高、资源集约、高层次人才集聚、发展潜力大、市场前景好、产出效益高等显著特点。

## 第四节　发展趋势 [1]

"新常态"下，2015 年苏州工业园区重点工作突出"一个主题"，即坚持以改革创新为主题，实施更加主动的开放战略，全面推进开放创新综合改革试验，以苏南国家自主创新示范区获批为契机，先行先试、主动作为，以科技创新为核

---

[1]　主要内容引自苏州工业园区官方网站"亮点2014"专题报道。

心推进全面创新与改革，探索更具活力的创新模式，争当全面深化改革的排头兵。2015 年力争实现地区生产总值 2100 亿元，同比增长 8%；实现高新技术产业产值 3000 亿元，形成 1—2 个大型云服务商或云服务平台，培育具有一定竞争力的云计算相关企业达 150 家以上，产值达 200 亿元以上，带动软件与创意、融合通信、文化教育等产业产值达 1000 亿元。

## 一、不断激发科技创新活力

苏州工业园区将着力打造具有创新示范和带动作用的区域性创新平台，引领示范苏南国家自主创新示范区建设。科技服务体系、创新平台、人才高地建设加快完善。积极构建政府引导、社会参与、以市场为主体的创新服务体系；健全完善科技协同创新机制，推进科技与市场、高校科研院所与企业对接，增强创新动力源泉；深入推进人才强区和人才优先发展战略，深入实施"金鸡湖双百人才计划"，力争新增"千人计划"人才 15 人，省"双创计划"人才 15 人、市"姑苏领军"人才 30 人，确保高端人才数量继续保持领先。

## 二、加快推动产业转型升级

苏州工业园区将落实支持产业转型升级扶持政策，鼓励企业增资扩股、技术改造、提档升级，加快推进罗氏诊断亚洲生产基地、华为研发基地、威睿新能源汽车动力总成等重大项目建设，推动产业结构加快向中高端迈进，力争全社会劳动生产率、工业增加值率年均增长 10% 以上。围绕两化深度融合需要，在集成电路、新一代移动通信、重大装备、智能机器人等领域，集中突破一批基础共性和核心关键技术。以智能制造为突破口和主攻方向，以应用为核心、市场为导向、企业为主体，利用信息技术改造传统产业，促进工业全产业链、全价值链信息交互和智能协作，大力推动制造业向中高端迈进，抢占产业制高点。积极研究推动工业云服务平台建设和大数据技术应用，鼓励发展基于互联网的众包设计、柔性制造、个性化定制、智慧物流等新型制造模式，推动智能制造全面快速发展。

## 三、深入推进改革创新

2015 年，苏州工业园区将争取列为国家行政审批制度改革试点，继续精简行政审批事项，优化行政审批流程，加大电子审批力度，探索实现由一站式服务向"一窗式受理，一站式审批"的综合审批服务运行模式。深入开展工商登记制度改革,探索实施对外资实行准入前国民待遇加负面清单管理模式,继续推动"三证合一"并联审批改革试点。加快推进社会诚信体系建设,探索加强事中事后监管。与此同时,进一步深化经济体制改革。推进国资国企改革发展,稳步推进"解包还原"工作,积极发展混合所有制经济,加快推动资产证券化试点,盘活国有非核心资产,降低国企负债比重,不断提升国资国企发展效益。

## 四、加强"十三五"规划统筹

2015 年是苏州工业园区"十二五"规划的收官之年,也是"十三五"规划的开局之年,做好"十三五"规划编制工作意义重大而深远。"十三五"时期是苏州工业园区深入落实"四区一城"发展战略定位、建设具有国际竞争力高科技工业园区的关键时期。编制和实施好"十三五"规划,对于落实党的十八大以来中央关于"新四化"一系列重大决策部署和习近平总书记关于"中新合作苏州工业园"的重要讲话精神,全面推进经济建设、政治建设、文化建设、社会建设和生态文明建设,具有十分重要的意义。启动"十三五"规划编制工作,科学设置发展目标和指标体系,以规划的前瞻性、系统性、科学性引领园区发展。

# 第二十章　武汉东湖新技术开发区

## 第一节　园区概况

　　东湖新技术开发区位于武汉市东南部，在东湖、南湖和汤逊湖之间，与武昌区、洪山区、江夏区相邻，东起武汉中环线，西至民院路，北接东湖，南临汤逊湖，面积50平方公里，由关东工业园、关南工业园、大学科技园、华中软件园、武汉国家农业科技园区等园区和托管的"九村一委"组成。北部科研院所、大专院校群是其科技与产业依托的重要基础。东部及南部开阔的农村用地为开发区产业发展提供了用地空间。1988年，武汉东湖新技术开发区成立；1991年，被国务院批准为国家级高新技术开发区；2000年，被科技部、外交部批准为APEC科技工业园区；2001年，被原国家计委、科技部批准为国家光电子产业基地，即"武汉·中国光谷"。2010年，国务院同意支持东湖新技术产业开发区建设国家自主创新示范区。东湖高新区2014年完成企业总收入8526亿元，同比增长31%。新认定高新技术企业161家，累计达832家，步入全国高新区第一方阵。在行政审批与服务、科技创新、科技金融和扩大开放四方面完成38项改革事项，形成20项制度性成果。

## 第二节　发展特点

### 一、坚持驱动创新

　　光谷发挥科教人才资源优势，引进和配置全球光电子信息领域的资本、人才

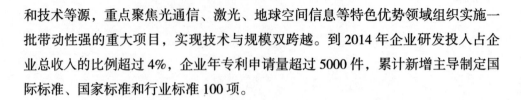

和技术等源，重点聚焦光通信、激光、地球空间信息等特色优势领域组织实施一批带动性强的重大项目，实现技术与规模双跨越。到2014年企业研发投入占企业总收入的比例超过4%，企业年专利申请量超过5000件，累计新增主导制定国际标准、国家标准和行业标准100项。

### 二、坚持融合发展

积极推进光电子信息产业融合发展和交叉创新，促进光电子信息产业各细分领域之间、光电子信息产业与其他产业的融合发展，大力发展光电子信息服务业，打造光电子信息产业"大集群"。

### 三、坚持企业主体

突出领军企业在产业发展中的引领作用，重点培育和引进一批细分领域的骨干企业，加快中小企业培育，形成大企业引领发展、中小企业协同发展，企业之间合作活跃、互动高效的产业发展格局。培养年销售收入过500亿元企业1—2家、过百亿元企业5—6家、过10亿元企业150家，培育一大批"专精特新"的中小企业。

### 四、坚持集聚发展

坚持规划先行，按照产业专业集聚的原则，加快推进光电子信息产业园的规划和建设，形成若干以专业园为主要形式的产业集聚区，打造国际一流的产业发展空间载体。进一步提升"武汉·中国光谷"在世界范围的影响，在光通信、激光、地球空间信息等特色领域形成一批具有全球竞争力的品牌产品。

## 第三节　发展情况

截至2014年，已累计注册企业2.37万家，高新技术企业481家，其中世界500强企业61家，上市公司32家，新三板挂牌企业29家。涌现了长飞光纤、光迅科技、烽火科技、凯迪电力、武汉锐科等一批行业领军企业；蒂森刻虏伯、住友、IBM、EDS、富士康、法国电信等一大批世界500强企业在光谷投资兴业；华工科技、凡谷电子、人福科技、维奥生物等21家公司在境外上市，光谷成为中国上市公司最密集的区域之一。

## 一、光电子信息产业是武汉东湖高新区的支柱产业

武汉东湖高新区是武汉光电子信息及生物产业集聚区的主要载体，在武汉大学、华中科技大学等42所本地高等院校的重要智力支撑下，发展成为目前中国最大的光纤光缆、光电器件生产基地，最大的光通信技术研发基地和最大的激光产业基地，光纤光缆生产规模居世界第一，国内市场占有率55%，国际市场占有率25%，光电器件和激光产品国内占有率也达到50%，成为名副其实的"中国光谷"。

## 二、政策与规划是政府引导东湖高新区发展的原动力

武汉东湖高新区在短短二十年间从一个简单的智力密集型小区发展到如今三大国家自主创新示范区之一，主要得益于以下四点：

一是高瞻远瞩，提前规划。2000年左右，时任湖北省科技厅厅长的周济发现国内大部分地区都将电子信息、生物制药、自动化、新材料等作为支柱产业，产业趋同化严重，在充分分析本地资源优势的基础上，提出了发展特色鲜明产业，将光电子信息产业的主导地位确立起来，当时还提出了发展TFT、半导体照明、集成电路等一系列构想，如今也都一一实现。此外，武汉市政府还积极拓展园区规模，使东湖高新区的规划面积达到518万平方公里，这在目前土地已经成为园区发展最重要制约因素的条件下，为武汉东湖高新区进一步发展提供了无穷的潜力。

二是明确重点，汇聚人才。光电子信息产业发展最重要的资源要素就是人才，在这方面，武汉市一直不遗余力，高度重视。目前已引进海内外高层次人才近2000名，吸引1万余人到光谷工作和创业，其中有61人入选国家"千人计划"。2009年更是制订了"3551"计划，要求在未来三年时间内为光电子信息等五大重点产业领域引进和培养50名左右掌握国际领先技术、引领产业发展的领军人才，1000名左右在新兴产业领域内从事科技创新、成果转化、科技创业的高层次人才，此举必然会为武汉东湖高新区光电子信息产业的发展提供源源不竭的活力和动力。

三是因地制宜，政策支持。武汉市政府并没有将土地、税收优惠作为吸引企业入园的主要手段，他们认为大企业的发展靠政策靠资源，而创新能力恰恰主要体现在广大中小企业，对于这些企业要积极提供资金、市场等孵化环境。武汉天

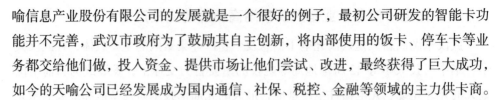

喻信息产业股份有限公司的发展就是一个很好的例子，最初公司研发的智能卡功能并不完善，武汉市政府为了鼓励其自主创新，将内部使用的饭卡、停车卡等业务都交给他们做，投入资金、提供市场让他们尝试、改进，最终获得了巨大成功，如今的天喻公司已经发展成为国内通信、社保、税控、金融等领域的主力供卡商。

四是以产业联盟推动区域产业快速发展。东湖高新区内目前已经有17个产业技术创新联盟，其中高新区企业领衔组建的光纤接入（FTTx）、高清光盘产业、地理信息系统等3家产业技术创新联盟已获批成为国家级产业技术创新联盟。产业联盟以产业链上下游企业集群的形式一齐推动技术协同研发、产品应用与业务模式创新。以红光高清光盘产业推进联盟为例，联合了19家核心骨干企业，目前已发展到40家，共同推进我古国高清光盘技术研发、标准制定及产业化，开发完成了集三大功能于一体的新一代红光高清视盘机，并推动其系统在武汉60个示范试点应用，也有力地推动了未来广电点播系统的业务模式创新。光谷地理信息系统联盟则聚集高校、测绘局及空间信息企业，积极引导企业参与合作国家及省市重点项目，产品覆盖数据、软件、硬件、集成系统及运营服务等各个方面。

### 三、生产要素优势和劣势同时存在

从人力资源、自然资源、知识资源、资本资源、基础设施等五个方面来看，武汉东湖高新区具有以下几个特点。

一是人力资源优势和知识资源优势巨大。武汉东湖高新区集聚了42所各类高校、14个国家重点实验室、14个国家工程研究中心、37个省级重点实验室和工程研究中心。区内有49位两院院士、40万园区人口中，就有20多万名专业技术人员，武汉市在校大学生超过了110万人，位居全国各大城市之首，为园区发展提供了丰富的人力资源保障。

二是自然资源影响主要来于土地。东湖高新区地处中心城市，属于都市型经济园区。园区规划面积由224平方公里扩大到目前的518平方公里，土地资源虽然有所改善，但土地价格依然是制约发展的因素之一。由于光电子信息产业对其他资源依赖较低，其他自然资源因素对园区发展影响不大。

三是资本资源渠道较少。东湖高新区发展初期主要依靠自我滚动发展，政府投资和国家项目是企业发展初期主要的经费来源。随着产业的发展，许多企业通过上市和上市前的融资，带动了企业的规模化发展。

四是基础设施建设不足。武汉东湖高新区的基础设施建设相对薄弱。地方政府投入资金有限成为制约基础设施建设的关键性因素,今后一段时期内,如何借鉴外地经验,规划设计一套科学合理的投融资平台并做好相关监督和管理工作将成为提高武汉东湖高新区光电子信息产业竞争力的一项重要任务。

# 第四节　发展趋势

《东湖国家自主创新示范区总体规划(2011—2020年)》提出了东湖示范区创新发展的主要发展方向。要将东湖地区建设成为创新驱动示范区、开放合作先行区、低碳经济和循环经济改革先导区、机制创新引领区、高端产业聚集区,作为中部崛起的增长极,增强辐射带动作用,打造中部崛起的重要引擎。

## 一、具有国际竞争力的产业集群基本形成

企业总收入达到10000亿元。产业结构继续优化,形成若干创新型产业集群,战略性新兴产业发展取得突破,高新技术产业增加值占地区生产总值比重比2010年提高10个百分点,经济增长质量和效益明显提高。培育一批年销售收入超过500亿元的企业,形成一批国际知名品牌。

## 二、显著提升自主创新能力

建设一批企业研发中心,搭建特色产业的公共技术服务平台和行业创新中心。科技型企业研发投入占销售收入的比重达到6%以上,推动企业真正成为技术创新主体。创新成果不断涌现,形成一批原始创新成果,转化一批重大科技成果。发明专利授权数比2010年翻两番,每万人口发明专利拥有量达到100件。

## 三、开放合作形成新局面

对外开放广度和深度不断拓展,形成与国际接轨的发展环境和经营理念,建成一批国际开放合作发展平台,区域合作与交流频繁,国际高端创新要素富集,国际化发展水平大幅提升,互利共赢开放格局进一步形成。

## 四、园区发展环境明显改善

配套服务设施齐全,公共服务体系完善,社会管理水平显著提高。全面实现

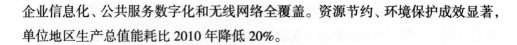

企业信息化、公共服务数字化和无线网络全覆盖。资源节约、环境保护成效显著，单位地区生产总值能耗比 2010 年降低 20%。

## 五、机制体制创新取得重要突破

科技金融、股权激励、知识产权等领域的体制机制改革取得新突破，探索一批支持自主创新和产业发展的新机制、新政策，政府职能加快转变，科技金融创新和人才队伍建设取得显著成效。到 2020 年，东湖示范区实现企业总收入 30000 亿元，在光电子、生物、地球空间信息及应用服务等领域形成若干个拥有技术主导权的特色产业集群，成为创新要素聚集、创新能力较强、创新环境优良、创新经济活跃的全国高新技术产业开发区排头兵，世界一流的高科技园区，享誉世界的"光谷"。

# 第二十一章 昆山经济技术开发区

## 第一节 园区概况

昆山经济技术开发区是国家级开发区、江苏省省级重点开发区。昆山经济技术开发区地处长三角核心地带，位于上海和苏州之间，地理位置极为优越。园区集聚了较多全球知名企业，构成了电子信息、装备制造、光电显示、民生轻工、精密机械并举的多元化产业格局。目前已发展成为全球产业集聚地，海峡两岸产业合作的集聚区，中国对外贸易加工和进出口重要基地，综合发展实力连续八年位居全国开发区前四。

2014年，昆山开发区在全省126家参评的国家级和省级开发区中综合排名第三，连续七年进入前三甲，继续保持在全省开发区中较为领先的发展优势。2013年，昆山开发区在评价体系全部七项分类指标中有六项指标进入全省前十位。其中生态文明列第一，经济实力和管理水平列第三，开放水平和集约水平列第四，科技创新列第六。昆山开发区是我国台资企业入驻最为密集的地区之一，成为笔记本电脑、液晶面板和显示器及电视整机等产品的生产和出口基地，全区出口总额占全国总量的35%。

## 第二节 发展特点

### 一、继续深化两岸产业合作试验区，平台效应凸显

截至2013年底，昆山累计批准台资企业4337家，增资项目2084个，总投资额537.2亿美元，注册台资270.6亿美元。昆山有台企研发机构共311家，其中省级台资研发机构82家，占该市研发机构的39%、外资研发机构的72%。一

年间，50余家台资企业集团陆续在昆山试验区建立或筹建大陆区域总部，其中友达光电低温多晶硅面板项目、奇美偏光板项目等优质台资项目成功进驻。此外，试验区获批开展台资企业集团内部人民币跨境双向借款业务以来，已有216家台资企业集团开设人民币双向借款账户，借款规模达到89亿元。

## 二、高新技术产业和现代服务业筑起发展新高地

昆山开发区以昆山1/9的土地面积，贡献了昆山全市50%的财政收入、60%的工业产值和70%的进出口总额，出口创汇占全国的2%。截至目前，开发区累计引进欧美、日韩、港澳台等45个国家和地区客商投资的2000多个项目，投资总额330多亿美元；注册内资企业超过10000多家，注册资金400多亿元，初步形成了以高新技术产业为主导、先进制造业为支柱、现代服务业为支撑的现代产业体系。

## 三、吸引外资规模稳步增长，新兴产业加快发展脚步

2014年7月，由中国台湾光电巨头——奇美实业股份有限公司投资的昆山之奇美材料科技有限公司，在昆山开发区光电产业园开工。项目总投资高达10亿美元，成为大陆新显示产业的新标志，填补大陆高端偏光片领域空白。10月，位于昆山光电产业园的5.5代AMOLED产线所有主设备搬入完成，目前已进入设备安装和工艺调试阶段，2015年中旬投入运营。项目一期拥有4K/月的产能，年产值约20亿元。

历经10年发展，昆山光电产业园已形成国内产业规模最大、技术水平最高的"原材料—装备—面板—模组—整机"的完整产业链，吸引包括友达、龙腾、旭硝子、东京电子、康佳电子等行业龙头在内的企业67家，总投资100多亿美元，成为大陆唯一同时掌握TFT-LCD、LTPS、AMOLED三类不同面板显示技术并具备产业化能力的光电产业基地，被认定为国家新型工业化产业示范基地、平板显示高新技术产业化基地。

# 第三节　发展情况

## 一、产业综合能力不断提升，结构调整步伐不断加快

2014年，昆山术开发区完成地区生产总值3001亿元，工业总产值8708.5亿元。

新兴产业、高新技术产业分别完成产值 3433 亿元和 3948 亿元，占规模以上工业比重均提高 2 个百分点。一般贸易完成进出口 140.5 亿美元，占比提高 2 个百分点。装备制造业实现产值 1645.9 亿元，增幅高于全市工业 8.6 个百分点。新设内资企业数和注册资本同比分别增长 49.3%、53.9%，新设外资企业数和注册资本分别增长 23.4%、37.1%。全社会研发投入占地区生产总值比重达 2.9%。新增国家"863"计划项目 4 个、"星火"计划重点项目 1 个、科技重大专项 3 个。新增省工程技术研究中心 24 家、外资研发机构 19 家，新建产学研联合体 142 个。开发区产业结构调整提速，加大高新技术产业、现代服务业的发展力度，2013 年开发区服务业、高新技术产业、新兴产业，分别完成增加值 136.13 亿元、945.83 亿元、763.45 亿元，同比增长 13.8%、12.3%、7.1%，势头强劲。

## 二、光电产业成为区域经济发展极具活力的增长极

目前，昆山光电产业园内三大核心项目均处于国内技术领先地位。其中，国显光电注册资本 30 亿元人民币，下属的昆山维信诺显示技术有限公司是 OLED 国际标准和 OLED 国家标准的主要制定者，先后获得中国知识产权界的最高奖项"中国专利金奖"和国家技术发明一等奖；友达光电注册资本 16.5 亿美元，目前正在建设 6 代低温多晶硅 (LTPS) 面板生产线，建成后将成为中国第一条、全球第三条最高世代 LTPS 面板生产线；龙腾光电注册资本 8.15 亿美元，具备每月投入 12 万片以上玻璃基板的生产能力，是国内最具生产规模的五代线非晶硅 TFT-LCD 生产企业。2013 年昆山光电产业实现产值 908 亿元，成为电子信息产业新的重要增长极。

## 三、现代服务业不断发展壮大，带来转型新契机

随着昆山开发区从工业化主导的经济园区向产城融合发展的综合性园区转型，休闲旅游、文化创意、商贸物流、房地产等现代服务业，成为开发区招商引资新的"兴奋点"和产业增长点。经过多年发展，开发区现代服务业虽然有了一定基础，但发展步伐缓慢。加快发展现代服务业，既是科学发展的必然选择，也是增创新优势的重要途径。开发区高标准建设了"九通一平"基础设施，形成以"一站 (高铁南站)、一江 (娄江)、一带 (夏驾河景观带)"为轴线的三大城市核心区及行政办公、金融服务、展览展示、企业总部、城市休闲、商业商贸等城市空间格局，走出了一条"凤凰涅槃"式的"产城融合"之路。其中，正在建设中的"汇

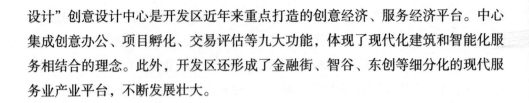

设计"创意设计中心是开发区近年来重点打造的创意经济、服务经济平台。中心集成创意办公、项目孵化、交易评估等九大功能，体现了现代化建筑和智能化服务相结合的理念。此外，开发区还形成了金融街、智谷、东创等细分化的现代服务业产业平台，不断发展壮大。

## 第四节　发展趋势

### 一、转变发展方式，做到快速发展与资源保护相协调

随着当前经济社会发展进入新常态，昆山开发区面临的外部环境、基础条件等发生了深刻变化，开发区创新能力不足、可持续发展能力不强、体制机制约束等矛盾日益突出。如何正确处理经济发展与安全生产的关系，把安全生产与经济发展的各项工作同步规划、同步部署、同步推进是亟待解决的问题。昆山开发区未来将进一步转变发展方式，完善以高新技术产业为先导、先进制造业为支柱、现代服务业为支撑为特色的现代产业体系，力争服务业增加值占地区生产总值比重年均提高 2 个百分点，保持发展水平、发展质量、发展速度继续走在国家级开发区前列。

### 二、制造业加速向内陆转移，战略新兴产业成为发展重点

经过二十多年的发展，昆山开发区开始进入以结构优化为特征的相对发达经济阶段。但同时经济结构性矛盾突出、生产要素利用效率低、资源和环境代价大、产品自主创新能力不强，给昆山开发区经济进一步发展带来压力，转变发展方式和转型升级的要求也更为迫切。伴随着昆山地区的电子信息制造业成本逐年增加，笔记本电脑、智能终端和通信设备等的生产制造环节将加速向中西部地区转移，开发区将着力发展信息产业的中高端环节如集成电路设计研发和移动互联网、云计算、大数据、物联网、智能制造等国家战略性新兴产业，同时也为上海、苏州等高端电子信息产业做好配套服务工作。

# 第二十二章　青岛高新技术产业开发区

## 第一节　园区概况

　　青岛高新技术产业开发区是首批国家级高新技术产业开发区之一。2001—2002 年被评为国家级先进高新技术产业开发区、国家火炬计划软件产业基地和大学科技园区。2006 年经科技部批准,形成由胶州湾北部园区(含新产业园地、新材料团地)、青岛高科技工业园、青岛新技术产业开发试验区、青岛科技街,以及市南软件园构成的一区多园发展格局。2009 年,在科技部火炬中心公布的全国 55 家国家级高新区(含苏州工业园区)排名中,青岛高新区综合排名名列第十位。同时,被确定为"国家高新技术产业标准化示范区"试点建设园区。近几年,高新区全面启动了"国家创新型科技园区"创建工作;新产业园地被确定为"创建国家生态工业示范园区"、"全国首家数字化园区建设试点单位";新材料团地被认定为"国家火炬计划新材料产业基地";高科园被认定为"国家生物产业基地"、"国家通讯产业园"、"国家知识产权试点园区";科技街被认定为国家动漫产业基地;市南软件园被认定为"国家火炬计划软件产业基地"。2013 年,科技部公布全国 88 个高新区最新评价结果,青岛高新区综合排名第十名,其中园区可持续发展能力在全国高新区排名第八,园区国际化和参与全球竞争能力排名第十。此外,在园区孕育成长的海尔集团成为世界第四大白色家电制造商;朗讯科技、爱立信等世界 500 强企业先后落户高新区。

## 第二节 发展特点

### 一、三大转型策略推动高新区创新发展

高新区 2014 年在建、签约和重点在谈的综合类园区 44 个，重点产业项目 40 个，总投资近 900 亿元人民币，44 个园区中 2014 年开工在建的 32 个。青岛高新区将按照"聚集、聚合、聚焦、聚变"的发展思路，推动三大转型，进一步理顺政府与市场的关系，充分释放市场活力。一是由招商引资向产业组织转型，真正按照产业链、创新链和价值链来组织产业，组建专业的产业推进办公室，整合政策、平台、资金、人才等要素，层层培育创新能力，通过政府的增值服务来加强招商工作，打造优势产业链条。二是由政策优惠向环境优化转型，切实提高政府部门的公共服务效能。将工作重心转向环境优化、筑巢引凤，把环境优势转化为产业创新优势。三是研究项目统筹机制，加强项目统筹管理，开发建设项目管理信息系统，争取实现项目洽谈引进、落地建设、投产运营一体化管理。

### 二、五大战略促进高新区信息产业整体跨越式发展

产城一体：加快推进"1+5"重点产业项目建设。其中，软件与信息服务业初具规模——2014 年引进中国移动青岛云计算及互联网研发基地、赛伯乐中以创新园、计世软件产业基地等专业园区，着力培育特色"园中园"。

金融助推：引进 10 亿元全省最大的融资性担保公司，建立运行金融超市、科技担保、基金投资等综合性金融公共服务平台。设立 2 亿元创业投资引导基金和硅谷美元基金，获批科技部 1 亿元引导基金支持，累计引进 80 家股权投资基金，带动近 80 亿元社会资本，助推主导产业集聚发展。

创新驱动：青岛高新区已拥有 9 个国家级研发机构、28 家高新技术企业；获批建设 1 个国家科技兴贸基地、2 个国家级科技企业孵化器、4 个国家高新技术产业化基地（集群），规划建设总投资 13 亿元的 6 个国际先进、国内一流的公共研发服务平台。

全球链接：在美国硅谷设立青岛高新区服务站，签署了中美（青岛）科技创新园战略合作框架协议，支持科创（青岛）公司在美国硅谷建设国际孵化器，引

入建设中美（青岛）创新园，青岛国际技术转移中心，赛伯乐中以创新园。

人才先导：目前，累计引进掌握产业核心技术的团队 12 个，高层次人才1000 余名，其中包括蔡鹤皋等 6 名中国工程院院士，崔洪亮等 12 名国家"千人计划"专家。

### 三、软件产业进一步成为重点发展产业

作为青岛市软件产业发展核心区，青岛软件科技城快速崛起。截至 2014 年年底，共引进中国移动青岛云计算及互联网研发基地、赛伯乐中以创新园、计世物联网和云服务中心等专业园区 17 个，SAP、微软、中芯微、东方荣华、中科院软件所等重点软件企业 16 个，储备项目 40 个，软件产业收入超过 5 亿元。IBM 将在青岛高新区建设国内唯一的 IBM 软件创新中心，主要在智慧城市、物联网、云计算及基于大数据的智能分析等 IBM 具备技术优势的领域与本土软件企业进行合作。

## 第三节　发展情况

### 一、高新区重点推进国家机器人高新技术产业化基地

国家科技部下发《关于认定 2014 年国家高新技术产业化基地和现代服务业产业化基地的通知》，高新区获批"青岛国家机器人高新技术产业化基地"称号，这是国内首家以机器人产业为特色的高新技术产业化基地，标志着青岛机器人产业正式进入国家产业布局版图，对进一步整合产业资源、助推企业发展、实现国家机器人产业创新基地的战略定位具有重大意义。以机器人为代表的高端智能制造产业是高新区的重点支柱产业之一，也是高新区重点打造的"1+5"主导产业体系的重要组成部分。

为推进机器人产业"聚焦、聚集、聚合、聚变"发展，高新区按照"专门、专人、专注、专业"的原则，组建了高端智能制造事业部，充分借鉴企业化的管理模式，围绕打造青岛国际机器人产业园，引进库卡、日本安川、那智不二越、沈阳新松等一流机器人项目和一批本土机器人项目共 35 个，总投资 84.2 亿元，板块化、平台化推进产业集聚，快速形成集群效应。到 2020 年，全面建成"国家机器人产业创新基地"、"工业机器人产业基地"、"中国水下机器人之都"、"中国智能服

务机器人基地"。

## 二、北斗导航位置服务数据中心入驻青岛，产业集聚逐步显现

国家北斗导航位置服务数据中心与高新区、市经信委签署了《北斗（青岛）导航位置服务数据中心合作建设协议》，标志着国家北斗导航位置服务数据中心第一个分中心落户高新区。目前，高新区发挥"蓝色优势"，正在全面构建北斗产业"苗圃—孵化器—加速器"创新创业链条，建设了 1.5 万平米的"北斗大厦"、10 万平米的北斗创业园；组建了由 42 家科研机构、高校、企业参加的青岛市北斗导航产业联盟；引进了中科院卫星导航总体部（青岛）研究中心、世纪北斗、北斗润洋、北斗星空等 15 家北斗企业，北斗导航产业集聚效应初步显现。下一步，高新区将根据《青岛市卫星导航产业发展规划》，依托"1+2+4+n+1+1"发展格局，继续集聚研发资源和产业项目，推动北斗在智慧城市、智慧医疗、城市应急、海洋监测、船（车）联网等领域应用，成为我国区域北斗研发产业及应用示范中心。

## 三、软件科技城不断引进重大项目，继续做大做强软件产业

青岛软件科技城规划面积 30.5 平方公里，先后引进 IBM、金山软件、神州数码北方总部、中关村（青岛）软件园、银江软件园等一批重点项目，至 2014年底，签约软件专业园区达到 21 个，规划建设面积 758 万平米，引进亿元以上项目 19 个，总投资 634 亿元。其中，总投资 100 亿元的招商局青岛网谷部分主体封顶；总投资 50 亿美元的金茂智慧新城项目将打造世界一流软件产业发展示范区；IBM（青岛）软件技术创新中心项目成为 IBM 在国内建设的唯一软件创新中心，美国亚利桑那大学和中国海洋大学签约建设高新区信息管理学院，万人规模的青软实训基地开工建设。2014 年成功举办了中国软件企业收入百强发布会，并在"第 18 届中国软博会"上，荣获"2014 年中国软件园区最佳投资环境奖"。

## 第四节　发展趋势

### 一、高端装备制造业加快集聚，新兴产业稳步发展

青岛市加快创建机器人产业联盟，出台专项产业鼓励政策，引进建设两个院士工作站，开工建设北方最大的智能机器人特色园——青岛国际机器人产业园，世界机器人龙头企业日本安川等 20 个项目签约落户。同时，建设中国规模最大、

技术最先进的国际机器人业务中心。目前,新开工项目 11 个,竣工投产 8 个。此外,组建国内最大的 3D 打印产业研究院,拟引进建设全国最大的海洋科技研发基地,建设青岛石墨烯产业示范基地、北斗民用芯片模块产业园。集聚高端创新资源和要素,引进建设中船重工青岛海洋装备研究院、中科院光电院研发基地等一批高端研发机构。加快清华科创慧谷(青岛)、青岛国家大学科技园等 200 万平方米孵化器建设和青岛市软件与信息服务公共研发服务平台等 6 个大平台建设,构建区域创新创业服务体系。引进青岛技术交易市场、山东省出入境检验检疫中心等机构,构建区域科技中介服务体系;引进青岛高创清控股权投资基金、青岛华岭生物产业基金等投融资机构和企业,构建区域科技金融支撑服务体系。

## 二、机器人产业将成为青岛市未来五年的重点发展产业

《青岛国家高新区机器人产业发展规划》对青岛高新区机器人产业的内涵与外延、产业发展背景与现状、机遇与挑战进行了多层次阐述,并对青岛高新区机器人产业发展战略与产业发展重点、重大工程与配套政策进行了论述及分析。按照预期,至 2016 年,青岛高新区机器人企业达到 50 家,产值达到 40 亿元。至 2020 年,企业数量突破 100 家,产值规模达到 100 亿元,机器人产业链基本形成,产业集聚效应显现,区域内重点企业产值规模全市领先,技术水平进入国内先进行列,拥有自主知识产权产品的市场份额大幅提高,在机器人本体、集成应用、服务机器人等重点领域成为全国重要的研发制造基地。战略定位方面,青岛高新区将结合青岛市产业发展基础和特点,以机器人本体制造为核心,建设成为涵盖机器人完整产业链,具有国际竞争力的国家机器人产业创新基地;同时大力发展机器人研发制造,突破技术瓶颈,积极鼓励机器人在各领域的集成应用,建设中国北方工业机器人产业基地。

# 第二十三章　天津经济技术开发区

## 第一节　园区概况

天津经济技术开发区是国家综合配套改革试验区的一部分，是中国首批国家级经济技术开发区之一，在全国 54 个国家级开发区、工业园区投资环境评价中，天津开发区已连续 14 年位居第一。目前，天津经济技术开发区已有 3300 多家外商投资企业落户，投资总额超过 150 亿美元。以摩托罗拉、雀巢、SEW、诺和诺德等跨国企业为代表，形成了电子通讯、食品、机械、生物医药四大支柱产业，经济飞速发展，综合实力在全国 57 个国家级开发区中排名第一，成为"滨海新区"的龙头和天津市重要的经济增长点。联合国工业开发组织世界范围评选出的全球一百个工业发展最快的地区中，天津开发区也榜上有名。

## 第二节　发展特点

### 一、京津冀一体化优势得天独厚、产业带动效应突出

天津经济技术开发区所在的环渤海区域是一个人口密集、城市集中、交通便利、市场容量大、工商业发达、购买力高的黄金地带，具备发展工商业的良好条件，整体产业环境高于全国绝大部分地区。开发区在多年的发展中，充分利用其突出的地域优势快速发展，成为环渤海地区重要的工业和创新中心。天津经济技术开发区区内投资以三星、钜宝电子、富士康、津亚电子、大唐电信、展讯、摩托罗拉、雀巢、SEW、诺和诺德等国内外企业为代表，形成了电子通讯、食品、机械、生

物医药四大支柱产业，经济飞速发展，人均生产总值已达中等发达国家水平，综合实力在全国 57 个国家级开发区中排名第一，成为"滨海新区"的龙头和天津市重要的经济增长点。

## 二、服务外包产业园得到重视，获批国家级科技企业孵化器

国家科技部火炬中心正式批复泰达服务外包产业园的运营管理主体——天津滨海服务外包产业有限公司为国家级科技企业孵化器，这标志着泰达服务外包产业园的综合服务品质获得了国家行业主管部门的认可，入选国家队。天津滨海服务外包产业有限公司成为继泰达国际创业中心、国际生物医药联合研究院之后，开发区第三家国家级科技企业孵化器。目前，泰达服务外包产业园孵化场地面积达到 26185.62 平米，可容纳企业 100 家以上；在孵企业使用场地为 20424.78 平方米，占总孵化场地面积的 78%；现有孵企业超过 90 家，累计毕业企业 26 家，孵化企业和毕业企业能够提供的就业岗位超过 1500 个。

## 三、集成电路产业发展势头迅猛，扶持政策力度继续加大

天津开发区作为天津集成电路企业聚集程度最高的地区，凭借着雄厚的电子信息产业基础、完备的产业环境以及国内领先的政府服务体系，为集成电路设计产业的发展提供了巨大的发展机会。随着《滨海新区加快发展集成电路设计产业的意见》、《天津经济技术开发区促进集成电路设计产业发展的试行办法》等政策支持和产业环境配套等扶持力度不断增强，引进、培育了一批集成电路行业的龙头企业，英特格灵芯片（天津）有限公司拥有世界领先的音频、视频 AFE 和射频技术；艾尔瓦特为国际著名手机制造商提供电源解决方案；唯捷创新是一家高端射频手机芯片 IC 设计企业；双竞科技为目前国内最大工业应用集成电路供应商；易良盛公司是霍尔芯片的龙头企业，芯愿景软件有限公司是国内第一，全球第三的芯片分析公司；国芯科技更是承担国家核高基项目的技术领先型企业。一条以集成电路设计、芯片制造、封装测试为核心，支撑配套业共同发展的较为完善的集成电路产业生态圈正在形成。

## 第三节　发展情况

### 一、可持续发展成为未来产业发展重点

天津经济技术开发区管委会发布首份可持续发展报告,内容涵盖了开发区在经济、环境、社会等三大方面的可持续发展信息。报告显示,目前开发区每平方公里土地实现生产总值24.9亿元,实现工业总产值150亿元,全员劳动生产率44.3万元/人,为全国平均水平的7倍。万元生产总值能耗不到全国平均能耗的1/5,率先建成国家生态工业示范园区、国家循环经济示范试点园区和国家循环化改造示范试点园区,在一个盐碱滩涂上,建设了一个国际化、现代化、生态化的先进产业与新兴城市综合体。

### 二、信息产业入驻开发区速度加快,产业增长趋势明显

2014年1月,天津开发区管委会与中海信达担保有限公司、北京金易格新能源科技发展有限公司分别签署了投资合作协议。6月,天津硕视达电子科技有限公司、天津中利特自动化设备科技有限公司2家科技型企业获准落户微电子工业区。前者主要从事车载显示器、车载功放及各类广告机的研发、生产和销售;后者专门从事非标自动化工业装备研制。7月,天津开发区与赶集网签署《投资合作协议》,赶集网正式落户天津开发区。9月,天津拓展伟创材料研究有限公司与微电子总公司签订房屋租赁协议,落户微电子工业区。11月,天津开发区管委会与北京中科资源有限公司举行签约仪式。随着京津冀协同发展上升为国家战略,中科资源(天津)贸易有限公司的落户,标志着中科院系统项目开始走进天津。

## 第四节　发展趋势

### 一、开发区各大产业正处于向更高水平迈进的新阶段

一是坚持创新驱动,努力提升开发开放水平。把创新驱动和深化改革开放作为加快发展的不竭动力和源泉,推进体制机制创新、科学技术创新、发展模式创

新，加快建立与国际通行规则相衔接、与市场经济要求相适应的体制机制，推进通关和贸易服务低成本、便利化。二是坚持转型升级，全面提升经济发展质量效益。加大产业和产品结构调整力度，大力发展先进制造业和金融、物流等现代服务业，积极引进大项目好项目和龙头企业以及配套企业，推进企业做大做强做优、产业集中集约集群发展。三是坚持深化改革，努力提升管理服务效能。加快推进经济体制和管理体制改革，正确处理政府与市场的关系，放宽市场准入和经营领域，创新管理服务机制，寓管理于服务之中，营造制度化、科学化、法治化的发展环境。

## 二、产业规模稳步提升，空间分布更加宽阔和规范

2014 年，天津开发区将坚持完善"东提、西快、南进、北拓"空间总体战略，实现规划清晰、指标科学、特色鲜明，功能集成、发展接续的良好格局。按照规划，开发区东区将发展最高水平的先进制造业、高端服务业和科技研发转化事业。南港工业区要立足世界级石化和港口综合体的功能和标准，将工作重心由围海造地、基础设施建设转移到招商引资、项目建设、配套服务上来。西区要继续壮大产业规模，围绕龙头企业，延伸产业链条，推进一批重点项目加快建设，着力打造滨海新区先进制造业的示范区。2014 年，泰达西区工业产值预计将达到 1500 亿元。现代产业区（北区）要着力提升区域功能形象，改善整体环境，加大招商引资力度，打造先进制造业基地；泰达慧谷要并入北区，按照北区产业定位发展建设。微电子工业区要深化"聚焦三星"战略，要切实提升区域环境基础设施。

# 第二十四章 厦门火炬高技术产业开发区

## 第一节 园区概况

厦门火炬高技术产业开发区（以下简称"厦门火炬高新区"），1990 年 12 月由国家科委和厦门市人民政府共同创办，1991 年 3 月被国务院批准为首批国家级高新技术产业开发区，是全国四个以"火炬"冠名的国家高新区之一。

2014 年厦门火炬高新区以创新驱动产业转型升级，实现规模以上工业产值 1966.62 亿元，增长 10.1%，占厦门市规模以上工业总产值的 40%；实现规模以上工业增加值 460.11 亿元，增长 11.3%，比厦门市增幅高出 0.8 个百分点。合同利用外资、实际利用外资、固定资产投资、财政总收入等指标也都保持较快增长速度。

厦门火炬高新区借助资本市场的力量，帮助园区企业突破资金瓶颈。2014年，厦门火炬高新区有 15 家企业登陆"新三板"，园区 42 家企业被认定为福建省 2014 年重点上市后备企业。海西股权投资中心引进 130 多家股权投资机构，基金规模超 125 亿元。同时，两岸股权交易中心火炬运营分中心已揭牌运营，推出了火炬运营中心科技及新兴产业板块。

## 第二节 发展特点

### 一、强化项目服务，推进项目建设

2014 年高新区全力加速重点项目推进，招商引资工作再上新台阶。前三季度共引进外资新项目 27 个，增资项目 19 个，合同利用外资 6.33 亿美元，完成全年任务数 3.5 亿美元的 180.91%，完成全年计划百分比占全市第一，比 2013 年同期增长 315.53%，增长幅度居全市第一。高新区实际利用外资 2.32 亿美元，共引进 50 万元以上新设内资项目 295 家，注册资本总额约 101 亿元，完成全年任务数 30 亿元的约 334%，其中注册资本超过 2 亿元的项目有 10 家，注册资本总额 67.68 亿元。

高新区坚持产业链招商，引进了一批聚集强度高、关联性强、产业链长的重大项目，并加快推动项目早动工、早投产。2014 年引进了清华控股旗下的大型骨干企业紫光集团有限公司投资建设的厦门清华紫光集成电路产业园项目、世界三大玻璃基板企业之一的日本电气硝子株式会社 8.5 代液晶玻璃基板、ABB 工业中心、联华电子、三安 LED 和集成电路、润晶等体量较大的项目，并推动乾照光电、开发晶、强力巨彩等增资扩产。园区针对项目建设中存在的排污配套、人才房建设等事项加大协助解决力度，各相关部门建立对接机制、强化项目服务，为重大项目推进投产创造良好条件。

### 二、创新投融资渠道，促进中小企业发展

为健全科技金融体系，厦门市于 2012 年底出台了小额贷款公司管理暂行办法，并建立小额贷款公司监督与管理工作联席会议制度。高新区管委会作为成员单位，积极推进相关工作，以科技金融促进产业升级，引导民间资金向科技项目提供资本支持。

2014 年高新区推动成立了园区首家小额贷款公司——火炬信诚小额贷款有限公司，受到中小企业欢迎。截至 10 月底，该公司经营资金总额为 30356 万元，资金使用率 98.5%，远高于全市 71.9% 的平均使用率。累计发放贷款金额 29920 万元，发放贷款 334 笔，单笔最少金额为 30 万元，最高金额为 1500 万元。目前贷款期限都在 1 年内，未出现不良贷款和关注类贷款事项。

11 月，厦门软件产业投资发展有限公司出资 300 万与厦门恒兴集团、鸿星尔克集团、厦门小鱼网以及爱特咖啡联合发起设立了"爱特天使基金"，专门投资种子阶段互联网创业项目，基金规模达 2500 万人民币。同时，通过运营一个 700 多平方米的创业孵化器——爱特创业加速器，为创业企业提供 6 个月加速服务，包括办公工位、天使启动资金、导师辅导、行业资源、企业开办服务以及投融资对接等，帮助早期创业团队快速成长，提升创业及投资成功率。爱特天使基

金及创业加速器是厦门火炬高新区国家级软件产业孵化器的前段延伸，可为未来的孵化器工作开展选苗、育苗和移苗入孵服务，一方面将完善公司科技孵化链条和投资体系，推动持股孵化及市场化运行机制，提升对园区优质孵化企业的增值服务，另一方面将通过对早期创业公司的关注和扶持，吸引更多的北上广深创业人才移居厦门创业，并带动更多的人才以及项目落地厦门火炬高新区，同时通过联合成功的企业家设立投资基金并组建专业团队进行运作，可分散投资风险，提高投资成功率。

## 第三节　发展情况

### 一、科技创新推动产业核心竞争力提升

2014年，高新区共有35家企业获得技术创新资金项目立项支持，获批资助共999.7万元，项目涉及软件与通信、计算机与网络、微电子与新型电子元器件、新材料与新能源、光机电一体化等领域。2001年至今，高新区获得此项支持的项目已累计295个，累计获批金额达8681.34万元。

高新区企业厦门市智米科技有限公司成功研发GPS多功能系列智能手表。该产品除具有一般手表的功能之外，还能作为儿童老人的贴身保护之用，也可以用于高尔夫练习。目前市场上还没有类似产品，智米公司已向国家专利局申请了专利。

厦门睿动智能科技有限公司研发出多轴机器人智能控制设备，填补了国内多轴控制与信息系统联动技术的空白。该产品能够直接将多轴机器人设备与生产系统有机结合，快速进行数据交互。该产品的主要特色包括：人机界面目视化；采用功能集成度高的ARM控制系统与PLC联动;采用无线通信技术( WIFI+EVDO )，实现信号的远距离传送；生产数据上传生产系统，同时可以完成长时间的数据累计，以图表方式分析生产数据的状态。

厦门惟华光能有限公司研制出光电转换效率19.6%的钙钛矿太阳能电池。目前全球范围内已知的钙钛矿太阳能电池光电转换效率最高是21.1%，惟华光能公司的钙钛矿太阳能电池技术超越了欧美、日本、韩国等研究所公开的同类型电池的转化效率。惟华光能推出的钙钛矿电池属于第四代太阳能电池，这种电池技术结合了薄膜太阳能电池和有机太阳能电池的优点，超过15%的效率，可在低于

150 摄氏度的条件下生产，也可用于柔性基底。钙钛矿太阳能电池兼具高转化效率和柔性化的特点，其量产应用后必将是太阳电池产业化进程的一个重要里程碑。

高新区企业厦门科华恒盛股份有限公司"数据中心机房配套设备研发及推广"获得国家发展改革委、财政部、工业和信息化部、科技部联合组织实施的 2014 年云计算工程项目立项，并获专项经费 1000 万元概算额度。该专项重点支持公共云计算服务平台建设、基于云计算平台的大数据服务、云计算和大数据解决方案研发及推广项目等三个领域。通过突破云计算平台软件、大数据管理与分析等关键技术，形成满足市场需求的云计算和大数据处理系统解决方案，提升公共云计算服务能力和大数据应用水平。同时，探索和建立有利于云计算发展的市场准入、服务采购和安全保障机制，推广应用安全可靠的产品和解决方案，促进国家信息资源整合利用。

## 二、科技创业服务屡创佳绩

高新区创业中心科技创业服务中心获得 2014 年厦门市第三批中小企业发展专项资金 120 万元立项支持，子公司厦门海峡科技创业促进有限公司也获得 2014 年度中央财政中小企业发展专项资金 60 万元立项支持。此外，由创业中心负责建设的火炬高新区综合窗口服务平台，获得厦门市经发局和工信部立项批准。创业中心、海峡科创公司运营管理的孵化场地面积超过 40 万平方米，长期为初创小微型企业提供公益性服务，在实际工作中积累了丰富的经验，并培养出一支敬业爱岗、专业化、负责任的服务团队，建立起较为完善的科技企业孵化服务体系，开展的免费服务包括：创业咨询、免费代办公司成立手续，积极组织和辅导企业申报政府各项扶持政策、高企认定辅导、人才招聘、协助知识产权申报、品牌宣传、银企对接，挖掘、推荐企业对接资本市场，帮助企业解决场地，协助环评，促进企业上下游对接，承建并运营厦门市科学仪器共享平台，每年定期开展公益性培训等，常年服务的中小微企业超过 600 家，有力促进众多中小科技企业发展。

## 第四节　发展趋势

### 一、地区引领带动作用将不断加强

进入 2015 年，厦门火炬高新区管委会继续深入贯彻落实十八大精神，按照打造"新火炬"、建设"特区中的特区"的理念，继续推进将厦门火炬高新区建设成为国家创新型科技园区，进一步发挥国家级高新区引领科技创新和带动地方经济发展的重要作用。

一是继续加大招商引资力度。发挥资源优势和服务优势加大招商，着眼发展高端大力招商。加大对园区优势产业和产业链群的调研分析，开展有针对性招商、精细化招商，多引进一些占用资源少、带动能力强、有关键技术和核心知识产权的项目。

二是继续加大园区平台建设。加快两岸新兴产业和现代服务业合作示范区起步建设，做好园区规划，条件成熟的可以率先启动配套设施建设，力争尽早造声势、出形象。加快推进火炬同安产业基地、火炬翔安产业园、厦门软件园（三期）的征地、土地整理、给排水、供电、道路等一系列工作，着手研究火炬（湖里）总部提升方案，提高现有土地的使用效益。

三是继续加大企业服务扶持。深入了解企业发展需求和面临困难，找出规律和共性，研究制定具有普适性的扶持政策，着重解决企业发展融资、用工、生产生活配套等问题。做细做精重点企业服务，重视对中小型企业、成长型企业的培育扶持，在市场开拓、资金扶持、费用减免等方面尽量给予帮助，形成更加稳定的产业基础和潜在增长点。

## 二、产业结构将不断优化提升

随着我国经济实力和综合国力的进一步发展，厦门地区也获得前所未有的发展机遇，在中央统一指导部署和地方政府的大力支持下，厦门火炬高新区正着力建设国家创新型科技园区，并日益成为集研发创新、孵化创业和高新技术企业成长为一体的高新技术创新基地、高新技术产业化基地、高新技术产品出口基地、高新技术企业孵化基地、科技人才和科技型企业家集聚基地。

# 第二十五章　成都高新技术产业开发区

## 第一节　园区概况

在经济下行压力持续偏大的背景下，2014 年，成都高新技术产业开发区实现产业增加值 1178.2 亿元，增长 13.6%，总量占成都市的 11.7%，比 2013 年提高 0.3 个百分点，增速高于成都市 4.7 个百分点；实现规模以上工业增加值 753 亿元，增长 16.2%，总量占成都市的 23%、比 2013 年提高 1.2 个百分点，增速高于成都市 4 个百分点；实现社会消费品零售总额 263.1 亿元，增长 14.7%；实现一般公共预算收入 115.11 亿元，增长 15.7%。

经济密度持续提升，成都高新区每平方公里 GDP 产出 9.06 亿元，是四川省的 155 倍，成都市的 11 倍；若与四川省 21 个市州相比，成都高新区 GDP 总量可位列第 11 位，增速排名第一；用占四川省万分之 2.67 的面积，贡献了全省 4.1% 的产业增加值，用占成都市 1% 的面积，贡献占全市的 11.7% 的产业增加值；人均 GDP 达 3.2 万美元，对比 IMF 发布的数据，与 2013 年排名全球第 27 位的以色列持平，排在紧随其后的西班牙之前；一般公共预算收入 115.11 亿元，与四川省各市州拉通排名位列第 3 位，仅次于成都和泸州，与泸州的差距也只有不到 8000 万元；与成都各区（市）县相比，成都高新区 GDP 总量、固定资产投资、地方公共财政收入、外贸进出口等主要经济指标总量均排名全市第一；实际利用外资 21.4 亿美元，实际到位内资 401.3 亿元，分别占全市的 21.4% 和 11.8%。新引进重大项目 47 个，总投资超过 600 亿元；新增巴斯夫、罗氏等世界 500 强企业 8 家，总数达 102 家；成都高新综保区高新园区实现进出口总额 285 亿美元，

居全国综保区第三、西部第一。

## 第二节　发展特点

### 一、"三次创业"正式启动

2014年，成都高新区加快"三次创业"顶层设计，制定出台了"三次创业"产业发展规划和支持战略性新兴产业、金融业、商务服务业、楼宇经济加快发展的扶持政策，为产业加快转型升级奠定了坚实基础。企业是"三次创业"的主体，成都高新区一批"小巨人"在2014年逆势上扬，支撑作用凸显，如墨灵科技销售收入4000万元，同比增长2600%；中时代科技销售收入3000万元，同比增长120%。

### 二、大项目的支撑作用继续显现

2014年新引进重大项目47个，总投资超过600亿元；新增巴斯夫、罗氏等世界500强企业8家，总数达102家。引进了总投资220亿元的京东方第6代新型显示器件生产基地、总投资16亿美元的英特尔晶圆集成测试中心、世界最大的独立医疗器械制造企业——美国美敦力公司全球首个便携式血液透析机生产基地等重大产业化项目。作为中国内陆省市与新加坡合作的首个大型示范项目，新川创新科技园规划、建设、招商顺利推进，正在积极争取上升为中新两国第三个政府间合作项目。

## 第三节　发展情况

### 一、战略性新兴产业增长极作用凸显

2014年，成都高新区战略性新兴产业快速发展，实现产业增加值642亿元，增长21.1%，占规模以上工业增加值的比重达到85.3%，较2013年提高3.4个百分点。其中，新一代信息技术产业增长22.7%。

高端服务业发展全面提速，完成产业增加值283.4亿元，增长11.7%。其中，高端软件和新兴信息服务业企业总数达1200家，营业收入增长26.4%；金融业新增银行、保险、交易所等各类金融机构和准金融机构201家、累计达544家，

增加值增长 15.9%，其中新兴金融业增长 20.6%；商务服务业发展迅猛，新增商务服务企业 1009 家，电子商务企业总数达 307 家，实现网络成交额 2440 亿元，增长 26.4%。

对外开放实现新突破。2014 年，成都高新区实际利用外资 21.4 亿美元，实际到位内资 401.3 亿元，分别占全市的 21.4% 和 11.8%。成都高新综保区高新园区实现进出口总额 285 亿美元，占全省外贸进出口总额的 41%，居全国综保区第三、西部第一。

## 二、重点领域改革推动区域创新能力显著增强

成都高新区积极推进经济体制、科技体制、行政管理体制、社会治理机制等领域改革，抢得了试点示范先机，走在了全市、全省乃至全国的前列，改革实验田和创新示范区的地位进一步凸显。

重点领域改革方面，成都高新区率先在成都市实行注册资本认缴登记制和"先照后证"、"三证合一"等改革措施，2014 年新登记各类企业 11517 户，同比增长 106.5%，增幅创历史新高。上海自贸区经验在成都高新综保区先行先试，促进了研发设计、保税物流等新业态的发展。全国首个企业孵化大市场启动建设，成功获批全国首批外商投资企业外汇资本金意愿结汇改革试点。

区域创新方面，创建国家自主创新示范区取得突破性进展。四川省政府出台了支持成都高新区创建国家自主创新示范区的"十条政策"，成都高新区建设国家自主创新示范区实质性启动。2014 年高新区创新型企业主体不断壮大，新认定高新技术企业 75 家，22 家企业新三板成功挂牌，新增在孵企业 700 家，新增上规孵化企业 48 家、新增销售收入首次突破 2000 万元的孵化企业 30 家。数字新媒体创新型产业集群成为西南地区首个被科技部认定试点的创新型产业集群。

2014 年，成都高新区共帮助 20 余家中小企业获得风险投资 10 亿元以上、300 多家中小企业获得担保贷款 16 亿元，新引进股权投资机构 163 家，新增注册资本 84 亿元，"盈创动力"科技金融服务模式在四川全省推广。创新创业人才加快聚集。引进海外留学创业人才和创业博士 265 人，创办企业 123 家；10 人进入国家"千人计划"评审，新增四川省"千人计划"35 人、顶尖团队 6 个，"成都人才计划"44 人、顶尖团队 5 个。成都高新区创新创业环境优化使其在国家创新驱动发展战略格局中的地位进一步凸显、比较优势进一步突出。

## 第四节　发展趋势

### 一、"三次创业"进入关键期，引领经济新常态

在新常态下，成都高新区的发展机遇、发展比较优势更加凸显，产业增长极、改革实验田和创新示范区的地位进一步增强。2015年是成都高新区实现"三次创业"第一步战略目标的决胜之年，成都高新区将全力做好各项工作，力争尽早获批国家自主创新示范区，大力争取以新川创新科技园为核心区域建设中新两国第三个政府间合作项目，争取以成都高新综合保税区为核心区域建设国家内陆自由贸易试验区。同时，将继续完善顶层设计，着力优化空间布局，创新实施先行先试政策，充分发挥创新驱动发展的强大引擎作用。

2015年，成都高新区将紧贴新川创新科技园、旧城改造、交通、能源、公共服务配套设施等重点领域实施一批重大项目；强化重大项目跟踪服务和要素保障，重点加快德州仪器12英寸晶圆凸点加工厂、英特尔"骏马项目"、京东方扩产和入驻新川创新科技园重大项目实施进度，推动腾讯、招商银行金融后台等一批重大项目加快建设和投产达产。着力强化出口对经济增长支撑作用，确保富士康、英特尔等主要出口企业稳定运行；全面推广上海自贸区经验，以成都高新综保区为载体创建国家级电子信息产品质量安全示范区和中国（成都）内陆自由贸易试验区。力争实现产业增加值增长11%、规模以上工业增加值增长12%、一般公共预算收入增长12%、社会消费品零售总额增长13%的经济社会发展目标。

### 二、优化产业结构，形成多元支撑产业格局

基于战略性新兴产业重要性的考量，同时也是基于发展现实的要求，成都高新区将继续优化产业结构，2015年战略性新兴产业目标占比将达到86%。

目前，成都高新区大力发展的战略性新兴产业，主要包括新一代信息技术、生物、高端装备制造和节能环保产业。其中，新一代信息技术占比超过八成。2014年，成都高新区出台了六大产业政策。其中，在战略性新兴产业"33条"中，宣布每年拿出10亿元，从支持企业挖潜改造、拓展市场、做强做大、降低融资成本四个方面，支持战略性新兴产业发展。在全区战略性新兴产业内部，生物产

业 2013 年增长了 22.4%, 产值首次突破 100 亿元。高端装备制造和节能环保产业，虽然占比仍然较小，但增长却很明显。此外，生产性服务业增速达到了 13.5%，对服务业增长的贡献率达到 25.5%，较 2013 年同期提高了 4.2 个百分点。而整个服务产业增加值则达到了 283.4 亿元，增长 11.7%。未来，园区将力争形成以新一代信息技术产业为主体，多点支撑、多元支撑的产业格局。

# 第二十六章　南京江宁经济技术开发区

## 第一节　园区概况

南京江宁经济技术开发区位于南京市江宁区，是国家级经济技术开发区、中央海外高层次人才创新创业基地，作为全国智能电网产业集聚度最高的地方，南瑞集团、国电南自、西门子、ABB、南瑞继保等100多家智能电网企业聚集于此，且串起了发电、输电、变电、配电、用电和调度等六大环节的完整产业链。园区累计引进45个国家和地区的超过2000多个项目，其中世界500强企业40余家，规模以上工业总产值突破2000亿元，主要经济指标增幅保持在20%左右，位列中国新晋级国家级开发区综合排名前列。2014年，江宁开发区新增高企18家，新增数量占江宁区的41%。

## 第二节　发展特点

### 一、内生增长带动产业转型升级

江宁开发区已经形成汽车产业千亿级产业集群，以及电子信息、智能电网、软件业等3个500亿级产业集群，未来网络、航空等新兴产业集群正在提速。

汽车制造拥有上汽大众、长安马自达等6个整车制造企业，120多家配套企业，基本形成研发设计至整车制造、营销的完整产业链。电子信息产业汇集爱立信、西门子、华宝通讯、群志光电等企业，智能手机年产能突破2000万台，正在加速冲刺千亿级。

智能电网产业规划建设了 7.7 平方公里的智能电网产业园，拥有 ABB、国网电科院、南瑞继保、国电南自等近百家智能电网企业，是国内同级区域中聚集智能电网企业总量和上市企业最多的地区，获得国家智能电网特色产业基地等三块国字号金牌，是江苏省唯一的国家智能电网产业集聚区试点。

## 二、人才特区打造科技智慧高地

江宁开发区范围内累计拥有的"千人计划"、省"双创人才"总量位居全市第一，进入全省前三名。江宁开发区是全省唯一一家"千人计划"、"万人计划"双基地，为全省首批"创新型开发区"，并正加快打造国家"千人计划"基地示范区和"紫金人才"特区核心区。江宁开发区建有江苏软件园、紫金（吉山）科创特区、空港枢纽经济区、跨境电子商务园、综合保税区、九龙湖国际企业总部园等新产业、新经济的孵化、产业化专业功能平台，正在与南京大学、东南大学等"985"院校共建大学科技园。

# 第三节　发展情况

## 一、打造中国智能骨干网节点

阿里巴巴菜鸟网络打造的中国智能骨干网（南京·空港）项目落户江宁区。该项目将主要依托南京空港枢纽经济区航空、公路等综合交通区位优势，整合网上信用体系、网上支付和线下配送三大要素，优化现有物流网络，建设基于大数据、信息服务、云计算等技术平台的新型物流仓储基地，电子商务、创意设计及相关产业集群办公配套设施，打造成电商物流综合产业平台。未来该项目将成为"菜鸟"在华东区域的核心物流开放平台，计划用 5—8 年时间打造的中国智能骨干网，将成为一张开放式、社会化智能物流网络，最终实现全国任何一个地区 24 小时内送货必达。

## 二、建设国家生态工业示范园区

2014 年，江宁经济技术开发区通过国家环保部、商业部、科技部验收，成为国家生态工业示范园区，成为南京市继南京经济技术开发区、南京高新区后的第三家国家生态工业示范园区。

生态工业示范园区是依据清洁生产要求、循环经济理念和工业生态学原理设计建立的一种新型工业园区。它通过物流或能流传递等方式把不同工厂或企业连接起来，形成共享资源和互换副产品的产业共生组合，使一家工厂的废弃物或副产品成为另一家工厂的原料或能源，模拟自然系统，在产业系统中建立"生产者—消费者—分解者"的循环途径，寻求物质闭环循环、能量多级利用和废物产生最小化。

江宁经济技术开发区 2010 年 11 月被国务院批准升级为国家级开发区，2013年 4 月由国家三部委发文同意开展创建国家生态工业示范园区工作。园区坚持走绿色发展道路，资源消耗和污染排放逐步降低，实现了经济发展与环境改善的良性循环，产业转型升级步伐不断加快，形成了布局合理、绿色低碳的现代产业体系。按照生态工业园创建标准，园区从招商源头选择项目，按照生态链框架有选择地进行补链招商，促进产业链群形成，对不符合产业导向、易造成环境污染、能源消耗大、技术水平低的项目实施"一票否决"。截至目前，园区内电力、汽车等循环经济产业链已初具雏形，金佰利、协鑫等一批生活污泥发电等循环经济链典型企业落户。除了产业绿色，江宁经济技术开发区还通过污水治理、扬尘管控、增加绿化等手段，提高园区生态基础，园区环境进一步提升。

## 第四节　发展趋势

### 一、新兴产业崛起

未来网络谷建成全国首个小规模试验设施，是教育部、科技部和江苏省共建的通讯与网络产业创新基地，吸引 60 多个项目入驻；江苏软件园集聚了惠普、微软、甲骨文等世界级软件巨头，以及一批高成长性项目，成为南京打造世界软件名城的强劲南翼。

### 二、总部经济将成为引资亮点

在智能电网、无线通信等战略性新兴产业快速崛起的同时，江宁开发区总部经济快速崛起。江宁开发区结合产业特色，建设了江苏软件园、紫金吉山科创特区、江宁九龙湖国际企业总部园等高端载体，积极引进发展与现代产业体系紧密契合的服务外包、电子商务、总部经济等项目。正式开园并举办首场推介会的九龙湖国际企业总部园占地 104 亩，总建筑面积为 34 万平方米，是一个集总部办公、科技研发、商业配套于一体的国际标准综合型商务园区，目前已吸引了从事汽车电子研究的世界 500 强美国延峰伟世通公司汽车研发中心、小米创始人雷军投资的紫米公司、上市公司林洋电子新能源科技公司总部、上市公司宁波三星电气南京研发中心等 15 个总部项目进驻。

# 第二十七章　上海漕河泾新兴技术开发区

## 第一节　园区概况

上海漕河泾新兴技术开发区（以下简称"漕河泾开发区"）是国务院批准设立的经济技术开发区、高新技术产业开发区和出口加工区。规划面积 14.28 平方公里。1984 年 11 月，上海市人民政府同意成立"上海市漕河泾微电子工业区开发公司"。1988 年 6 月，经国务院批准为全国首批国家级经济技术开发区。1991年 3 月，又被国务院批准为全国首批国家级高新技术产业开发区。1990 年 4 月，上海市人大常委会通过了《上海市漕河泾新兴技术开发区暂行条例》，成为当时全国最早的开发区地方法规之一，依法促进了国内外高新技术企业在开发区的研发创新和产业化发展。

浦东开发为漕河泾开发区利用外资加快发展带来新的历史性机遇。2003 年 3 月，国务院批准在漕河泾开发区内设立出口加工区。目前，开发区汇聚中外高科技企业 2500 多家，其中外商投资企业 500 多家。81 家世界 500 强跨国公司在区内设立 126 家高科技企业。2014 年 1—9 月，开发区实现销售收入 1729 亿元，工业总产值 614 亿元，地区生产总值（GDP）577 亿元，进出口总额 95 亿美元，单位面积经济效益在全国开发区名列前茅。已形成了以电子信息为支柱产业，以新材料、生物医药、航天航空、环保新能源、汽车研发配套为重点产业，以高附加值现代服务业为支撑产业的产业集群框架。

经过近三十年的发展，漕河泾开发区近年来也积极实施"走出去"战略，已分别在上海五个行政区和江苏、浙江两省建立了浦江、松江、临港、康桥、奉贤、外高桥，以及江苏盐城、浙江海宁分园，形成了拥有不同产业定位的"一区八园二分园"的格局。

其中，漕河泾开发区浦江高科技园于 2004 年 7 月经国务院批准设立，为漕河泾开发区"一区一园"发展框架的重要组成，同样享受国家级开发区政策。园区位于闵行区浦江镇，占地 10.7 平方公里，其中出口加工区一期 0.9 平方公里，于 2004 年 3 月封关运作。区内重点发展信息产业、新材料、环保新能源等产业，同时引进高层次的配套服务产业。目前已引进了英业达集团、柯惠医疗器材、3M 医疗、阿海珐、麦迪实软件、斯巴莎克、尚德电力、市政设计研究院等知名内外资项目。上海"一城九镇"规划中最大的中心镇——浦江镇，其独具意大利风格的规划、设施为浦江高科技园提供优质的社会配套。

漕河泾现代服务业集聚区位于开发区中心区域，东起虹梅路中环线，南沿漕宝路，西至古美路，北临宜山路。总占地面积约 23 万平方米，总建设规模约 80 万平方米。作为漕河泾开发区当前开发建设中的重点项目，集聚区按照国际化、高科技、生态型的标准，定位于总部经济、研发设计、创新孵化、综合服务"四个平台"的功能目标，围绕总部经济区、孵化创新区、研发设计区、综合配套区、商贸服务区、会议中心、能源中心及中央控制区"六大功能区"建设，将成为漕河泾开发区的地标建筑群。集聚区首期工程已于 2008 年交付使用，现已入驻汇付网络、艾默生电气、诺基亚西门子、罗克韦尔、腾讯科技、上海贝尔·阿尔卡特、麦当劳中国总部等中外知名项目。

漕河泾开发区海宁分区坐落于浙江省级开发区海宁经济开发区北区块，由漕河泾开发区和海宁经济开发区共同建设，总规划面积 15 平方公里，致力于发展电子信息、新能源、新材料、生物医药、装备机械等先进制造业及现代服务业等产业。

漕河泾开发区盐城分区位于盐城经济技术开发区内赣江路以南，东环路移动，伍佑港以北、峨眉山路以西，主动承接上海作为长三角一体化龙头地位辐射，承接上海产业转移，分区规划面积 10.5 平方公里，定位为新能源汽车及汽车零部件，新光源和能源装备制造、生产性服务业和区域总部经济为主导的产业园区。以东风悦达起亚汽车的"一小、一大、一特、一新"的汽车产业是盐城经济技术开发区的支柱产业。以湘电风能、协鑫光电、江淮动力、马恒大拖拉机、东大热能机械为代表的想年能源、装备产业具有先进的科研水平及丰富的研发经验，拥有多年的产业基础。

## 第二节　发展特点

### 一、科学规划，深耕细作园区品牌

漕河泾开发区作为国家级老牌开发区，在开发中通过科学规划，强化漕河泾品牌效应，统筹利用各种资源，深耕细作园区品牌，已形成自由体系的经济模式和发展曲线，实现了正相强化的可持续发展。一是在对外宣传和市场推广中，保持漕河泾整体形象，发挥品牌一致性作用。立足长三角，结合区域内各地方发展特点、政策导向、产业基础和生产要素与漕河泾产业发展，在漕河泾园区框架内进行功能布局产业分工，错位发展，避免漕河泾范围内的无序竞争。二是统筹各园区功能分布，完善产业链布局，在投资开发、研发设计、生产制造、物流服务等产业链环节提供一揽子方案，提升传略性项目在漕河泾开发区的占比，形成大漕河泾园区的整体联动，建设分区内信息沟通网络，加强资源共享和信息交流。三是形成漕河泾开发品牌的统一建设，协调园区间的互惠合作，大道共同发展，提升整体竞争优势，实现漕河泾品牌整体价值最大化。目前，依托"科技绿洲"园区建设，漕河泾这一开发品牌已经延伸至整个长三角地区，先后建成了漕河泾开发区科技绿洲、浦东康桥科技绿洲、松江园区科技绿洲、奉贤南桥科技绿洲、盐城科技绿洲、海宁科技绿洲等6家，六位一体，不仅扩大了对漕河泾品牌的宣传效果，同时对促进当地产业发展和机构升级起到了积极的作用。

### 二、重点引进，提高利用外资质量

漕河泾开发区是全国最早同时享受国家经济技术开发和高新技术开发区两项优惠政策的园区，为保持持续快速发展，漕河泾开发区始终重视产业发展和科技创新，一是重视引进资金密集型、人才密集型和技术密集型项目。加快引进跨国公司和国内著名企业的高科技项目及研发机构，使高新技术产业不断得到扩充和发展，自主技术创新的能力也不断提升。2014年，漕河泾开发区新增外资3.85亿美元，已拥有经认定的跨国公司地区总部及投资性公司48家，这些企业的快速发展不仅使得漕河泾开发区成为徐汇区乃至上海市外资总部最为集中的地区之一，也成为推动和彰开发区产业实力和地区经济影响力的基石。二是加大研究与开发投入，组建技术中心、研发中心，与全球性研发机构开展联动研发，逐步由高新技术的制造转向研究开发与生产制造并举。研发中心的集聚，提升了开发区产业水平。尤其是近年来，越来越多的跨国公司在区内设立独立研发机构，主要集中在芯片设计、软件开发等智力型、头脑型项目。

### 三、主动转型，推动创新企业快速成长

技术创新是高新技术产业发展的生命力，也是开发区全面增强持续创新能力的关键。漕河泾开发区自建立以来在培育技术创新主体、完善技术创新环境方面，作了不懈的探索，努力推动科技成果的产业化。在开发区成立之初，就利用动迁用过渡房，辟建了约5500平方米的"科技创业村"，用低租金等扶持方式吸引了40多家企业进"村"创业。为促进科技成果早日在开发区内"孵化"，1994年起，开发区建立了科技企业孵化器。历年累计孵化企业300多家，成活率超过90%。目前孵化器面积达2.9万平方米，在孵企业百余家。此外，开发区加快引进管理、咨询、培训、金融、信息等各类服务资源，完善中小科技企业技术创新的社会化服务体系；鼓励和引导各种风险资金进区，扩大中小企业市场化融资渠道；设立孵化资金和创投资金为创业企业提供资金扶植。

### 四、需求导向，营造良好发展良好空间

漕河泾开发区始终注重改善投资的软硬环境，坚持环境建设是开发区招商引资的第一窗口，服务是招商引资的核心资源。在发展初期，开发区重点开展了"七通一平"基础设施建设及配套设施建设，探索建立了"一站式"服务体系及适合高新技术产业发展的支撑服务体系，成立了科技企业孵化器推动技术创新。现开发区内各类政府管理机构和服务、咨询等中介机构已达一百多家，如海关、税务、商检、高新技术企业认定、人才服务中心、留学人员中转站、专利商标事务所、成果转化中心、电信业务受理、开发区企业协会、创业投资公司、工业经济担保公司等，为企业提供了良好的发展环境。为进一步满足高科技企业对于人性化服务的需求，开发区成立客户服务中心，全天候接受企业投诉；建立企业联络员制度，加强与企业的沟通。"硬件"的建设与"软件"的优化并举，使得漕河泾开发区成为了外商进驻上海的首选地之一。近年来，随着高科技产业尤其是信息产业个性化发展需求的不断凸显，漕河泾开发区聚焦人、财、物资源开展"三大园区"建设，探索在新形势下不断完善投资环境，增强自身核心竞争力。

## 五、珍惜土地，提升园区土地利用率

漕河泾开发区从起步开始，就提出了"一次规划、分期实施、滚动开发、稳步推进"方针，坚持处理好开发建设与保护土地的关系，从产业规划、土地利用、市政建设、服务配套等方面，结合上海的实际，进行了科学的用地规划，力求做到"四个体现"：一是体现开发区发展战略。把有限的土地资源主要用于培育和发展高科技产业，充分依托母城的生活、文化、人才、教育服务等设施。二是体现功能分区合理、产业布局科学。针对高新技术产业的不同特点，注重在总体规划中对各种产业用地进行科学布局。三是体现"环境保护第一"。注重环境保护和环境管理工作，编制了环境保护规划，提出了开发区大气、地面水、噪声、绿化保护目标及措施。2013 年，漕河泾开发区正式被国家环境保护部、商务部、科技部批准命名为"国家生态工业示范园区"。四是体现发展形态。随着开发区发展战略从产业发展向功能开发的转变以及中国入世的需要，开发区对总体规划进行了又一次调整和优化，重新规划了综合服务区，强化了高科技商贸和服务功能，使生产和生活、二产和三产、现代制造业和现代服务业协调互动发展具有更完善的基础条件。

## 第三节 发展情况

在国内经济增长放缓、国外经济不景气的大环境下漕河泾开发区工业生产稳定，企业税收贡献较大，结构调整稳步推进，园区经济总体保持平稳发展态势，具体呈现以下特点：

### 一、土地资源集约高效领先

漕河泾开发区是全国单位土地产值（GDP/ 平方公里）最高的开发区。坚持合理利用、科学规划土地资源，重点培育和发展高科技产业，建立了一定的标准化控制指标体系，在优化土地利用结构、整合共享公共资源、统筹管理资源配置等方面取得显著成效。通过"区区合作"为园区土地集约利用奠定了基础，"品牌联动"为园区土地集约利用提供了操作办法，"政府招园区，园区招企业"模式有利于产业转移和技术溢出，有利于从更广的范围内进行资源整合，实现了园区异地资源的有效整合。

## 二、节能降耗成效显著

漕河泾开发区把绿色经济作为持续发展的"新引擎",集中完成一批低碳、节能、环保建设项目。"十二五"期间,通过合同能源管理方式,打造绿色、低碳、环保和新能源示范项目,设立了重点用能和建筑系统节能示范工程,其中包括太阳能照明、太阳能建筑一体化、太阳能风光互补试点应用等,在支持开发区基本建成冰蓄冷技术试点的基础上,推进有关分布式功能系统的应用。以开发区功能转型为突破口,大力发展现代服务业和生产性服务业,实施清洁生产、循环经济、可再生能源示范和能源综合利用项目。

## 三、注重知识产权建设

漕河泾开发区是全国首批"国家知识产权服务业集聚发展试验区"。试验区的建设目标是以"集聚资源、提升能级、融合创新、塑造亮点、培育品牌"为目标,建立健全"政府引导+市场需求+专业化运作"共筑的多元知识产权服务运作方式,聚焦创新,探索新形势下的知识产权服务功能,提升徐汇乃至上海知识产权国际化、专业化、品牌化服务能力和水平。目前,试验区已拥有包括代理机构、律师事务所、评估机构、专利运营公司和投融资机构在内的知识产权服务机构132家,其中15家机构被为国家级品牌、星级机构,占上海总数的63%。试验区内1500余家科技企业拥有知识产权,其中44家企业被评为国家、上海市专利示范、试点企业,240家企业直接享受知识产权专项政策资助;试验区每万人口发明专利拥有量达到52.3件,位列上海市第一(按区县排名),其中核心区(漕河泾开发区)超过100件,专利累计申请16700件,其中发明专利8474件,占比超过51%,累计发明专利授权2634件。

# 第四节　发展趋势

## 一、转型升级步伐加快

多年来,漕河泾开发区将以提高自主创新能力为重点,大力发展高新技术产业和高附加值服务业,在坚持发展制造业高新技术产业的同时,加快发展以科技服务为特色的现代服务业,努力推进第二产业与第三产业的融合互动,加快转型发展步伐,实现第三次跨越。促进二、三产业并举融合发展,创新驱动、转型发

展，培育原创经济将成为漕河泾今后发展的主要方向。

## 二、注重品牌战略

在国际上，漕河泾开发区品牌影响力日益提高，引进国际先进理念、规划和管理经验，建设了"科技绿洲"；与芬兰坦佩雷、德国海德堡、法国梅朗等16家著名科学园区建立了友好伙伴关系。开发区逐步探索形成科学、可复制的园区建设、经营、服务和管理规范，制定园区选址、土地开发、楼宇建设、招商引资、产业定位、物业管理、客户服务等一系列标准，不断丰富开发区品牌的内涵。

## 三、加强投资环境建设

通过采用效率环境和效益环境并重的设计思路，开发区逐渐发展成为具有世界一流水准的都市化高科技生态工业园区。如今的漕河泾开发区已形成包括以"市区联手、区区合作"为特征的政府管理服务体系、以中小科技企业为主要对象的创新创业服务体系、以工业厂房管理为特点的物业管理服务体系和以"一带三圈五点"为主要构架的商业配套服务体系，投资环境变得更加完善。

## 四、努力打造人才高地

"十二五"期间，漕河泾开发区将投入3亿元资金，主要用于人才创新创业资助激励、引进和服务及相关服务设施建设。开发区将围绕建设创新型人才高地的目标要求，实施"人才强区"战略；开发区还将加快筑造海内外高层次人才集聚的示范基地。预计到2015年，开发区就业人数将达到18万人；高新技术企业大专以上学历人才占总人数的比重将达到50%以上，其中包括博士2000名、硕士12000名，外籍人士1000名，留学归国人员3000名。

# 第二十八章  无锡新区

## 第一节  园区概况

无锡新区是无锡市最重要的经济增长极、改革开放的重要窗口和参与国际竞争的产业高地。无锡新区启动于1992年，成立于1995年1月，经过近20年的不断发展，无锡新区如今已成为国家级高新技术开发区行列中的排头兵。无锡新区目前下辖无锡高新技术产业开发区、太湖国际科技园、空港产业园、中国工业博览园、中国吴文化博览园、国际生活社区等六大功能区以及旺庄、江溪、硕放、梅村、鸿山、新安等六条街道，行政管理区域从最初的5.4平方公里发展到如今的220平方公里，本地户籍人口近30万人，外来暂住人口约30万人。综合实力和创新能力跻身全国53个国家级高新区的先进行列。

社会经济方面，无锡新区大力发展高端制造业和战略性新兴产业，形成了以物联网、新能源、微电子、软件和服务外包、节能环保、生物技术和新医药、新材料和新型显示、工业设计和文化创意等八大新兴产业集群，成为无锡市、江苏省乃至东部沿海地区重要的先进制造业基地。综合实力和创新能力跻身全国各类国家级高新区的先进行列，江苏省开发区综合排名连续八年居第二位。

技术创新方面，无锡新区围绕项目培育做大产业，在战略性新兴产业领域屡屡实现突破，无论在产业规模还是技术水平上，都有全国领先乃至世界领先的成功典型。世界500强跨国公司投资项目超过110个，形成了日本、韩国、欧美等企业投资高地，总部型企业占全市的比重超过三分之一，有50多家跨国公司在新区设立了研发机构。其中，高端装备制造业突破1000亿元，IC产业产值全国第一，光伏新能源技术和规模全球领先，软件服务外包成为全国有重要影响力的地区。新区大力实施"聚焦科技自主创新"战略，启动建设国家传感网创新示范区核心区、无锡国家软件园、创新创意产业园、大学科技园等一批重要创新载体，"三创"载体规模最大，水平最高，集聚创新创业人才最多。

人才建设方面，新区大力实施人才强区战略，累计引进集聚各类人才 18 万人，引进和培育国家"千人计划"55 人，"530"创新创业团队项目近 600 个。大力实施开放创新策略，R&D 投入占 GDP 比重超过 4.1%，经省认定的高新技术企业274 家。累计建成政府主导"三创"载体 230 万平方米，集聚各类科技企业 1600余家。大力开展政产学研合作，项目总数累计达 710 个，与上海交大、南大、东大等 10 所高校共建研究院。推进科技金融融合发展，建立了无锡全市第一家科技支行、全市第一家科技小贷公司，培育各类上市（挂牌）企业 22 家，创投基金总规模突破 178 亿元。大力实施知识产权战略，2013 年申请专利达 17278 件，万人发明专利拥有量达到 42 件，居全省最前列。

## 第二节　发展特点

### 一、注重引进制造业，实现产业规模的跨越性发展

作为新区的主导产业，制造业体量规模的跨越性发展，为区域做大经济"蛋糕"奠定了坚实基础。当前园区规模工业总产值已超越 3000 亿元台阶，达到 3258 亿元，其中装备制造业总产值达到 1200 亿元，成为新区首个千亿级产业。

### 二、坚持以创新为转型原动力，重点培育新兴产业

园区高新技术产业产值占规模以上工业增加值的比重达 60%。战略性新型产业占较大比例。其中，软件与服务外包产业突破 400 亿元产值，增速超过 30%；物联网与云计算产业、新能源与新能源汽车产业、新材料与新型显示产业、微电子产业等四大"新生代"产业分别实现 300 亿元。2014 年，无锡高新区（含宜兴环科园）成为苏南国家自主创新示范区。国家传感网创新示范区建设成效显著，物联网产业产值增长 40%，新区跻身首批"智能传感系统创新型产业集群"。

### 三、打造产业集群，构筑竞争优势

壮大产业集群、打造规模产业链是无锡新区建设国际制造业基地，实现"二次跨越"的战略性目标。目前已取得显著的成绩，主要经济指标连续多年保持

40% 的增幅，在全国国家级高新区中经济发展综合评价居第二位。通过依托国家层面赋予的政策配套、资金支持及应用示范引导，产业集群内的相关企业受益，推动战略性新兴产业与成熟优势工业企业融合发展，助力产业集群做大做强。

## 第三节　发展情况

### 一、经济规模稳步增长

无锡新区培育发展了海力士、英飞凌、华润等微电子设计制造企业 160 多家，已形成 IC 设计、制造、测试、封装等完整的集成电路产业链。2014 年前三季度，无锡新区规模以上工业总产值为 2158.18 亿元，同比增长 3.5%，固定资产投资 547.45 亿元，同比增长 16%，进出口总额 253.22 亿美元，同比增长 3.7%，其中出口产品总格为 130.41 亿美元，到位注册外资 6.48 亿美元，同比增长 73%。位居无锡市第二位。

### 二、物联网产业再创新高

物联网产业是无锡新区的核心发展产业，2014 年无锡新区物联网产业规模加速扩容，已集聚企业超千家，2014 年前三季度物联网产值达 557 亿元，增幅超过 40%，产业发展由"政府主导"逐步转向"市场主导"，以关键技术实现技术突破，感知芯片、智慧单品领跑业界；在智慧生活、智慧工业等多领域，重大示范应用更加活跃成熟，物联网创新高地再攀新高。中国物联网标准与测试认证领域相关行业的国家级权威检测机构，无锡中检信安物联网检测技术有限公司在新区正式成立，核心业务囊括物联网信息安全标准规范研究与技术服务、物联网信息安全标准验证及共性技术研发等六大体系，将提供传感网产业化共性关键技术研发和产业化公共服务功能，助力国内物联网发展。

### 三、公共平台建设成果显著

无锡新区大力兴建科技公共服务平台，建成的 66 家服务平台涵盖了微电子、物联网、先进制造、工业设计、生物医药等战略性新兴产业领域。科技公共服务平台正逐渐形成推动企业创新的重要力量。各类科技服务平台形成共享、中介、合同制等多种服务模式，通过缩短流程、简化手续、完善手段、提高效率，逐步实现科技资源共享。

### 四、招商引资渠道不断拓宽

由于近几年国内外宏观经济不景气，跨国企业投资放缓以及地缘政治格局复杂多变等不利因素，对新区招商引资工作的开展产生不利影响。为拓宽招商引资渠道，无锡新区及时调整策略和思路，践行招商创新，从 2014 年 2 季度开始，以专业招商部门为核心，无锡新区建立了"百渠工程"，与国内外近百家知名中介机构签订招商代理合作协议，一方面提高了新区的知名度，打开招商的覆盖面，另一方面在招商过程中更具针对性，提升招商的精准度。在"百渠工程"的强势推动下，截止到 2014 年 10 月底，无锡新区获得第一手项目信息源 50 余个，排定适合在新区落户发展的产业项目 30 多个，服务业项目 20 多个。在这些项目中，美国百时美施贵宝中国区销售总部项目、阿斯利康 CDC（中国物流分拨中心）项目、京华山一商业保理项目为代表的重大项目都已顺利实现落户。

## 第四节　发展趋势

### 一、区域经济综合质量和发展水平跃上新台阶

预计到 2015 年，无锡新区地区生产总值达到 1700 亿元，年均增长 13%，人均地区生产总值年均增长 10%；技工贸总收入达到 10000 亿元，年均增长 17% 以上，其中工业销售 6000 亿元，年均增长 15% 左右，三产营业收入 4000 亿元，年均增长 22% 以上；财政总收入达到 360 亿元，其中一般预算收入超过 180 亿元，年均增长 15% 左右；社会消费品零售总额达到 300 亿元，年均增长 16% 左右。

### 二、全区产业结构进一步优化

大力促进战略性新兴产业、现代服务业和生态农业的结合发展，实现新突破，到 2015 年，二三产业结构比例达到 6：4，服务业比重每年提高 2 个百分点；高新技术产业增加值占规模以上工业增加值的比重达到 64% 以上，每年提高 1 个百分点；文化产业增加值实现翻两番目标，占全区 GDP 比重力争达到 8%；战略性新兴产业实现"双倍增"发展目标，销售收入占全区规模以上工业销售收入的比重提高到 50% 以上，力争培育年销售收入超 100 亿元企业 10 家以上，超 500 亿元企业 2 家以上。

## 三、区域创新能力不断增强，核心竞争优势明显提高

预计到 2015 年，无锡新区研究开发经费投入年均增长在 10% 以上，R&D 支出占 GDP 比重达到 5%；新建政府主导"三创"载体面积 350 万平方米，累计达到 500 万平米以上；各类股权投资基金规模达到 200 亿元，中小科技企业信贷规模有较大增长，科技企业各种债权融资规模突破 100 亿元；科技型企业在境内外上市力争达 30 家，新增省级以上研发中心达 30 家，新增入选中央"千人计划"达 50 人。

## 四、持续推进生态文明建设，着力强化大气污染防治

推进清洁生产节能降耗，不断深入绿色循环理念，不断提高可持续发展能力。到 2015 年，万元 GDP 能耗控制在 0.4 吨标准煤 / 万元以内，二氧化碳排放比"十一五"降低 20%，主要污染物在 2010 年污染源普查更新数据的基础上再削减 20%，城市生活污水集中处理率保持在 96% 以上。环境质量明显改善，新增与重点居住小区配套的林木集中区 1—2 个，环境质量综合指数达到 90 以上。

# 第二十九章　合肥新站综合开发试验区

## 第一节　园区概况

合肥新站综合试验开发区（简称"新站区"）于 1992 年开工建设，1995 年被安徽省政府正式批准为省级开发区，1996 年被国家建设部列为全国首家城市综合开发试点区。2010 年 9 月，为响应安徽省委、省政府提出的"将合肥市建设成为充满活力、独具魅力、创新发展、宜居宜业的区域性特大城市"发展目标，合肥市委、市政府随即将新站区确定为合肥市承接产业转移示范园区，同时对新站区进行区划调整。自此，新站区园区面积从最初规划的 10 平方公里扩大至现在的 204.73 平方公里，人口 30 余万人。

新站区发展之初，重点发展房地产业和商贸业。2006 年，为贯彻落实合肥工业立市战略，新站区调整转型步入新型工业化发展道路。先后成功引进乐凯、京东方、彩虹、长虹、海润、南车、欣奕华等核心项目以及包括世界 500 强法液空、住友化学等一大批配套项目。新站区以战略性新兴产业为支撑，重点打造新型平板显示和高端装备制造产业，核心竞争力、规模效应和积聚效应逐步增强。新站区先后荣获国内唯一的"新型平板显示国家新型工业化产业示范基地"、全省唯一"新一代信息技术国家科技兴贸创新基地"以及"合肥市承接产业转移集中示范园区"称号。

围绕"工业发展主引擎、创新发展新高地"的战略定位，近年来，新站区加大产业招商，加快项目建设，积极培育新兴产业，大力引进和发展现代服务业，坚持产城融合发展，区域经济发展的内生动力不断增强。2014 年新站区经济持续保持高速增长态势，全区实现地区生产总值（GDP）210.1 亿元，同比增长13.1%，增幅位居合肥市第二。仅历时五年，新站区就实现经济总量翻番。2014 年，新站区规模以上工业总产值累计 622.8 亿元，同比增长 18.6%，实现规模以上工业增加值 159.1 亿元，同比增长 17.2%，占 GDP 比重攀升至 75%。

## 第二节　发展特点

### 一、龙头项目勇挑大梁

2014 年，新站区累计完成固定资产投资 280.1 亿元，同比增长 16.3%，其中，工业投资 164.4 亿元，同比增长 12.4%。工业项目中，以鑫晟 8.5 代线、OGS 触摸屏项目等为代表的平板显示产业上下游项目全年累计完成投资近 73 亿元，占该区工业投资比重达 44.3%，贡献突出。

与此同时，新站区坚持先进制造业和现代服务业双轮驱动，在着力推进工业大项目建设同时，以京商商贸城、奥特莱斯等为代表的现代服务业大项目及以华润熙云府为代表的城市综合体类房地产项目相继开工建设，推动新站区房地产投资快速增长。2014 年，新站区房地产投资达 82.7 亿元，同比增长 40.5%，房地产投资和房地产销售面积增速位居合肥市"双第一"。

### 二、转型升级添强引擎

2014 年 3 月，国务院正式批准设立合肥综合保税区；6 月，位于新站区核心的合肥综合保税区正式开建，规划面积 2.6 平方公里。保税区的成立，将极大带动合肥的进出口贸易，推动产业快速发展。截至 2014 年底，已有 4 家重点项目落户综合保税区，还有 6 个项目正在洽谈中，投资总金额达数百亿元。

2014 年 6 月，合肥新亚欧大陆桥国际货运首趟班列从新站区驶出，满载 50 个集装箱"合肥制造"、"安徽制造"家电和电子等产品的"东风号"经宁西—陇海—兰新线一路向西，途经西安、乌鲁木齐、阿拉山口、多斯特克，直达哈萨克斯坦阿拉木图。这班国际货运班列的开通，将成为我国中东部地区通往中亚、连接欧洲的又一条更为便捷的货运通道，合肥也将更加直接地融入丝绸之路经济带。

保税区和新亚欧大陆桥形成了合肥进一步对外开放的两大新平台，也为新站区的产业发展插上了腾飞的双翼。

### 三、创新能力显著提升

新站区大力引导企业加强自主创新，通过科技专项资金支持企业研发中心／技术中心建设，取得了丰硕成果，创新能力明显增强。到2014年年底，新站区拥有国家级企业技术中心1家，省级企业技术中心、省级工程（技术）研究中心22家，市级企业技术中心、市级工程（技术）研究中心22家，博士后流动站2个。共有12家企业列入"安徽省创新型试点企业"，全区规模以上工业企业研发投入突破6亿元。2014年新站区完成专利申请1640件，同比增长23.5%，是2010年的5.25倍，其中发明专利申请954件，同比增长71.2%，发明专利占整个专利申请数比重大幅提升，达58%；完成专利授权617件，同比增长8.2%，其中发明授权71件，同比增长121%。

## 第三节  发展情况

目前，新站区已经形成平板显示、新能源、新材料、高端装备制造四大产业集群。2014年新站区国家级高新技术企业达38家，高新技术产业产值完成423亿元，同比增长20.66%，占该区规上工业总产值比重达68%；战略性新兴产业产值达311亿元，同比增长24.4%。

### 一、新型显示产业集聚发展

新站区已经形成了以京东方总投资175亿元6代TFT-LCD生产线和总投资285亿元8.5代TFT-LCD生产线为核心的基本完善的新型显示产业链，园区新型显示产业规模以及本土配套能力均在处于国内领先地。2014年，新站区在已有产业基础上，立足大项目，以液晶面板生产线为核心，加快引进下游终端产品，不断完善产业配套，新型显示产业实现了集聚发展。

2014年，新站区成功引进了投资54亿元的OGS触摸屏、总投资50亿元深圳惠科年产3000万台智能终端产品生产线、总投资20亿元的三利谱偏光片生产基地项目以及总投资10亿宁波江丰电子大型液晶板产业用溅射靶材生产项目。目前，长虹200万台液晶电视生产线已经投产，彩虹（合肥）液晶玻璃有限公司CH02线池炉成功点火，新站区的新型显示产业从上游材料配套到下游终端制造全线贯通，实现了产业链的无缝对接。

截至 2014 年年底，新站区新型显示产业在建及已建成项目达 40 多个，总投资约 770 亿元，累计完成投资 727.6 亿元，其中，已经投产的包括液晶平板玻璃、偏光片、显示光源、平板电视整机等上下游项目达 18 个，形成了涵盖面板、模组、装备、基板玻璃、光学膜等环节的全产业链，整体规模和创新能力国内领先。2014 年，新站区新型显示产业全年实现产值 222.2 亿元，同比增长 45.4%，对规上产值增长的贡献率高达 51.9%。

## 二、新能源产业强劲复苏

2014 年，随着国家对新能源、新能源汽车产业的政策支持力度不断加大，新站区以海润光伏、国轩高科为代表的新能源产业正在迅速崛起，已成为除平板显示产业外的第二大支柱产业，2014 年产值规模达 80 亿元。

2014 年海润光伏一方面拓展国内市场，在上海、天津等多个地方设立分公司，另一方面开展海外布局，在罗马尼亚、南非等地设立公司。与此同时，海润光伏在积极投身于光伏电站建设的同时，还积极完善产业链条，通过股市融资扩大多晶硅锭、多晶硅片项目。从营业收入看，2014 年海润光伏将扭转自 2012 年以来的下滑势头，实现营业收入超过 60 亿元，同比增长超过 30%。

2014 年合肥高轩无疑是非常成功的一年，在国家大力推广新能源汽车的带动下，合肥高轩的应用收入首次突破 10 亿元，净利润达到 2.3 亿元，均位居我国新能源汽车动力电池行业的首位。2010 年至 2014 年，国轩高科累计销售新能源汽车动力电池组逾 9 亿瓦时，动力电池出货量位居全国首位，位列全球第四。同时，2014 年 9 月，国轩高科借壳东源电器上市，成为动力电池行业在资本市场的一座里程碑，其市值也达到了 60 亿元。此外，合肥高轩的技术中心位列第 21 批国家认定企业技术中心名单，成为新站区首个国家级企业技术中心。

此外，新站区还继续加大招商引资力度，先后引进了总投资 30 亿元的山东恒宇科技集团新能源动力电池项目和总投资 100 亿元的合肥德电新能源汽车项目，积极打造新能源汽车生产基地。

## 三、高端装备产业蓬勃发展

2014 年新站区还中国南车项目为突破口，重点打造高端装备制造产业。瞄准高端装备制造上下游产业链，成功引进总投资 30 亿元的合肥南车轨道车辆制造维修基地项目，让合肥市地铁 1 号线所有车辆在 2016 年全部从新站区下线。

而随之配套的湖南株机所、今创集团和新誉集团也与新站区签署了协议。总投资20亿元的合肥欣奕华智能制造装备基地项目、通彩自动化项目、商巨工业装备项目等，则在智能机器人制造方面取得了突破。轨道交通核心配套实现跨越式突破，南车核心配套龙头企业新誉集团和今创集团同时落户合肥，加快实现"合肥车，合肥造"。

目前，新站区以长源液压、井松自动化、搬易通、劲旅环境为代表的一批存量成长型高科技企业表现出强劲的发展势头，扩大再生产投资近30亿元；商巨、通彩、欣奕华等项目累计总投资超25亿元，已陆续建成投产，将在2015年形成产值规模。

## 第四节　发展趋势

2015年，新站区将紧紧抓住合肥成为长三角世界级城市群副中心城市这一历史性机遇，进一步解放思想，拉高标杆，继续大力实施工业强区、创新推动战略，加快转型发展，全力推进国家级新型平板显示产业基地建设，努力探索产业新城、生态新城、智慧新城融合发展之路。

### 一、紧抓历史机遇，加速"五位一体"新区建设

"十二五"期间，在合肥建设区域性特大城市的目标引领下，紧抓皖江城市带承接产业转移示范区、合芜蚌自主创新综合配套改革试验区以及合肥经济圈建设历史机遇，新站区将着力打造"高端产业聚集区、科技创新示范区、集约节约用地示范区、生态宜居示范区、和谐社会示范区"。

### 二、以平板显示为主导，打造五大产业板块

坚持"工业发展主引擎、创新发展新高地"发展方向，以建设国家级新型平板显示基地为核心，打造新一代信息技术、新能源及节能环保、新材料、高端装备制造、生物医药五大产业板块。到"十二五"末，新型平板显示产业形成千亿产业规模，将新站区建成"全国重要，具有国际影响力和国际竞争力"的国家级新型平板显示基地和宜居宜业的国际化现代化生态产业新城。

# 第三十章　杭州国家高新技术产业开发区

## 第一节　园区概况 [1]

　　杭州高新技术产业开发区始建于 1990 年 3 月，1991 年 3 月经国务院批准成为全国第一批国家级高新技术产业开发区，也是浙江省首个国家级高新技术产业开发区，规划面积 11.44 平方公里。1996 年 12 月，国务院批准设立滨江区，1997 年 6 月，滨江区正式挂牌成立，面积 73 平方公里，下辖 3 个街道，现有40 个社区、7 个行政村，人口 31.9 万。2002 年 6 月，杭州市委市政府对高新区、滨江区进行管理体制调整，实行两块牌子、一套班子、全交叉兼职。管理体制调整后的两区合二为一，简称高新区(滨江)。2009 年杭州市委市政府再次做出调整，将萧山临江围垦区内滨江区所属约 8 平方公里土地经置换整合成高新区江东科技园，从而形成了目前高新区（滨江）"一体两翼"的格局。

　　建区二十多年来，杭州高新区（滨江）积淀了一种"求新、求变、求发展，以群体力量"追求共同愿景的精神面貌，凝聚了尊重人才、崇尚创新、服务科技、支持创业、引领发展五大"高新元素"的精神特色。致力于推进国家自主创新示范区建设，持之以恒地抓好创新体系建设，倡导宽容失败的创新文化，为创新创业人才营造了一个"类硅谷"的良好创新环境。

　　高新区（滨江）围绕培育企业、集聚产业目标，以大项目带动为抓手，发挥体制、机制、管理、服务、区位等优势，吸引创新资源，优化创业环境，努力培育具有自主知识产权的创新型科技企业，全力打造浙江省战略性新兴产业的集聚区、核心区，逐步形成了初步形成了"软件、物联网、通信设备制造、文化创意"

---

[1]　部分内容引自杭州高新技术产业开发区管委会/杭州市滨江区人民政府官方网站。

为"四强"，以"电子商务、生物医药、新能源、集成电路设计"为"四优"的"四强四优"新兴产业集群。高新区（滨江）引领和带动了杭州乃至浙江省转型升级和产业结构的调整，特别是在战略性新兴产业的发展上在浙江省起到了龙头、领跑和示范作用。其中，集成电路设计占浙江省的90%，软件信息业占浙江省的80%，动漫游戏产业占浙江省的75%，物联网产业占浙江省的60%，数字电视产业占浙江省的50%。

就全国范围而言，高新区（滨江）也处于领先地位。在动漫制作、电子商务、数字视频监控、宽带接入设备等领域位居全国第一；集成电路设计产业、软件产业的整体水平居国内领先；一批高新技术企业已成为全国乃至全球行业的领跑者。阿里巴巴是全球第一大电子商务企业；海康威视、大华股份的数字视频产品居全球市场第一、第二；华三通信的宽带接入设备等产品市场份额居全国第一。

2014年，高新区（滨江）实现地区生产总值692.8亿元，增长11.5%；财政总收入169.2亿元，增长20.4%，财政总收入增幅连续三年位居杭州市第一。全区信息经济总收入1273.4亿元，增长30%。全区规模以上工业企业实现销售产值突破千亿元，达1019.5亿元，同比增长21.8%；实现工业增加值350.0亿元，增长17.1%；万元工业增加值综合能耗0.07吨标煤，为杭州市平均水平的十分之一。

## 第二节　发展特点

### 一、持续优化政策环境

高新区（滨江）作为国家高新区，享有国家赋予的优惠政策保障，作为杭州市的新城区，拥有"办事不过江、收费归滨江"的政策优势叠加。同时，高新区（滨江）还研究出台了具有自身特色的"1+X"政策体系，加大对不用产业类别、不同发展阶段企业和不同功能平台的差别化政策扶持。"1"是指综合性的关于进一步深化改革创新，建设世界一流高科技园区的若干意见，涵盖鼓励创新、创业、投资及鼓励做大做强等方面。"X"是指鼓励领军企业、瞪羚企业、科技企业、开放型经济、人才激励、文化创意产业、商贸流通业、大学生企业发展，以及加强科技金融体系建设、知识产权工作、发展总部经济、楼宇经济等若干专项扶持政策。2014年安排产业扶持资金11.73亿元，帮助企业争取上级各类资助资金6.88亿元。

近 5 年累计高新区（滨江）研究与试验发展经费投入达 307 亿元，占地区生产总值的比例始终保持在 14% 左右，遥遥领先于全国国家级高新区，投入强度分别为江苏省、杭州市平均水平 8.6 倍和 5.2 倍。

## 二、不断深化体制机制改革

2014 年，高新区（滨江）深化改革的 11 项具体工作顺利推行，体制机制活力进一步激发。高新区（滨江）率先在全省推行工商登记制度改革试点取得成功，并在全省推广，全社会创业投资热情得到明显激发；产业投资项目行政审批和服务流程再造工作得到实施；物联网园区化零为整审批试点启动；科技金融服务中心成立，深交所（杭州）路演中心建设等正稳步推进。同时，高新区（滨江）还下发了《关于贯彻落实"杭改十条"再创高新区（滨江）体制机制新优势的实施方案》，其中就包括建立土地"亩产效益"评价体系，坚持把有限的土地资源用于发展高新技术产业和战略性新兴产业。

## 三、创新主体建设硕果累累

高新区（滨江）积极推进创新平台建设，加强企业作为创新主体职责，成果较为突出。截至 2014 年年底，高新区（滨江）设立 6 个公共技术平台、4 个公共服务平台，组建了 12 个产业孵化器和 16 个国家级产业化基地。创新平台的建设极大地集聚了创新人才，创新主体建设步伐加快。2014 年高新区（滨江）新增省级重点和一般企业研究院 22 家，目前共有省级企业研究院 12 家，数量居江苏省首位，国家、省、市研发中心、工程中心和企业技术中心 333 家（国家级 7 家），建成 45 家企业博士后工作站，建立了 10 余个科技企业孵化器。

创新主体职责不断加强，创新成果不断涌现。2014 年，高新区（滨江）专利申请量达 6492 件，同比增长 14.6%，高于杭州市专利申请量平均增幅的 31 个百分点，其中发明专利申请量达到 2487 件，占申请总量的 38.3%。专利授权总量达 4232 件，同比增长 35.2%，增幅位列杭州市第一，高于杭州市平均增幅 54.45 个百分点，其中发明专利授权量达 937 件，同比增长 26.4%，每万人拥有发明专利授权数达 39 件，位列江苏省第一。

## 第三节　发展情况[1]

### 一、信息软件产业发展迅猛

经过多年的培育、引进和发展，目前，信息软件产业成为高新区（滨江）第一大产业。现已拥有软件及软件服务外包企业1300多家企业，软件研发从业人员超过12万人，上市企业31家，初步形成了软件技术为核心的产业集群，综合排名位居全国所有软件基地的第三。高新区（滨江）软件企业包括国家火炬计划软件基地骨干企业11家、国家规划布局内重点软件企业17家、9家浙江省软件业十强企业、7家中国出口工程(COSEP)示范企业等。2014年高新区（滨江）积极加大对信息软件产业支持力度，加强顶层设计，加快创新平台建设，引进阿里巴巴软件研发项目等重大项目，信息软件产业继续保持快速增长势头。2014年中国软件业务收入百强企业中，高新区（滨江）有8家企业位列其中，和上年保持一致，其中海康威视名列榜单第十一位，比上年上升了4位。2014年，高新区（滨江）信息软件产业实现总收入突破千亿元，同比增长超过30%，实现净利润近250亿元，同比增长超过20%。

### 二、物联网产业持续快速发展

随着物联网的迅速发展，高新区（滨江）物联网产业规模快速扩大。至2013年底，物联网产业已经成为高新区（滨江）第二大支柱产业，已基本形成从关键控制芯片设计、研发，到传感器和终端设备制造，再到物联网系统集成以及相关运营服务的产业链体系，集聚了中科微电子、讯能科技、中图射频、聚光科技、海康威视、大华股份、华三通信等多家物联网产业链相关龙头企业。

2014年，高新区（滨江）加快建设"智慧e谷"步伐，通过本地应用带动物联网产业发展，同时大力推动海康威视二期建成投产以及三期工程开工建设，实现了物联网产业持续快速发展。2014年高新区（滨江）物联网产业实现总收入首次突破500亿元，同比增长40%以上；实现利润总额超过120亿元，同比增长30%。截至2014年底，高新区（滨江）拥有物联网企业130余家，在智能

---

[1] 部分内容引自杭州高新技术产业开发区管委会/杭州市滨江区人民政府官方网站。

电网、智能交通、智能家居、环境与安全检测、工业与自动化、医疗健康、金融与服务业等领域具有一定的先发优势和领先地位。其中，智慧安防产业集群名扬海内外，数字安防产业产值占全球的 19%，海康威视、大华股份、宇视科技占据国内数字安防产业前三甲。

### 三、电子商务稳步推进

高新区（滨江）在电子商务方面已覆盖了一、二、三全产业领域，渗透到电子商务的仓储、物流、快递、信息服务外包、商业模式创新等各个环节，形成了较为完备的产业链，拥有阿里巴巴、网易、网盛生意宝等企业，形成了影响全国乃至全球的互联网电子商务集群。2014 年，随着全国网络商品交易额的快速增长，高新区（滨江）电子商务实现稳步发展。阿里巴巴成功在美国纽约证券交易所上市，市值超过 2000 亿美元，成为全球第二大互联网企业和第一大电子商务企业，全年实现网上零售业务总成交额 2.3 万元，同比增长 47%，继续位居全球首位，实现营业收入近 700 亿元，同比增长 40%。网盛生意宝、网易等延续了此前良好发展势头，同时一批电子商务项目相继落地。2014 年高新区（滨江）电子商务实现营业收入 230 亿元，增速连续 5 年保持在 30% 以上。

## 第四节 发展趋势

### 一、坚持产业引领，围绕增强智慧经济规模精准发力

2015 年，高新区（滨江）将坚持云、管、端一体化发展，重点支持集成电路设计、大型软件系统研发、高端计算机研制等 12 个产业细分领域的技术研发和产业化；积极支持企业联合组建工程公司和总包公司；形成滨江设计、滨江制造、滨江建设、滨江运维的一体化模式，努力成为杭州智慧经济应用的先行区；以智慧经济为依托，带动新能源、文化创意、生物医疗健康、体育经济等产业集聚发展。

### 二、坚持创新驱动，围绕提升企业创新能力精准发力

2015 年，高新区（滨江）将继续鼓励企业加大研发投入，确保 R&D 占 GDP 比重保持在 14% 左右。引导组建区智慧产业发展联盟，重点支持智慧安防、工厂物联、智慧医疗健康等领域形成规模化的竞争优势和产业优势。推进金融服务创新，促进科技与金融深度融合，加快金融信息服务公共平台（路演中心）建设，

做好各金融机构和区中小企业交流合作服务。此外，加快孵化器和特色产业园区建设，做大国家、省级孵化器，做强海创基地，做优电子商务专业园区、天和生物医药专业园区。

### 三、坚持招商安商，围绕壮大主导产业能级精准发力

高新区（滨江）将积极推进"大项目带动"和"产业链招商"，主攻世界 500 强、民营企业 500 强和行业领军企业，深入开展浙商回归工程，深化拓展与阿里巴巴、华三、华为、海康威视、网易等领军重点企业战略合作。进一步筛选瞪羚企业，精选成长型骨干企业 30 家作为重点加以培育，力推重点企业爆发式发展、实现弯道超车。同时，高新区（滨江）将深入推进滨江改革创新 11 个具体项目的全面实施，深化工商登记制度改革工作，积极实施产业投资项目行政审批和服务全流程再造，积极依托白马湖、物联网园区、互联网示范区（北塘河畔）、智慧新天地等平台载体，优化招商环境，提升服务能力。

# 第三十一章　张江高科技园区

## 第一节　园区概况

张江高科技园区位于上海浦东新区中南部，成立于1992年7月，是中国国家级高新技术园区，与陆家嘴、金桥和外高桥开发区同为上海浦东新区四个重点开发区域。1999年，上海市政府颁布"聚焦张江"战略。集中体现创新创业的主体功能，集中力量把园区建设成申城技术创新的示范基地，明确园区以集成电路、软件、生物医药为主导产业，张江高科技园区步入了快速发展阶段。2009年，浦东和南汇合并，张江迎来新一轮发展机遇，张江高科技园区获得更大的区域空间和产业空间，吸纳康桥工业园、国际医学园共同并入张江核心园版图。

2011年，张江获批国家自主创新示范区，并推出"张江创新十条"，张江高新区核心园扩大至75.9平方公里，2011年国家自主创新示范区获批以来，新区上下合力推出"张江创新十条"，创新性地提出了双"1000"计划、代持股资金、市场化"张江人才"评选、"土地二次开发"、"园区企业参与园区管理"、"限价商品房"等十项先行先试举措，着力在科技机制、创新创业环境、人才发展机制等方面进一步释放创新生产力。

## 第二节　发展特点

### 一、打造"四新"经济孵化集聚区

随着上海市大力支持"四新"企业发展，促进以新技术、新产业、新模式、新业态为核心的"四新"企业成为区域经济转型的重要载体。张江高科技园区加快搭建"四新"企业平台,计划设立"四新"经济示范性企业孵化集聚区,以点带面提升"四新"经济创新创业的环境,着力培育一批"四新"经济行业领军企业。园区引领产业发展,实现自主创新突破。当前产业边界日益模糊,融合创新发展趋势愈发显著。张江高新区着力汇聚高端总部和研发中心,进一步发展物联网、云计算、机器人、3D打印等智能制造项目,重点打造高端医疗器械研制、个性化医疗器械和交易中心功能,使张江高科技园区在融合创新的新形势占据有利竞争优势。

## 二、构筑完备的园区创业体系

园区构筑了完备的产业链条和创业促进机制,并不断营造良好的创业氛围。目前,园区的国家级产业基地包括国家国家集成电路产业基地、上海生物医药科技产业基地、国家半导体照明产业基地、国家信息产业基地、国家软件产业基地、国家软件出口基地、国家"863"信息安全成果产业化(东部)基地、国家网游动漫产业发展基地、国家文化产业示范基地等多个国家级产业基地。园区建有国家火炬创业园、国家留学人员创业园,拥有多类型、多模式的企业孵化器,数量众多的创业企业在此实现创新发展,园区创业文化和创业氛围不断形成完善。

## 三、提升综合配套服务水平

张江对已有产业政策中不利于高新技术产业发展、不符合国际惯例的制度设计,进行了积极的改良,并依托浦东综合配套改革所赋予先行先试权,不断提升园区的综合配套服务水平。如张江药谷 CRO 企业便捷通关新模式,集成电路产业链全程保税监管模式试点等举措,有效提高了服务企业的效能。针对企业在创立之初可能遇见的相关问题,涉及前沿性、交叉性、边缘性的新型业态、新型商业模式,能够在张江园区借助综合配套改革平台得以解决和突破。张江园区在管理创新方面的不断积累和突破,使园区"创新"和"转型"具有较高水平,有效提高园区企业的满意度和促进园区产业的创新发展。

## 四、加快招商引资合作步伐

园区加快招商引资合作步伐,2014 年重点引进 FMC 亚洲创新中心、安进亚洲研发中心,并与中投集团和中国电子达成战略合作协议。在招商引资重点项目方面，FMC亚洲创新中心设施先进，作为公司创新研发团队、运营支持团队以及高级管理团队在亚太地区的崭新基地。安进亚洲研发中心是安进公司在亚洲首个综合研发中心，涉及发现、筛选、临床研究、新药申报的完整研发链条，也是跨国公司在国内开展生物医药研发的极少数基地之一。在战略合作方面，张江园区与中投集团签署全面战略合作协议，合作内容涉及园区南区、中区的规划建设，北区二次开发，临港开发建设和设立投资基金等。"中国电子信息产业集团第二总部"在张江高科技园区中区建成，在集成电路研发、核心软件研发、金融创新运营、信息安全运营等方面重点投入，此外北车集团、中化集团与张江园区也相继签署投资意向。

## 第三节　发展情况

### 一、园区规模不断提高

2014年上半年，园区内企业实现营业总收入1.4万亿元，较2013年同期增长近20%；实际缴纳税金790亿元，较2013年同期增长16%。2014年，张江国家自主创新示范区的分园总数达到22个，其中张江宝山园、黄浦园、静安园和世博园于2014年获批新建。至此，覆盖上海所有区县。近年来，园区外商投资保持相对稳定态势，每年外商直接投资额保持在10亿美元左右。2014年，园区外商直接投资合同项目百余个，并引进了大量具有一定规模的内资项目，逐步调整内外资的协调发展，有利于降低对外资的依赖程度，进一步优化园区经济结构。

### 二、生物医药产业增势强劲

张江园区作为中国最大的生物医药领域研发基地和产业基地，经过多年发展，园区生物医药产业已形成从新药探索、药物筛选、药理评估、临床研究、中试放大、注册认证、量产到药品上市的完整产业链，是我国国际新药研发注册最多、创新药物研发数最多、承接研发外包业务最活跃、CRO机构集聚度最高的园区之一。2014年，园区汇集了覆盖新药创制各环节的研发、制造机构400余家，前十位的生物医药企业工业总产值近200亿元。其中，产值过亿元的生物企业近20家，超过10亿元约5家，发展中突出骨干企业、重点领域、品牌产品，为园区生物医药产业进一步发展带来新动力。

### 三、集成电路产业增速放缓

张江园区作为我国最大的集成电路产业园区，2014年已集聚了集成电路设计企业近100家，涉及产业链上下游的设计、制造、封装测试和设备材料等企业共计约140余家，并扩展至国内外高校、研究机构和技术中心，推动集成电路产业规模的稳步扩大和技术水平的不断提高。2014年，张江园区的集成电路产业销售收入达到上海市的一半左右，其中集成电路设计业销售额超百亿元，占上海市集成电路设计业销售比例约70%。中芯国际、展讯通信、华虹宏力、格科微电子、环旭电子、昂宝电子等国内集成电路骨干企业均落户张江，特别是展讯通信和格科微电子的发展效益尤为突出。2014年多家集成电路企业在自主研发和市场推广方面均取得一定成效，产业发展动力持续增强。

### 四、文化产业稳步发展

张江文化产业园是上海文化产业园区、国家级文化产业示范园区。2014年，按照《上海推进文化和科技融合发展三年行动计划》要求，以张江文化创意产业示范基地为主要载体，各种类型创新要素的加速集聚。园区文化产业链方面已聚集盛大、PPTV、沪江网、河马动画、网易等知名品牌文化传媒企业，并通过鼓励文化产业投资、推动文化要素流通、促进文化项目转化、鼓励创新平台经济等诸多举措开拓高科技文化产业。2014年，张江文化园区服务文化科技企业超400家，数字出版、动漫影视、移动互联网、文化装备等重点发展产业产值近300亿元，连续多年园区年产值增长率超过20%，已成为上海文化创意产业发展的新高地。

## 第四节　发展趋势

### 一、园区规模有望进一步扩大

截至2015年，张江高科技园区核心园固定资产投资近5年总规模将达1000亿元，每年保持200亿元的固定资产投资规模增幅，每年保持20%的营业收入增速，到2015年，园区实现营收7500亿元。在空间容量上，在建400万平方米，待建400万平方米，如惠普、诺华和复星等大型研发项目将相继落地张江高科技园区，并致力于培育卓越的国际一流创新公司，在世界科技领域拥有重要地位。

## 二、全力打造"E产业"和"医产业"

未来数年，张江园区将全力打造具有国际影响力的"E产业"和"医产业"。其中，"E产业"基于互联网和移动互联网等信息技术，涵盖集成电路、信息技术、文化创意，"医产业"涵盖医学、医药、医械和医疗健康产业。两大产业的打造将在继承张江园区传统优势的基础上，在融合创新方面发挥更大的潜能。张江核心园将向临港、金山实现"两转移"，向东（银行卡产业园、东联发产业园）、向南（康桥园区）实现"两渗透"，在现有产业布局基础上，进行差异定位，形成互补协同发展局面。

## 三、形成沟通南北的"创新创业走廊"

随着2015年张江临港孵化器的正式启用，入驻项目将享受张江园区输出各种类型资源和服务，以及临港地区创新创业政策和税收等方面的扶持政策。在中部，张江产业将向康桥园区、国际医学园渗透，形成协同发展和资源互补。在北部，张江核心区内的国际创新中心未来将打造成为具备相当竞争力、辐射力和影响力的国际创新中心。张江园区逐步形成沟通南北的"创新创业走廊"，使张江园区发展为具有全球影响力的科技创新基地。

# 企 业 篇

# 第三十二章 计算机行业重点企业

## 第一节 联想集团有限公司

### 一、总体发展情况

2014/15 财年，联想集团 Q1（自然年二季度）营业收入为 103.95 亿美元，同比增长 18%，盈利同比上升 23% 至 2.14 亿美元；Q2（三季度）营业额同比上升 7% 至 105 亿美元，盈利同比上升 19% 至 2.62 亿美元；Q3（四季度）营收 141 亿美元，同比增长 31%；净利润 2.53 亿美元，同比下降 5%。2014 年第四季度，联想个人计算机业务的销售收入为 91.47 亿美元，占本集团整体收入约 65%，同比增加 5%。其中，商用个人计算机销量同比下跌 1%，市场则同比下降 3%。

在广义个人电脑领域（个人电脑和平板电脑），联想首次成为全球第一大厂商，2014 年市场份额达 14.1%，比 2013 年同期上升 1.2 个百分点。其中集团在全球的平板电脑销量达到 300 万台，比 2013 年同期上升 30.6%。联想连续第六个季度成为全球最大个人电脑厂商，季度市场份额节节攀高，比 2013 年同期上升 2.1 个百分点至 19.7%。联想智能手机的销量比 2013 年同期上升 38%，季内继续保持第四位，而完成对摩托罗拉移动的收购后，联想在智能手机市场晋升成为全球第三位。

### 二、企业发展策略

#### （一）市场战略

2014 年 9 月 22 日，联想集团在北京正式发布了中国企业级核心战略——"腾云计划"。通过"腾云计划"，联想吹响了发力云计算市场的号角。根据计划，联想将在中国兴建 50 个云计算中心，培训出超过 1000 个云计算基础架构的专家；建设开放的中国云生态系统，招募 100 个以云计算方案为业务重心的方案型渠道，并通过多种方式支持现有的渠道转型。

10 月 15 日，联想集团宣布成立一家全新的子公司，完全基于互联网平台打造中国领先的互联网模式的智能终端和服务业务。该公司将于 2015 年 4 月 1 日正式开始运营，届时将拥有独立的公司名称及全新的子品牌。这个举措的目的是将用互联网思维打造产品计划，以用户的深度参与为核心，实现业务的重大突破。新的业务模式将端到端地整合硬件、软件及应用和互联网服务。

### （二）产品战略

2014 年 1 月 23 日，联想集团宣布收购 IBM 低端服务器，即 X86 服务器业务。交易总价为 20.7 亿美元现金，以及 1.82 亿股联想集团定向发行的股票。联想对 IBM 的并购不仅在现金和股票层面，还将进行人才层面的收购，并购后 IBM 的 7500 名正式员工以及 1500 名合同员工都将加入联想集团。该项收购已于 2014 年 9 月底完成。

通过并购，联想实现了以下战略目标：一是在个人电脑市场，从 2013 年上半年开始，联想已经稳定在世界第一的霸主位置，但是在全球个人电脑市场加速缩水和产业链竞争态势的背景下，联想也不断加强云端布局，通过并购 IBM 的低端服务器，不仅能够获得 IBM 长期稳定的国际企业客户，更能获得从电脑终端向服务器的产业链延伸，才可能在与惠普的竞争中保持优势。二是着眼利润的战略转型。虽然联想已经是世界领先的手机制造商和排名第一的计算机巨头，但是从利润率的角度看，国际手机市场的利润份额几乎被苹果和三星两家巨头分割，而 IBM 服务器部门的利润也高达联想个人电脑业务利润 2 倍有余。通过并购，联想可以汲取 IBM 长期累积的技术、人才、管理的养分，通过整合供应链，进一步提高主营业务的利润率，真正实现我国电子信息企业"由大变强"的目标。

## 第二节　浪潮集团有限公司

### 一、总体发展情况

2014 年浪潮服务器出货量 80929 台，市场占有率达到 19%，位居中国第一、全球市场第五，同比增长 288%，成为服务器行业全球增长最快的厂商。

## 二、企业发展策略

### （一）产品战略

2014年1月，中国首款基于自主设计的32路关键应用主机——浪潮天梭K1系统正式上市，目前已经进入全面商业化应用阶段。在天梭K1系统的硬件方面，浪潮设计完成了基于CC-NUMA的多平面全互联紧耦合共享存储器体系结构等关键技术，研制成功关键应用主机两大核心部件之一处理器协同芯片组。在软件方面，浪潮自主开发完成了操作系统K-UNIX，这是中国第一款通过Open Group UNIX 03认证的操作系统，有助于打破某些国外厂商的技术和应用壁垒。目前，天梭K1系统已经经受了严格实验测试和实际应用检验，在新疆建行、中国邮储银行、中国进出口银行成功实现商业化应用。

2014年3月，浪潮推出国内首款面向金融行业的大数据定制机。浪潮云海金融大数据一体机基于分布式开放架构的浪潮云谷Cloud Canyon，采用了Share Nothing架构设计，数据导入速度高达每秒100万条。

12月浪潮正式启动主机安全战略，并发布中国首个集硬件、操作系统、安全软件"三位一体"的主机安全方案，填补了我国在主机安全领域的空白。浪潮信息安全战略聚焦在主机安全领域，着力推进中国"主机安全体系"建设，其核心在于依托自主创新，发展安全可控的主机安全关键技术及系列产品、方案。

### （二）市场战略

2014年9月，浪潮与开源厂商红帽公司签署战略合作协议。双方基于红帽企业Linux 7以及浪潮9大类X86平台产品展开战略性合作。合作后，浪潮将成为红帽OEM合作伙伴，双方还将在红帽企业级Open Stack平台等云计算、大数据、存储、虚拟化等层面开展深入合作。

2014年9月，浪潮发布K1 910并启动"K迁工程"。"K迁工程"是浪潮帮助用户将关键业务系统从IOH(IBM、Oracle、HP)系统迁移到天梭K1平台的系统工程。浪潮K1系统已经成功进入12大关键行业，同时打通了国内外两大产业生态，近百家国内外合作伙伴已经积极参与到"K迁工程"当中，"K迁工程"已经由一个浪潮推动的工作上升为产业生态共同推动的工程。

2014年9月，浪潮与中国网络解决方案领导品牌锐捷网络在北京签署战略联盟协议，旨在推动我国云数据中心领域计算、存储与网络技术的深度融合，并率先推出了一系列全自主的计算网络深度整合的云数据中心方案。

## 第三节　曙光信息产业有限公司

### 一、总体发展情况

2014 年，中科曙光围绕高端计算机的软件开发、系统集成及技术服务贡献了高达 29.62% 的利润，超过了通用服务器和储存产品的总和。

### 二、企业发展策略

#### （一）融资战略

2014 年 11 月 6 日，中科曙光在上交所上市，并连续 22 个涨停板，中科曙光自上市以来涨幅为 865.6%，"高性能计算"第一股的概念被资本市场高度认可。上市对于加速曙光的市场化和产业化影响力毫无疑问是一剂良药，有了资本市场的助力，使企业无论从技术研发、市场拓展还是渠道布局上都能够进一步加快。

#### （二）创新战略

11 月，曙光宣布推出基于龙芯 3B 处理器的服务器、桌面终端产品及全自主可控可信计算服务器产品，从系统到芯片全部是自主可控的中国造。曙光利用其在高性能计算领域的积累，采用集群和系统优化的思路来弥补国产服务器芯片的性能不足，在系统创新上获得突破。

# 第三十三章　通信设备行业重点企业

## 第一节　华为技术有限公司

### 一、发展情况

华为公司产品主要涉及通信网络中的交换网络、传输网络、无线及有线固定接入网络和数据通信网络及无线终端产品，并成立了华为终端专门经营移动智能终端领域，取得了巨大成功。2014 年，华为公司销售额达到 460 亿美元，同比增长 15%；智能手机出货量超过 7500 万部，同比增长 40%；消费者业务营业收入超过 118 亿美元，同比增长约 30%。更引人注目的是，华为海思成功推出自主高端基带芯片麒麟系列，并在其旗舰机型上使用，摆脱了对高通公司的技术依赖，同时华为更是凭借 Ascend Mate 7 手机一举成功闯入全球中高端市场。而在低端市场，华为主导产品荣耀系列也是大获全胜。目前，华为智能手机全球市场份额达到 5.9%，排名全球第五；国内市场占有率为 15.2%，排名第二。

2014 年上半年，华为在 IT 领域推出了包括领先业界一代的 OceanStor V3 系列存储系统、新一代 V3 系列四路、八路关键业务服务器在内的一系列创新产品。此外，华为还与西班牙电信签署了 UNICA 合作项目，深化 ICT 转型战略合作；与英特尔展开存储战略合作，加速大数据技术发展；进一步拓展与 SAP 的联盟合作，推出 FusionCube for SAP HANA 一体机解决方案；与全球 IT 托管领导者 LeaseWeb 进行战略合作，聚焦服务器联合创新；"FusionSphere 用户联盟"成员超过 150 家，深度聚合云计算产业链力量。9 月 23 日，华为斥资 2500 万美元收购了英国领先的蜂窝物联网芯片和解决方案提供商 Neul，成功参与到全球物联网领域标准制定工作之中。

## 二、发展策略

2014 年，华为已由原来的专注于电信设备领域，通过相关多元化扩张至企业信息化业务和消费者业务。依托芯片设计、系统集成、软件与云计算、大数据、4G 通信等多方面的技术积累，根据客户性质的不同，华为已经成立了从电信运营商到企业到消费者的三大业务集团。在消费者业务方面，华为已经在全球各地设立了研发中心，并积极扩大旗下的终端业务和规模。2014 年 9 月，华为在德国 IFA 开展前夕发布了基于自主麒麟处理器的高端旗舰产品 Ascend Mate 7 智能手机，售价在 499—599 欧元左右。2014 年华为消费品全球品牌知名度从 2013 年的 52% 提升到 70%，在发达国家市场上品牌知名度更有 3 到 4 倍的增长。此外，华为全力进军中高端市场，旨在加大高端手机在公司产品结构中的比重。

# 第二节　联想集团有限公司

## 一、发展情况

联想集团是在信息产业内多元化发展的大型国际化企业。2014 年 10 月，联想完成了对摩托罗拉公司的收购，一举成为智能手机行业的全球第三大公司。市场调研机构 IDC 称，联想 2014 第二季度中国区智能手机出货量同比上升 20%，首次超越三星，取得 12.5% 的市场份额。第二季度，联想的智能手机总销量首次超越其个人电脑销量，销量达到 1580 万部，同比上升 39%。联想手机在海外市场增长飞快，其中，东南亚市场增长了接近 300%，东欧市场增长超过 500%，拉丁美洲市场增长在 50% 以上。2014 上半年，联想集团净利润高达 4.76 亿美元，并于下半年发布了 64 位智能手机 Vibe Z2 和平板电脑 Yoga 系列。全年来看，联想在全球智能终端设备市场位列第三，市场份额达到 7.9%，仅次于三星和苹果；国内市场占有率 20.3%，排名第一。

近几年内，苹果、三星两家公司一直统治着智能手机产业的第一阵营，第二阵营则长期群雄混战，收购摩托罗拉后的联想集团有望从第二阵营"突出重围"。国内手机厂商在海外市场的征途上普遍遭遇专利限制。收购摩托罗拉后，联想拥有的丰富专利组合和知识产权许可，能够让其在全球所有市场，尤其是成熟市

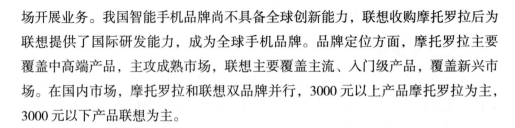

场开展业务。我国智能手机品牌尚不具备全球创新能力,联想收购摩托罗拉后为联想提供了国际研发能力,成为全球手机品牌。品牌定位方面,摩托罗拉主要覆盖中高端产品,主攻成熟市场,联想主要覆盖主流、入门级产品,覆盖新兴市场。在国内市场,摩托罗拉和联想双品牌并行,3000元以上产品摩托罗拉为主,3000元以下产品联想为主。

## 二、发展策略

2014年,为顺应互联网浪潮的转型,联想集团改变经营战略,决定成立全新子公司,基于互联网模式推出智能手机等终端产品。目前,联想集团是全球第三大智能手机厂商,并夺得了中国智能手机市场王座,但其产品主要在线下开放市场和运营商市场进行销售。因此,联想有意借助新公司更多地从互联网模式获得用户。受华为、小米等手机公司快速崛起的影响,联想2013年再度强化了转型互联网业务的理念,不仅成立了数字营销团队,还推出了互联网创业平台NBD,其投资业务乐基金也重点瞄准互联网领域,而互联网子公司的成立,标志着联想向互联网转型又迈出了一步。智能手机产业,知识产权日益成为企业提高竞争力,打败竞争对手的有力武器,联想完成对摩托罗拉的收购,获得了品牌效应和大量知识产权,为其全球化战略的实施提供强力保障。企业投资并购,已经成为联想集团的重要发展战略。

# 第三节 北京小米科技有限责任公司

## 一、发展情况

小米公司成立于2010年,是一家在智能手机、互联网电视领域具有自主研发实力的创新型科技企业。小米手机、MIUI、米聊、小米网、小米盒子、小米电视和小米路由器是公司七大核心业务。小米公司将小米手机打造成全球首个互联网手机品牌,首创了用互联网思维开发手机操作系统的模式。小米公司在机顶盒、互联网电视和路由器等领域也颠覆了传统市场。同时,小米公司也在积极打造小米生态链体系。2014年,小米共售出6112万部手机,同比增长227%,全球出货量排名前五;销量额含税达到743亿元,同比增长135%。短短四年内,小米获得巨大成长,单季度市场份额一度稳居全球第三、国内第一,作为全球增长最快的互联网公司，小米估值更是达到了 450 亿美元。2014 年，小米智能手机全球市场占有率为 5.2%，排名第六；国内市场占有率为 13.5%，排名第三。

## 二、发展策略

2014 年，小米公司继续贯彻互联网思维的营销理念，打造"硬件 + 软件 + 内容 + 服务"的健全生态体系，并积极与用户互动。小米的发展策略是以用户需求为基础，了解用户的想法，然后反过来做好产品，并通过高调举办发布会、配合饥饿营销等互联网思维模式在第三季度取得全球出货量第三的佳绩。此外，小米还广泛涉猎各个产业如智能硬件、空气净化器、可穿戴设备等；小米通过与美的合作，迈入智能家居行业；小米参投美国可穿戴设备商 Misfit，积极开拓海外市场业务。但是由于自身专利储备不足，在印度市场遭遇爱立信的诉讼，并一度被禁止在印度市场销售红米手机。

# 第四节　中兴通讯股份有限公司

## 一、发展情况

受益于国内 4G 系统业务和国际 3G/4G 手机业务规模持续增长，尤其是公司盈利能力持续改善，中兴通讯实现了营业收入和毛利率的双重提升。2014 年，中兴营收 812.42 亿元，同比增长 7.99%，营业利润 1.04 亿元，同比扭亏；利润总额为 36.29 亿元，同比增长 98.54%。中兴智能手机全球出货量达到 4500 万部，同比增幅高达 42%，并在美国市场取得优异表现，目前已成为美国成长最快的中国品牌之一。2014 年，中兴智能手机全球市场占有率 3.1%，排名第九；国内市场占有率 8.1%，排名第五。此外，中兴还发起成立智慧语音联盟，这是全球首个智慧语音联盟，旨在实现语音上下游产业链的资源共享，推动智慧语音的普及化应用。联合发起方中科院自动化研究所、Nuance、Audience 等都是语音产业领域的顶级科研院所和企业。

## 二、发展策略

2014 年，在信息安全日益重要的背景下，中兴适时改变发展战略，主打安全可靠的智能手机，其旗下星星系列、天机系列和 nubia Z7 等三大明星系列机型表现尤为突出。其中，星星系列全球出货量已突破百万部。中兴高端子品牌

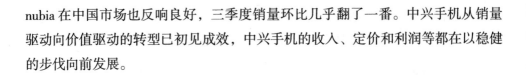

nubia 在中国市场也反响良好，三季度销量环比几乎翻了一番。中兴手机从销量驱动向价值驱动的转型已初见成效，中兴手机的收入、定价和利润等都在以稳健的步伐向前发展。

## 第五节　宇龙计算机通信科技（深圳）有限公司

### 一、发展情况

宇龙通信是智能手机、移动数据平台、增值业务运营一体化解决方案提供商。2014 年，宇龙旗下酷派在全球智能手机市场排名前十，智能手机出货量预计为 6000 万部，其中 4G 约 4000 万部。在产品层面，酷派陆续推出了行业内独一无二的安全系列手机，尤其是年底亮相的安全旗舰机——铂顿。在技术创新层面，酷派亦在双操作系统、新材料、新工艺等方面取得了突破。同时，酷派集团精心打造的精品路线 –V/S/K 系列暨新品牌——IVVI，初见端倪，展示了在高端市场坚守高品质的决心。在电商领域，新品牌——大神（Dazen）势如破竹，已在国内及部分国家取得了不错的成绩。2014 年，宇龙酷派智能手机全球市场占有率 4.2%，排名第七；国内市场占有率 10.7%，排名第五。

### 二、发展策略

2014 年，酷派宣布互联网手机品牌"大神"独立运营，并且表示全年销售目标 100 亿，并坚持精品化战略。进入下半年以来，酷派进行了一系列大刀阔斧的战略调整，回归精品化、布局社会化渠道、推出新品牌 IVVI，紧接着又在 12 月宣布与互联网公司奇虎 360 合作打造电商品牌大神。随着酷派、大神、IVVI 这三大子品牌的逐一露出，酷派集团的战略路线也变得愈发清晰明显。酷派旨在通过酷派、大神、IVVI 三大子品牌同时发力运营商、电商、公开渠道三个不同的市场以及海外市场。在产品层面，宇龙酷派陆续推出了行业内独特的安全系列手机，其中铂顿手机在技术创新如双操作系统、新材料、新工艺等方面取得了突破。

## 第六节　大唐移动通信设备有限公司

### 一、发展情况

大唐移动依靠自主技术积累，构建核心技术链，从标准、专利等高端技术环节出发，以提升 TDD 系统性能为重要目标，相互支持，取得了长足发展。过去十年里，大唐移动专利申请的年复合增长率超过了 50%。截至 2014 年 9 月，大唐在全球累积申请专利超过 1.8 万件，获得专利授权超过 8000 件。其中，发明专利占比达 90%，年度 PCT 专利申请公开量位居世界百强，且国际专利申请已进入多个国家和地区。

### 二、发展策略

从 3G 时期起，大唐成立 TD 产业联盟、免费释放核心知识产权，以合竞的方式推动了整个 3G 通信产业的成功。目前，大唐提出并主导的 TD-LTE 技术已经辐射产业链上 200 多家企业，形成上万亿元产值。通过 TD 产业联盟，运营商、设备商、制造商联合的努力，打通了产业链，形成了从网络、芯片、终端、仪器仪表到天线等覆盖完整的产业布局。除了在 TD-LTE 技术标准发展以及产业化推动中扮演了不可或缺的角色外，大唐移动在实际的 TD-LTE 网络建设中，也起到了重要的作用。

## 第七节　烽火通信科技有限公司

### 一、发展情况

2014 年，烽火通信成功实现了 800—1000 吨光纤预制棒生产能力，完成"光棒—光纤—光缆"全产业链布局。工艺上，烽火通信光纤预制棒生产采用目前国际上最先进的 VAD+OVD 及 VAD+PCVD+OVD 制棒工艺，并在光棒设计、核心工艺技术等方面自主研发，实现光棒沉积速率提升 70%，沉积效率提升 60%。推出 OTN/PTN/IPRAN 解决方案，在 PON 领域也在开始进行研究。烽火通信已经在转发面、南向接口、控制器、北向接口和应用层都掌握核心技术，面向 SDN 演

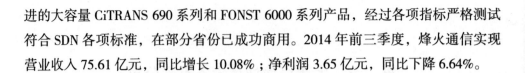

进的大容量 CiTRANS 690 系列和 FONST 6000 系列产品，经过各项指标严格测试符合 SDN 各项标准，在部分省份已成功商用。2014 年前三季度，烽火通信实现营业收入 75.61 亿元，同比增长 10.08% ；净利润 3.65 亿元，同比下降 6.64%。

## 二、发展策略

作为中国制造业进军海外市场的代表企业之一，烽火通信在十多年的摸爬滚打中，逐渐改变了过去被动承接出口订单的发展模式，不断加强与全球主流运营商的交流和沟通，业务项目从原来单一的产品销售发展到能为客户提供交钥匙工程的"一揽子"解决方案，国际版图从亚非拉等发展中国家逐步向欧美等发达国家拓展。2014 年，烽火通信在国际市场上处于加快突破的阶段。烽火通信在海外战略上坚持"农村包围城市"的同时,在战术上积极推行"一区一策,一品一策"的策略。"一区一策"就是按照不同的国家和地区制定差异化营销方案 ；"一品一策"则是根据区域市场的特点制定各类产品的产品推广策略。目前，烽火通信已先后与马来西亚电信、印尼电信共建联合创新中心，以便根据客户的个性化需求快速定制解决方案。与此同时，烽火还在拉丁美洲建设当地最大的光缆厂，以快速响应客户的交付需求。

# 第三十四章　家用视听设备行业重点企业

## 第一节　TCL集团股份有限公司

### 一、总体发展情况

TCL集团营业收入达到1010亿元，同比增长18.4%，净利润42.3亿元，同比增长46.8%。其中，归属于上市公司股东的净利润31.8亿元，同比增长51.0%。TCL多媒体电子实现电视产品销量1673.9万台，同比下降8.2%，华星光电投产玻璃基板160.5万片，同比增长15%。截至2014年底，TCL有75000名员工，在全球80多个国家和地区设有销售机构，并在全球拥有23个研发机构和21个制造加工基地。TCL旗下TCL多媒体电子的电视市场份额排名全球第四；华星光电维持全球第五大液晶电视面板厂商位置。

### 二、企业发展战略

#### （一）转型战略

2014年，TCL集团正式发布"智能+互联网"、"产品+服务"的"双+"转型战略，开启面向智能和互联网时代的全面战略转型。"双+"转型战略旨在重新定义以用户为核心的企业理念，基于互联网、智能交互、云计算和大数据等新技术，通过打造类型丰富的智能产品和服务平台，在技术、产品、经营和商业模式方面进行彻底革新。目前，TCL拥有家庭娱乐终端，智能移动终端，智能健康家电三条产品线，在此基础之上，TCL将积极搭建应用服务平台，构筑内容提供商、服务商、应用开发者的生态体系，通过实施"抢夺入口与经营用户"、"以O2O公司重构线上线下业务作为互联网化的先锋"和"建立产品加服务的新商业模式"

237

实现全面战略转型。"双+"转型战略展示了TCL进行互联网转型的决心，将逐步形成互联网时代TCL新的核心竞争力。

### （二）管理战略

2014年，TCL在提升管理能力和运营效率的基础上，不断地强化各产业间的协同效应，整体竞争力不断增强。多媒体业务借助华星光电向产业链上游延伸，增强了产品的研发设计实力，并通过产品结构调整和营销渠道拓展有效提升了市场占有率和盈利能力。2014年，华星光电液晶面板T2生产线提前竣工投产，T2项目为8.5代线液晶面板生产线，预计设计产能10万片/月，支持GOA、IGZO、LTPS、曲面显示等多种新技术。9月，华星光电投资160亿元建设的6代显示面板生产线T3项目在武汉开工，项目一期设计产能3万片/月，达产后每年生产显示面板或模组约8800万片，可实现产值超百亿元。当前，华星光电不仅向TCL多媒体供货外，也向海信、长虹、康佳、创维、三星、冠捷等国内外彩电厂商供货。TCL彩电业务加强与公司内部产业协同联动，通过优化产品结构和共享销售渠道实现视听多媒体集团业务整体逆市增长。

## 第二节　青岛海信电器股份有限公司

### 一、总体发展情况

2014年前三季度，海信电器公司营业收入达到210.9亿元，同比增长2.1%，归属于上市公司股东的净利润达到9.2亿元，同比降低18.4%。2014年，海信海外市场发展情况向好，海信海外收入同比增长19.5%，其中电视产品海外收入增长40.8%，海信电视的全球市场份额已达5.9%，排名第四，海信超高清电视的市场占有率排名全球第二。

### 二、企业发展战略

### （一）创新战略

2014年，海信重点在智能电视新型显示和应用程序开发方面取得了一系列新进展。海信推出多款ULED电视，作为面向电子医疗显示和高端液晶电视研发的自主创新显示画质技术，在产品定价方面具有独特优势，在ULED电视市场业绩的推动下，其4K超高清产品市场占有率达到9.2%，跃居全球市场前三位。9

月 10 日，海信发布自主研制的 100 寸激光影院系统，采用超短焦激光投影技术，具备超大屏、高清化、智能化特征，成为同领域全球领先的家用激光电视产品。在应用程序开发方面，海信推出家庭社交圈"聚享家"APP，实现手机移动端和电视端的信息互动，在智能电视软件开发方面保持一定优势。海信智能电视运营报告数据显示，2014 年上半年，海信智能电视激活率达 85%，2014 年底用户数量突破 800 万，创新战略的深入实施使海信智能电视用户体验持续改善、用户黏性不断提高。

**（二）国际化战略**

2014 年，海信以高端战略和自主品牌为核心，积极拓展海外市场，在国际化方面取得不俗成绩。截至 2014 年底，海信在南非、埃及、阿尔及利亚等地拥有生产基地，在美国、欧洲、澳洲、日本等地设有销售机构，产品远销欧洲、美洲、非洲、东南亚等地区的 130 多个国家和地区。近年来，海信国际业务销售额年均增长都超过了 20%，2014 年出口额达 31 亿元，电视业务海外出口 600 万台。特别在欧洲地区，海信产品因其准确的市场定位获得欧洲市场肯定，2014 年海信产品在欧洲区域的销售额相比初入市场的 2011 年增幅高达 712%，其中德国区域增长超 10 倍，海信 UHD 超高清系列电视在德国、意大利等区域的销量已进入市场前四位。不仅如此，海信产品在中东地区亦实现快速增长，2014 年 1—5 月中东地区销售额 2000 万美元，全年销售额增速约 100%。

# 第三节　康佳集团股份有限公司

## 一、总体发展情况

2014 年，康佳集团前三季度营业收入为 134.7 亿元，同比下降 7.4%，其中第三季度营业收入为 50.7 亿元，同比下降 1.1%。前三季度实现净利润 4757.9 万元，同比增长 5%；其中第三季度实现盈利 221.9 万元，同比大幅增长 116.3%。2014年彩电行业技术加速变革，公司彩电业务在"塑品牌、提规模、调结构、挖潜力"的总体策略指引下，准确把握住彩电智能化和大屏超高清化的产业变革机遇，通过整合上下游产业链资源，确保产品和技术的领先，销售收入增长速度快于行业的增长速度。在销售收入增长的同时，销售结构也有所改善，销售质量有所提升。

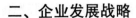

## 二、企业发展战略

### （一）转型战略

2014 年，康佳整体布局转型互联网的战略目标，在发挥智能电视优势地位的基础上，提出易终端＋易平台"1+1 战略"，着力打造中国第一个智能电视的互联网运营平台。其中，易终端是简单易用的智能电视终端，易平台是开放易享的互联融合平台。康佳深化智能电视内容生产和分销平台建设，并先后推出多款智能电视终端，在产品创新的基础上实现精准营销。康佳计划投入 1.5 亿元打造整合物流、服务、调试的综合服务系统，在信息系统建设方面更进一步。康佳加强与腾讯、阿里、优酷、京东等不同类型企业的战略合作，不断提升传统整机厂商的增值服务水平。康佳智能电视通过导入以用户为中心的思维模式，不断整合上下游优势资源，持续推进产品全生命周期管理，以大数据管理为手段，为用户创造更多价值。

### （二）产品战略

2014 年，康佳发布易酷 1800 系列、易炫 9800 系列、易彩 6600/6800 三个系列智能电视，"易系列"不仅具备超高清 4K 技术、10 核平台和 Android4.3 系统，并采用易联、易控、易 UI 等创新性功能。特别是其易控功能，采用"五键盲操"的遥控器，内置能够控制家中不同电器的云计算红外线设备，开发家庭互联互通操控的新方式。12 月，康佳推出易 TV·Slim2 8900 系列、易 TV 4K OLED 90U 系列两款智能电视。易 TV·Slim 2 采用超薄轻工艺，机身厚度仅为 7.5mm，49 寸易 TV·Slim 2 重量仅为 13.5kg，采用独创 SCG 超画质技术，具有出色的画质表现。在此基础上，康佳易 TV 通过与腾讯开展战略合作，在电视游戏娱乐方面进行深层次开发，为用户提供更丰富的使用体验。康佳从战略转型到产品创新，以打造旗舰型产品不断强化品牌竞争力，从而促进企业可持续发展。

# 第四节　四川长虹电器股份有限公司

## 一、总体发展情况

2014 年前三季度，长虹集团实现营业收入 412.8 亿元，较上年同期下降 1.8%；归属于上市公司股东的净利润为亏损 3.1 亿元，同比下降 201.3%。2014 年长虹集团深化互联网转型，加强与产业链上下游企业的协作。长虹携手五粮液共同打造高端光电产业，并且与海立股份合作成立公司，与西南商贸城进行战略合作伙伴，与美菱合资成立电商公司进一步拓展市场渠道。

## 二、企业发展战略

### （一）创新战略

2014 年，长虹全面深化"家庭互联网"转型战略，贯彻以人为中心的"一云多终端"的互联网思维，逐步建立"硬件＋软件＋服务"的差异化生态体系。通过打通家庭互联网中各类设备的核心连接部分，以手机为中心的实现多智能终端广泛协同，解决黑白电、小家电、移动通信之间的连接壁垒。统一的云服务平台，深度挖掘用户数据价值，实现以人为核心的个性化服务。探索在基于"家庭互联网"条件下的家用电器之间的互联、互通、互控，打造智能家电行业的全新生态链。为实现以上转型目标，于 2014 年先后发布 CHIQ 智能冰箱、人体感知空调、100 寸激光电视、无线智能路由器、105 寸超高清曲面电视等多款家庭终端产品，并支持中国电信悦 me 智能家居战略，在智能终端率先落地的基础上，进一步推进"家庭互联网"战略转型。

### （二）品牌战略

2014 年，长虹重点打造 CHIQ 系列产品品牌，先后推出"人体状态感知"的 CHiQ 空调、"无须遥控器"的 CHiQ 电视和"云图像识别"的 CHiQ 冰箱。通过进一步加强品牌建设、品牌协同、使用授权等方面的统筹管理，借助外部专业力量对公司品牌核心理念、品牌架构、品牌管理体系进行重塑，从品牌主张、媒体传播、产品定义等领域系统推进长虹品牌的年轻化、时尚化、科技化。随着等离子业务在全球的普遍衰退，长虹以 6420 万元的价格向绵阳达坤投资有限公司全面出售其等离子业务，以剥离亏损部门，全面聚焦新品牌战略，在智能化转型的关键时期轻装上阵。在世界品牌实验室最新发布的 2014 年"中国 500 最具价值品牌"排行榜中，中国企业总计 29 家上榜，长虹以全球第 296 名列其中，在国内排名第 15 名。

# 第五节　创维数码控股有限公司

## 一、总体发展情况

创维 2014 年财年上半年报显示，集团上半财年营业总额 184.8 亿港元，同比下降 7.7%。创维彩电销量同比增长 6.1%，但由于销售价格的下跌，创维国内电视销售额同比下跌 17.1% 至 114 亿港元。目前创维作为国内外知名的彩电品牌，在国内彩电、数字机顶盒、安防监视器市场占有率，4K 电视市场占有率，彩电行业持续盈利能力，年发明专利数量等方面均位于行业前列。

## 二、企业发展战略

### （一）创新战略

2014 年，创维继续深化实施"双平台、双品牌"的创新发展战略。第一个平台是线下的分销平台，创维在全国 150 个办事处，有销售服务、品牌推广、财务结算等；有客户、专卖店、售后服务，包括物流、服务、客户信息、资产管理以及资金管理等，这是创维要继续强化的一个平台。第二个平台就是"酷开网络"，独立的"酷开"品牌电视和运营机制，集合电视机和视频内容的提供商，包括售后服务、支付系统、客户资源管理、广告、搜索等。两个平台分别是线上和线下，在售后服务、物流等方面均能共享。2014 年，酷开品牌电视销售量达到 60 万台。"酷开 + 创维"在 2014 年 11 月 11 日当日两个品牌销售共计 13 万台。

### （二）转型战略

2014 年，创维集团通过持续改进产品品质和优化产品组合，注重在新兴国家市场设立销售办事处以开拓新的销售点，并把握东南亚及中东等国家因产品结构从 CRT 转型至 LCD 或 LED 电视的机遇，注重新兴市场供应链的完善，推出多元化产品以迎合不同海外客户的需求。加强海外重点市场销售网络的建设，与大型连锁店代理商密切合作，及提供以客户为本的售后服务。通过顺利推进战略合作，产生协同效应，以实现海外业务快速增长。2014 年，创维的彩电、数字机顶盒等产品远销美国、欧盟、日本、俄罗斯以及东南亚、中东、南美等地区。2014 年中期报告显示创维彩电产品的海外市场营业量同比增长 11%，销售收入同比增长 46%。

# 第三十五章　平板显示行业重点企业

## 第一节　京东方科技集团股份有限公司

### 一、发展情况

京东方科技集团股份有限公司创立于 1993 年 4 月，是一家专业经营显示产品与解决方案的企业。经过多年的技术积累与创新，京东方已完整掌握了 TFT — LCD 的核心技术，京东方申请专利数量突破 2500 项，新增专利数量位居全球前三；相继推出全球首款 65 英寸超高清氧化物液晶显示、110 英寸超高清液晶显示、低温多晶硅和氧化物 AMOLED 显示屏，以及 5.5 英寸高分辨率低温多晶硅 TFT-LCD 手机屏等众多全球领先的新技术和新产品，全球首发新产品超过 75%。目前，京东方拥有一条月产能为 4.5 万片玻璃基板的第 4.5 代 TFT-LCD 生产线（成都）、一条月产能为 10 万片玻璃基板的第 5 代 TFT-LCD 生产线（北京）、一条月产能为 9 万片玻璃基板的第 6 代 TFT-LCD 生产线（合肥）、一条月产能为 9 万片玻璃基板的第 8.5 代 TFT-LCD 生产线（北京）、一条月产能为 5.4 万片玻璃基板的第 5.5 代 AMOLED 生产线（鄂尔多斯，建设中），两条 8.5 代 Oxide TFT-LCD 生产线正在建设（合肥、重庆），2014 年京东方实现持续盈利，净利润超过 25 亿元，同比增加 9%。京东方 2014 年智能手机 LCD 面板市占率达 20%，平板电脑 LCD 面板市占率达 31%，蝉联全球业内第一。

### 二、发展策略

#### （一）创新战略

京东方在产品技术方面，注重专利攻防体系建设，参与行业技术标准制定，在新技术、新产品开发时，注重前瞻性和核心竞争力的提高，产品与技术自主创新能力进一步提升。通过自身努力不断创新发展，2014 年，京东方在显示技术创新方面实现了众多突破。京东方的发明专利"移位寄存器单元、显示器用栅极驱动装置及液晶显示器"获得了由国家知识产权局与世界知识产权组织联合颁发的、中国专利奖的最高荣誉——中国专利金奖。京东方新增专利申请量突破 5000 件，累计可使用专利超过 26000 件。通过自主创新和全球合作方式在 AMOLED 方面取得新突破，在大尺寸 AMOLED 技术方面已达业内先进水平。

### （二）跨界合作

2014 年，京东方通过航空、车载、金融、医疗、可穿戴等多项商用跨界合作，抢占未来市场增长高地。在国际化商业战略布局方面，京东方通过投资美国 Meta 公司，在 TFT–LCD、AMOLED 显示技术基础上进一步拓展在可穿戴、增强现实技术领域的发展，不断推动显示技术在新兴市场的拓展和应用。在显示技术跨界合作方面，通过加入工信部等部委指导成立的车载信息联盟（TIAA），京东方开始发力新的利润增长点——车载显示市场，布局即将到来的车联网时代。目前，京东方显示屏已广泛应用于公交、地铁、高速铁路等公共交通领域，在全国市场占有率分别达到 40%、40%、60%。同时，京东方联手平安银行，共同打造"智能银行旗舰店"，为平安银行提供硬件显示载体。客户不再需要填写纸质单据，将享受用平板填表办理业务的自动化流程操作。

### （三）经营管理

2014 年，京东方实现营业收入 368 亿元，同比增长 8%，连续 4 年实现盈利。此外，京东方于 9 月首次实施股份回购计划，截至 2014 年 12 月 31 日，共回购非限售 B 股超过 97.39 万股，占公司总股本 0.28%，占 B 股股本 7.28%，共支付约 2.50 亿港币（含佣金及其他费用）。此次回购有利于保护全体股东特别是社会公众股股东的利益，有利于增强公众投资者信心，并为公司未来进一步发展创造良好条件。

## 第二节　天马微电子股份有限公司

### 一、总体发展情况

公司成立于 1983 年，1995 年在深交所上市，是专业生产、经营液晶显示器（LCD）及液晶显示模块（LCM）的高科技企业。经过二十多年的发展，现已发展成为一家集液晶显示器的研发、设计、生产、销售和服务为一体的大型公众上市公司。成员企业包括深圳天马、上海天马、成都天马、武汉天马、欧洲天马、美国天马、韩国天马等。拥有 STN-LCD、CSTN-LCD、TFT-LCD 及 CF 生产线及模块工厂。

2014 年，天马实现营业收入约 93 亿元、净利润约 6.87 亿元，归属于上市公司股东的净利润 6.13 亿元，每股收益达 0.7116 元。公司业绩的增长主要得益于产品向中高端消费显示领域和专业显示领域的积极转型。近年来，公司在现有成熟的 a-si 产线的基础上加大新技术的产业化力度，增加 HD、FHD 等产品的出货量，同时加大对 LTPS、On-cell、In-cell、AMOLED、Oxide、3D 等前沿技术的研究，公司消费类显示产品向中高端应用加速升级。同时，公司通过加强海内外业务的协同整合积极推进专业类显示产品的研发、生产，积极布局车载、医疗、工控、智能家居等领域，目前公司已成为全球主要的专业显示产品供应商，综合毛利率更高的专业显示类产品收入占比实现大幅提升。

### 二、企业发展策略

#### （一）市场战略

市场营销方面，天马公司坚持大客户与中高端产品策略。积极拓展新客户，并加强与现有国内外大客户的深度合作，积极进入客户高端产品线，配合多家客户实现新产品全球首发。此外，积极参加国内外行业展会推广活动，持续提升并巩固公司品牌在产业界的知名度。

#### （二）技术研发

天马在加强初创型技术研究的同时，大力突破与推广集成技术。目前公司已开发出诸多国际先进、国内领先新技术，掌握了 LTPS、On-cell、In-cell、

AMOLED、Oxide、3D 等前沿技术，其中裸眼 3D 技术实现全球首发量产。此外，公司在产品转型和设计能力方面皆有多项创新；专利申请实现质和量的双重突破，达到行业先进水平；新产品与新技术平台项目开发取得突破性进展，新产品开发成功率大幅提升，5"HD In-cell 产品荣获 2014 年电子信息博览会"创新产品与应用奖"。

### （三）产业布局

天马现已拥有完善的产线组合，包括第 4.5 代 a–Si TFT–LCD 产线、第 5 代 a–Si TFT–LCD 产线、正建设 1 条第 6 代 LTPS TFT–LCD 生产线。公司的托管公司厦门天马拥有全国第一条、全球第二条第 5.5 代 LTPS TFT–LCD 产线，该产线现已量产，产品覆盖国内外主流客户，质量稳定，良率达到行业领先水准，目前正建设 1 条第 6 代 LTPS TFT–LCD 生产线。公司的联营公司有机发光公司正建设 1 条第 5.5 代 AMOLED 生产线。

## 第三节　深圳市华星光电技术有限公司

### 一、总体发展情况

深圳市华星光电技术有限公司（以下简称华星光电）是 2009 年 11 月 16 日成立的一家高新科技企业，公司注册资本 100 亿元，项目总投资规模达 245 亿元，是深圳市建市以来单笔投资额最大的工业项目，也是深圳市政府重点推动的项目。公司坐落于深圳市光明新区高新技术园区，是迄今为止国内首条完全依靠自主创新、自主团队、自主建设的高世代面板线。公司拥有各级人才 3200 余人，其中技术、研发、管理人才超过 1000 人。2014 年华星光电实现满产运营，销量持续提升，T2、T3 生产线加速落地，实现营业收入 180 亿元，同比增长 16%，实现净利润 24 亿元，同比增长 8%，经营性现金净流量 60 亿元。

### 二、企业发展策略

#### （一）经营战略

华星光电一期项目自达产以来，华星光电通过不断地优化产线和工艺，实现产能的持续提升，目前产能已达 140K/ 月，超设计能力 40%。经营上，华星光电全年实现了持续的满产满销。其中，2014 年投入玻璃基板 160.5 万片，同比增长 14.96%；产能利用率 100%，居全球同行业最高水平；各类产品综合良率为 96.2%，达到业界领先水平；销售液晶面板 2496 万片，同比增长 15.43%；实现销售收入 179.6 亿元，税后净利 24.34 亿元，经营活动现金净流量 60 亿元；2014 年缴纳国、地税 10.71 亿元，同比增长 30.6%。华星光电一期项目在经营效率上处于全球同行业领先水平。公司营业利润率、EBITDA% 等指标超过 8 个季度保持全球同行业领先。在市场地位上，2014 年华星光电在全球液晶电视面板市场占有率达到 10%，排名第五。在中国 6 大电视机品牌厂商采购额中的占比为21.4%，超越三星、LG、群创、友达，位列第一。

**（二）创新战略产品及技术开发情况**

华星光电自成立以来，坚持走自主创新的道路，持续地、成功地开发出一系列具有重大国际影响力的新技术与新产品。在人才建设上，华星光电现有一支自主管理、自主研发、自主创新的高水平核心人才队伍，同时华星广电努力培养和打造华星特色的三级人才梯队。核心人才方面，华星光电拥有国家"千人计划"人才 3 名，广东省创新人才团队 11 人，深圳高层次人才 6 人，深圳市"孔雀计划"团队 7 人，海外高水平技术和管理团队 300 余人。其中新型显示技术核心人才达 100 人以上，覆盖了 LTPS、氧化物半导体、AFFS、OLED 等新型显示技术研发。在新产品及新技术开发上，2014 年华星光电成功研发世界上最大尺寸曲面 110 英寸超高分辨率液晶面板显示屏并荣获吉尼斯世界纪录 TM 最大曲面液晶电视显示屏的纪录称号；成功研发并点亮国内第一片 55 英寸 UHD 铜制程 120Hz LCD 面板，该显示屏技术为目前国内最先进的铜制程技术；开发完成超高清（UHD3840×2160）31" 4K2K IGZO AMOLED 显示面板；成功开发了 5.5" HD LTPS 产品、32" FHD 裸眼 3D 显示器等具有较强竞争力的产品。在自主知识产权方面，华星光电通过自主集成创新，积极掌握核心自主知识产权。截至 2014 年底，累计申请专利 3512 件，累计授权中国专利 983 件，授权国外专利 658 件。

**（三）产线建设**

华星光电 8.5 代 TFT-LCD（含氧化物半导体及 AMOLED）生产线建设项目（简称二期项目）建设周期为 17 个月，计划于 2015 年 4 月点亮试产。二期项目采用氧化物半导体、铜制程、COA、OLED 等国际先进显示技术，在国内尚属空白，国际上也只有韩国三星、LGD 进行少量量产应用。这些先进技术的采用，可为中国消费者提供超高清（8K4K），高色域，超薄、节能、高画质及自发光的新型显示产品，使得我国平板显示进入全球领先行列。二期项目于 2014 年 9 月完成主体厂房结构封顶，12 月开始主设备搬入，比计划提前一个半月达成基建建设目标。为进一步增强华星光电在平板显示产业的创新技术，优化丰富产品结构，华星光电积极布局中小尺寸显示，2014 年 9 月，华星光电第 6 代 LTPS(OXIDE) LCD/AMOLED 显示面板生产线在武汉光谷正式开工建设。项目总投资 160 亿元，设计产能为 3 万大片 / 月，产品定位为高端中小尺寸平板显示器，生产手机用 3—7 英寸显示模组、平板用 6—12 英寸显示模组。达产后，将实现年产中小尺寸显示面板或模组约 8800 万片，产值超百亿元。同时，三期项目将进一步提高国内中小尺寸面板供应自给率，并将有效地带动上下游产业链加速集聚。三期项目计划于 2015 年 7 月 15 日完成生产厂房结构封顶，2015 年 9 月份开始搬入生产设备，2017 年 1 月实现项目投产。

## 第四节　维信诺公司

### 一、总体发展情况

维信诺公司是基于清华大学有机发光显示器技术成立的，集自主研发、规模生产、市场销售于一体的高科技企业。依托清华大学的科研实力和人才优势，经过十余年技术研发，维信诺系统掌握了 OLED 材料、器件、工艺和驱动等关键技术；成功开发了单色、多色和彩色 OLED 显示屏，OLED 白光照明器件及 OLED 柔性显示器件；成功开发出新型电子注入技术，突破了外国专利的限制；在国际上率先采用有机无机复合技术，大大提高了器件效率和寿命。在面向中大尺寸应用的 AMOLED 方面，维信诺在地方政府的支持下，于 2010 年 6 月建成了国内首条面向大尺寸 OLED 技术的中试生产线。

截至 2014 年，维信诺已开发产品 30 多个系列，300 余款 OLED 显示产品。公司 OLED 产品广泛应用于工控仪表、金融通信、医疗仪器、智能监控、消费类电子等领域，产品遍及全球。2012 年以来维信诺 PMOLED 产品出货量连续三年居全球首位。在技术成果方面，维信诺研制成功 7.6 英寸全彩 AMOLED 柔性显示屏。该显示屏分辨率为 480×800，对比度大于 10000∶1，色域大于 100%（NTSC），厚度小于 20 微米，弯曲半径小于 3 毫米。该屏体采用了 LTPS TFT 背板和薄膜封装技术，并应用了维信诺自主开发的像素补偿电路，初步解决了困扰柔性背板工艺的应力问题。

## 二、企业发展策略

### （一）产线建设

维信诺 5.5 代 AMOLED 产业化项目进入设备搬入阶段。2014 年 9 月，随着维信诺 5.5 代 AMOLED 量产线 PECVD（等离子增强化学气相沉积）等生产设备顺利搬入，维信诺 5.5 代 AMOLED 生产线正式进入工艺设备搬入、安装和调试阶段。这表明了维信诺的 5.5 代 AMOLED 生产线建设进展顺利，项目推进又迈出了关键步伐。维信诺自 2013 年正式启动 AMOLED 项目开始，各项工作均按照既定计划顺利实施，2015 年正式投入量产。该产线采用了维信诺自主研发的 OLED 器件和 LTPS 技术，成功实现了 TFT 和 OLED 器件技术的快速整合，是国际上最先进的面向中小尺寸领域的 AMOLED 量产线。具备"三低三高"特点：低成本、低污染、低能耗，技术含量高、产品定位高、自动化程度高。产线设计、建设、运营主要依靠了国内人才，研发的 AMOLED 技术解决了产品色偏难题的问题，并在产品中导入拥有自主知识产权的、能达到 570PPI 高分辨率的像素排布方案等技术。

### （二）知识产权战略

在 OLED 技术研发方面，维信诺保持国内领先，国际前列的地位。开展柔性显示等先进技术的量产技术准备，做好大尺寸 AMOLED 显示等前瞻技术的研发储备。持续开展原材料及上游设备的国产化工作。在 OLED 相关知识产权领域具备与国际竞争对手平等对话及合作的实力，并确保国内领先。维信诺站在战略高度推动知识产权布局工作，自 1999 年提交的第一件专利申请起，十几年间专利数量逐年稳步提高，2013 至 2014 年不到两年间实现了申请量翻一番。截至 2014 年 12 月初，维信诺持有的 OLED 专利数量突破 1000 件，预计到年底将超过 1200 件。现持有的 1000 件专利中，发明专利占比近 70%，涉及有机发光材料、驱动电路、TFT 背板、OLED 器件、产品应用以及制造工艺等领域。

### （三）创新战略

2014 年，维信诺配合量产线技术研发需要，完成量产线产品预开发工作，同时结合当前显示行业整体发展趋势，开发包括柔性、高分辨率等前沿技术，保证维信诺技术研发的持续领先优势。在新型超高分辨率像素排布结构方面，开发了新型像素排布结构技术，并进行了验证。通过对该项技术的应用，突破了AMOLED 技术在分辨率方面的局限，为 AMOLED 的大规模量产和大范围应用打下了基础。在柔性显示技术开发方面，完成 4.6 英寸、7.6 英寸柔性显示屏样品的开发，实现了全彩显示屏点亮。样品可弯曲半径均小于 3 毫米，且屏体厚度仅有 0.02 毫米，在国内外处于领先水平，相关技术未来也将导入该生产线。

# 第三十六章　太阳能光伏行业重点企业

## 第一节　常州天合光能有限公司

### 一、总体发展情况

2014 年，天合光能组件出货量为 3.66GW，同比提升 41.6%，其中内部出货量为 327.7MW。2014 年销售收入为 22.86 亿美元，同比提升 28.8%，净利润为 6130 万美元，而 2013 年亏损 7220 亿美元。

表 36-1　2014 年 Q1—Q4 天合光能生产经营数据

| | 组件出货量（MW） | | 净收入（亿美元） | 净利润（万美元） | 净利润率（%） |
|---|---|---|---|---|---|
| | 内部 | 外部 | | | |
| 2014Q1 | 24 | 534 | 4.45 | 2650 | 6 |
| 2014Q2 | 148.7 | 794.6 | 5.19 | 1030 | 2 |
| 2014Q3 | 127 | 936.8 | 6.17 | 1060 | 1.7 |
| 2014Q4 | 28 | 1071 | 7.05 | 1390 | 2 |

数据来源：企业财报、赛迪智库整理，2015 年 3 月。

2014 年通过收购或产品线技术升级，天合全产业链环节产能均有所提升。

表 36-2　2013—2014 年天合光能产能增长情况

| 年份 | 硅锭 | 硅片 | 电池 | 组件 |
|---|---|---|---|---|
| 2013年（GW） | 1.4 | 1.4 | 2.5 | 2.8 |
| 2014年（GW） | 2.2 | 1.7 | 3 | 4 |

数据来源：企业财报、赛迪智库整理，2015 年 3 月。

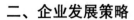

## 二、企业发展策略

### （一）创新战略

在新产品发布上，发布了智能组件 Trinasmart，其特点包括，接线盒中整合功率优化电路模块，实现每一块组件的功率优化，最大可提升 20% 的功率输出。DualGlass 产品，特点包括超长质保（30 年）、双面玻璃、无边框、抗 PID，通过业内最高防火等级 TUVClass A 防火认证。

在技术创新上，与澳洲国立大学合作研发的全背电极接触晶硅太阳能电池 (Interdigitated Back-contact，简称"IBC 电池") 的光电转换效率达到 24.4%。目前已独立研制出面向产业化的面积为 156 mm × 156 mm 光电转换效率达到 22.9% 的 IBC 电池，其正积极筹备建立低成本 IBC 电池的中试验示范线。采用叠加高效电池技术和高效多晶铸锭技术生产的高效多晶电池的转换效率达到 20.76%（156 mm × 156 mm）。采用 PERC（Passivated Emitter Rear Cell）技术的 P 型单晶电池转换效率达到 21.4%（156 mm × 156 mm）。采用自主研发的中试量产 Honey Ultra PERCP 型单晶太阳能电池片封装的组件（60 片 156 mm × 156 mm 单晶硅电池）Pmax 达到 335.2W。采用自主研发的中试量产 Honey Plus 高效多晶硅光伏组件（60 片 156 mm × 156 mm 多晶硅电池）Pmax 达到 324.5 W。

在提升产品质量上，其自产电池片已经全面实现 Anti-PID。使用 Anti-PID 电池片的天合光能组件已通过 TUV SUDPID 测试并取得其颁发的 Anti-PID 证书。

在金融创新上，收购顺泰融资租赁公司（简称"顺泰租赁"）28% 的股份，利用顺泰租赁的平台为公司下游项目和太阳能制造业务进行融资。

### （二）市场战略

积极向下游系统集成布局。至 2014 年三季度完成下游电站项目建设 144MW，其中国内项目占 84.4%；建设中项目 200MW，其中国内项目占 75%；待开发项目 357MW，其中 97.2% 为国内项目。通过下游光伏电站建设带动组件出货拉动。2014 年，天合光能组件内部出货量达到 350MW，占出货总量的 9.6%。

大幅提升对日、美出货比例。2014 年，受日本市场拉动以及美国"双反"初裁税率公布前抢出效应影响，全年度大幅提升。

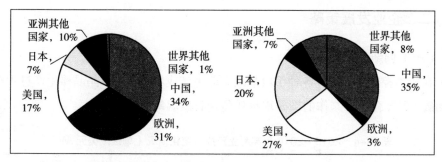

**图36-1　2013年及2014年组件出货区域（左为2013年，右为2014年）**

数据来源：企业财报、赛迪智库整理，2015年3月。

## （三）投资合作

加快兼并重组步伐，收购深圳捷佳伟旗下湖北弘元光伏科技有限公司51%的股权，合资成立湖北天合光能有限公司，并将电池片产能扩大至430MW。并购其代工厂东鳌光伏，增加400MW的组件产能。

实施"走出去"战略。由于美国需求增长，规避双反税率，其正在计划在马来西亚等地建立首个海外光伏组件制造基地。

# 第二节　英利绿色能源控股有限公司

## 一、总体发展情况

2014年，英利组件出货量为3.33GW，同比提升41%，其中内部出货量为220MW。

表 36-3　2014 年 Q1—Q3 英利生产经营数据

| | 组件出货量（MW） | | 净收入（亿美元） | 净利润（万美元） |
|---|---|---|---|---|
| | 内部 | 外部 | | |
| 2014Q1 | 6.1 | 624.7 | 4.32 | −5500 |
| 2014Q2 | 71.8 | 816.1 | 5.5 | −4600 |
| 2014Q3 | 109 | 794.4 | 5.52 | −2000 |

数据来源：企业财报、赛迪智库整理，2015年3月。

## 二、企业发展策略

### （一）创新战略

在成本控制上，通过各种手段削减企业生产成本，如在单晶晶棒生产过程中，采用碳／碳复合材料制作的碳碳坩替代传统石墨坩等。

表36-4　2013—2014年英利生产成本变化情况（单位：美元／W）

|  | 硅成本 | 非硅成本 | 总成本 |
| --- | --- | --- | --- |
| 2013年 | 0.09 | 0.42 | 0.51 |
| 2014年 | 0.09 | 0.39 | 0.48 |

数据来源：企业财报、赛迪智库整理，2015年3月。

在金融创新上，与上海赛领资本管理公司签署合作协议。双方在上海合作建立一家可再生能源基金。根据协议，基金的初始规模约为10亿元，主要投资英利在国内开发的光伏电站项目。

在产学研合作上，与河北大学签署战略合作协议，创办首个企业冠名的本科实验班"英利班"，培养太阳能、光伏等相关技术领域定向后备人才。

### （二）市场战略

积极向下游系统集成布局。至2014年三季度已有1.4GW项目储备，全部在中国，主要集中在中北部地区，如河北、天津和北京等。2014年约有400MW项目开建，其中河北省的一个15MW项目已经完成并交付。

大幅提升对日出货比例。2014年，受日本市场拉动，全年对日出货比例大幅提升（按营收），欧洲出货比例则大幅下滑。

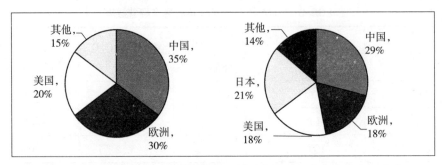

图36-2　2013年及2014年组件出货区域（左为2013年，右为2014年）

数据来源：企业财报、赛迪智库整理，2015年3月。

加强新兴市场布局。在智利设立分公司，成立了拉美地区的第三家办公室。

创新营销模式。在保定市开设全国首家太阳能光伏直营店暨体验店。该直营店分为知识普及、产品展示、商务洽谈、电子商务、客户体验等5个区域，可为市民提供一站式的太阳能光伏发电科普服务。2014年在部分省市对这一模式进行了推广。

### （三）投资合作

与多个企业建立合作关系。与中核汇能签署投资协议，双方成立合资公司，共同在中国开发500MW分布式光伏发电项目。子公司英利能源（中国）有限公司与朔州煤电签署协议，双方在山西省朔州市右玉县成立合资公司，负责在山西省朔州市右玉县开发建设电站项目。英利集团旗下分布式电力投资管理有限公司与南瑞集团国电通公司签署战略合作协议。国电通公司将在智慧城市、智能园区、智能小区等项目中积极推进分布式能源接入设备的应用，英利负责其中的技术环节，并在其分布式用户项目中推广。与联合光伏签订附条件地面光伏电站收购框架协议。根据该协议，联合光伏计划于2014至2016年期间，有条件收购英利中国拟在中国开发建设的不低于300MW地面光伏电站项目。

### （四）品牌战略

赞助2014年巴西世界杯，并第三次联合中国足协成为"拜仁青少年世界杯"中国区的主办方。

## 第三节　保利协鑫能源控股有限公司

### 一、总体发展情况

截至目前，保利协鑫多晶硅及硅片产能分别为6.5万吨与12GW。2014年前三季度，累计多晶硅产量达到4.96万吨，同比增长39.55%，其中外销量1.11万吨，占总产量的22.4%，同比降低12.7个百分点；累计硅片产量9.6GW，同比提高59.79%，销量9.4GW。

表 36-5　2014 年 Q1—Q3 保利协鑫生产经营数据

| | 产量 | | 销量 | | 平均售价 | |
|---|---|---|---|---|---|---|
| | 多晶硅（吨） | 硅片（MW） | 多晶硅（吨） | 硅片（MW） | 多晶硅（美元/公斤） | 硅片（美元/瓦） |
| 2014Q1 | 16022 | 2884 | 4024 | 2750 | 21.67 | 0.23 |
| 2014Q2 | 16319 | 3019 | 3439 | 3026 | 22.49 | 0.22 |
| 2014Q3 | 17241 | 3681 | 3614 | 3620 | 21.76 | 0.21 |

数据来源：企业财报、赛迪智库整理，2015 年 3 月。

## 二、企业发展策略

### （一）创新战略

在新产品发布上，"鑫单晶 G2"硅片成功量产，采用类单晶铸锭技术，平均光电转换效率提升 1.1%。第三代高效多晶硅片"鑫多晶 S3+"发布，在主流用户端的试用平均转换效率达到 18.1%—18.2%。

在技术创新上，其万吨级硅烷流化床法多晶硅生产线中 3000 吨投产，全流程电耗仅为 25 千瓦时 / 公斤，现金成本控制在 5.8 美元 / 公斤，大幅低于改良西门子法生产技术。

在金融创新上，与金百临投资签订战略合作协议，联手打造新能源产业发展基金。保利协鑫负责太阳能电站设计、开发与运维，并承诺按市场价回购；金百临负责新能源基金管理，推动产业整合并购，实现产业基金增值变现，并通过资本运作获取超额收益。

在运营模式创新上，协鑫新能源所建太阳能光伏电站成功投保"太阳能光伏电站发电量损失综合运营保险"，该保单包括财产一切险、机损险、太阳辐射发电指数保险等一揽子综合保险，是国内第一份专门针对光伏电站发电量损失的综合保险解决方案。

### （二）市场战略

上游制造业务上，与台湾地区新日光及联景光电分别签订为期 3 年和 2 年的长期销售合同，上述企业将在合同约定期限内向保利协鑫采购高效多晶硅片 S2、S3 共约 4GW；与晶科能源、国电光伏、通威太阳和海润光伏签订长期供货合同，在 2014 至 2016 年向上述四家公司供应多晶硅片和多晶硅料，供货总量约 9.3GW。

下游电站业务上，旗下协鑫新能源集团截至 2015 年 1 月 27 日已完工并取得并网许可的总光伏装机容量为 667.5MW，其中 606MW 为大型地面电站；61.5MW 为分布式；新增已开工的在建项目为 541MW，全部为大型地面电站。

加强新兴市场布局，成立保利协鑫台湾子公司，成为第一家在台设立子公司的中国大陆光伏企业。

### （三）投资合作

通过投资合作进入下游电池组件业务。与阿特斯合作，在中国江苏省阜宁建设一个新的 1.2GW 光伏电池制造工厂，至 2014 年底产能达到 80MW。全资子公司江苏东昇光伏 500MW 组件项目正式投产。

与金融机构、电站建设与运营企业合作，拓展下游电站业务。与中国南车签署合作框架协议，在未来三年内完成 1GW 光伏电站的项目开发，其中 2014 年 200MW，2015 年 300MW，2016 年 500MW。与兴业太阳能、旗下协鑫新能源签订为期三年的战略合作协议，致力于共同开发、建设运营光伏电站、光伏材料制造供应链、项目工程、光伏电站资产合作以及智能微电网项目。与国开行签署规划合作协议。在未来 5 年内，国开行将对协鑫集团的境内外项目提供融资支持。旗下协鑫新能源与中银国际杠杆及结构融资有限公司签订 8000 万美元循环利用贷款协议，为其提供营运资本及太阳能电站融资。

加强兼并重组。斥资 14.4 亿港元收购森泰集团 67.99% 股份，改名协鑫新能源，主要从事光伏电站运营与金融租赁，至此，协鑫光伏电站业务得以单独上市。重组超日太阳能，并将其定位于系统集成公司，更名协鑫集成。协鑫新能源旗下，苏州协鑫新能源以 8190 万认购横山晶合太阳能发电的 91% 股权。通过兼并重组，协鑫集团旗下已有三个上市子公司，分别为保利协鑫，主营多晶硅、硅片生产及电力运营；协鑫新能源，主营光伏电站开发与运营；协鑫集成，主营系统集成服务与产业金融服务。

# 第四节　阿特斯阳光电力集团

## 一、总体发展情况

2014 年光伏组件出货量达到 3.105GW，同比增长 63.9%。净收入达到 29.6 亿美元，同比增长 79%。其加拿大安大略工厂的组件装配能力从 2013 年底的

330MW 到 2014 年 1 月 31 日提高到 530MW。中国和加拿大组件生产厂的总额定产量为 2.6GW，较 2013 年 2.4GW 有所提高。

表 36-6　2014 年 Q1—Q4 阿特斯生产经营数据

| | 组件出货量（MW） | | 净收入（亿美元） | 系统和解决方案业务所占比重（%） | 净利润(万美元) | 净利润率（%） |
|---|---|---|---|---|---|---|
| | 内部 | 外部 | | | | |
| 2014Q1 | 49 | 451 | 4.66 | 27.4 | 380 | 0.8 |
| 2014Q2 | 70 | 576 | 6.24 | 32.6 | 5580 | 8.9 |
| 2014Q3 | 173 | 597 | 9.14 | 53.8 | 10420 | 11.4 |
| 2014Q4 | 163 | 734 | 9.56 | 51.7 | 7570 | 7.9 |

* 组件出货量统计的为记为收入的组件出货量。

数据来源：企业财报、赛迪智库整理，2015 年 3 月。

## 二、企业发展策略

### （一）创新战略

在新产品发布上，发布 Diamond 组件，具有双面玻璃、无边框、抗 PID、长寿命等特点。

在成本控制上，组件生产成本已降至 0.5 美元 /W，同比降低 5.7%。

表 36-7　2013—2014 年阿特斯各环节成本控制数据

| 年份 | 多晶硅/硅片环节（美元/瓦） | 电池环节（美元/瓦） | 组件环节（美元/瓦） | 总成本（美元/瓦） |
|---|---|---|---|---|
| 2013年 | 0.22 | 0.14 | 0.17 | 0.53 |
| 2014年 | 0.21 | 0.13 | 0.16 | 0.5 |

数据来源：赛迪智库，2015 年 3 月。

在金融创新上，阿特斯太阳能全资子公司已经与四川发展股权投资基金管理有限公司成立投资基金。双方预计将和第三方投资者筹集总计 50 亿元人民币以投资光伏电站开发。

### （二）市场战略

已成功转型为国内较大的下游光伏系统集成商。2014 年全年系统和解决方案业务的营业收入占总收入的比重达到 44.5%，较 2013 年提高 15.9 个百分点。

2014 年有近 100MW 电站项目出售或交付，新建项目 774MW，全球项目储备已达到 4.5GW，其中 1.4GW 已经签订电力收购协议，分布在不同国家与地区。

表 36-8　2014 年阿特斯下游电站建设规模

| 日本 | 加拿大 | 中国 | 美国 | 其他地区 | 合计 |
|------|--------|------|------|----------|------|
| 540MW | 387MW | 290MW | 106MW | 114MW | 1437MW |

数据来源：赛迪智库，2015 年 3 月。

对美出货比例增大。受美国"双反"影响，阿特斯抢在美国"双反"初裁前提高对美出货比例，全年对美出货量较 2013 年大幅提升。

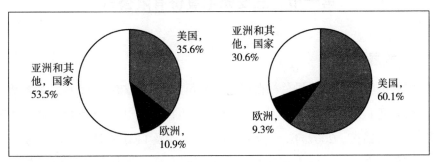

图36-3　2013年及2014年阿特斯组件出货区域（左为2013年，右为2014年）

数据来源：赛迪智库，2015 年 3 月。

## （三）投资合作

在下游电站建设上加强与其他企业之间的合作。与爱康科技签署《电站合作框架协议》，双方共同在 2014 年至 2015 年合作开发国内光伏电站项目 400MW（含地面和分布式）。阿特斯负责自筹资金开发，爱康有选择性收购。与三星签署关于合作在加拿大建设 140MW 光伏电站项目 EPC 总承包协议。与保利协鑫合作，在中国江苏省阜宁建设一个新的 1.2GW 光伏电池制造工厂，至 2014 年底产能达到 80MW。以 2.47 亿美元收购夏普从事光伏电站开发的美国子公司 Recurrent Energy，后者截至目前拥有电站总量为 3.3GW，开发中的电站规模为 1.1GW，都集中在北美。在加拿大安大略省的 Guelph 基地设立微电网试验中心。检测中心将提供测试解决方案，系统设计解决方案和智能电网评估服务。

# 第三十七章　半导体照明（LED）行业重点企业

## 第一节　三安光电股份有限公司

### 一、发展概况

三安光电股份有限公司总部在厦门，公司成立于 2000 年 11 月，主要从事全色系超高亮度 LED 外延片、芯片，化合物太阳能电池、PIN 光电探测器芯片等的研发、生产与销售。2007 年，三安光电对旗下涉及 LED 外延片及芯片业务的资产进行内部整合，对三安电子进行了重大资产重组，并由三安电子将其 LED 外延片及芯片类经营性资产注入天颐科技，实现借壳上市。2009 年 9 月，公司定向增发募集 8 亿元，用于天津三安光电外延片、芯片项目，该项目共引进 19 台MOCVD 设备，生产规模为年产高强度 LED 外延片 85 万片 / 年，芯片 200 亿粒 /年。截至 2014 年 6 月，公司共拥有 MOCVD 设备 170 台，并实现营业收入 20 亿元，同比增长 41%。至 2014 年底，公司 LED 芯片产能居全国首位，LED 龙头地位已经显现。

### 二、发展战略

#### （一）通过市场手段逐步摆脱对政府补贴的依赖

随着市场对 LED 产品的需求快速增长，以及三安光电 MOCVD 设备产能逐渐释放，设备利用率的不断提高，技术进步和产品结构优化，近年来，三安光电的盈利能力稳步提升。随之而来的是企业对于政府用于购买设备的补贴款项依赖度有所下调。三安光电在 2014 年前三季度的利润率已从 2012 年的历史低点26.76% 提升至 42.39%，营业利润率也从 2012 年的 15.16% 提升至 29.01%，净利率从 2012 年的 24.35% 提升至 30.05%。截至 2014 年三季度末，三安光电用于购买 MOCVD 设备的政府补贴款只剩 9 亿元左右，远低于 2012 年的 20 亿元补贴数额。预计厦门三安项目未来两年将新增 5 亿元 MOCVD 设备补贴款，但该数字仍远低于过去的同期水平。

**（二）围绕优势领域进行产业链延伸**

2014 年 4 月 12 日，三安光电发布公告称拟出资 3.25 亿元（占注册资本 65%），同成都亚光电子股份有限公司（出资 0.75 亿元，占 15%）、厦门中航国际投资集成电路产业发展股权投资基金合伙企业（出资 1.00 亿元，占 20%）成立合资公司，从事半导体集成电路项目的研发、生产、销售。其中，三安光电主要负责合资公司筹建；成都亚光负责在合资公司具备研发或者生产能力之后，与合资公司业务相关的所有订单全部转移于合资公司生产，提供必要的技术支持，协助合资公司产品开拓市场；厦门中航负责利用已有的行业地位、市场资源为合资公司运营提供便利，协助合资公司产品开拓市场。本次合作是三安光电进行产业链延伸扩展的重要表现，通过这种优势业务演进，有利于拓宽三安光电的经营产品范围，延伸产品领域，提升公司整体盈利能力，为公司后续发展奠定基础。

# 第二节　深圳市联建光电股份有限公司

## 一、发展概况

联建光电成立于 2003 年 4 月，业务最初以生产单、双色 LED 显示产品为主。2006 年 8 月变更为股份有限公司，并确立"中高端 LED 全彩显示产品的系统解决方案提供商"的核心战略目标。2007 年以来，公司海内外业务均进入快速成长阶段，产品出口至东南亚、美洲、欧洲等地区，在国内参与国庆六十周年庆典、上海世博会等重大活动。2011 年 10 月，公司成功登陆创业板上市，带动业务升级并向媒体运营业务转型。

2012 年 6 月，公司成立全资子公司联动文化，向下游全国城市地标户外 LED 广告联播网延伸，打造 LED 显示屏制造商和运营商的全产业链。2013 年 12 月，公司收购分时传媒 100% 股权，布局户外媒体。2014 年 9 月公司收购易事达 100% 股权，继续夯实出色的技术研发能力，成为国内最大的 LED 设备制造商，同时公司收购友拓公关 100% 股权，打开数字传播通道，形成线上线下整合传播格局，将公司打造成为国内首家"软硬一体化大户外传媒集团"。

| 起步阶段 | 转型阶段 | 快速成长阶段 | 业务升级与媒体布局阶段 | |
|---|---|---|---|---|
| **2003年公司成立，以生产单/双色显示产品为主** | 确立"中高端LED全彩显示系统提供商"的战略目标 | 高端LED产品成功参与国庆60周年庆等活动，并出口欧美等地区 | **2012年6月**成立联动文化 | **2014年9月**收购LED设备制造商易事达100%股权 |
| **2003—2004年** | **2005—2006年** | **2007—2011年** | **2012—2014年** | |
| "全国LED显示屏产品质量公认十佳品牌"；深圳显示屏销量第一品牌 | 2006年8月，改制为股份公司 | 2011年10月登陆创业板上市 | **2013年12月**收购户外广告代理商分时传媒100%股权 | **2014年9月**收购知名公关公司友拓公关100%股权 |

图37-1　建联光电核心业务发展轨迹

数据来源：建联光电董事会。

## 二、发展战略

### （一）以 LED 制造为起点拓展户外广告业务

建联光电不仅是从事 LED 封装器件和显示屏产品的厂商，2014 年起，公司也从"广告媒介商＋广告运营商"的软硬结合角度打开户外广告市场。一方面，作为户外广告媒介商，公司主要提供中高端 LED 全彩显示应用产品及包括方案设计、工程服务、技术支持和产品租赁在内的"产品＋服务"的系统解决方案，并通过直销＋代销的模式将产品送入国内外市场。另一方面，作为户外广告代理及运营商，构建户外 LED 广告联播网，并以子公司联动文化作为联播网自有媒介承建平台。2014 年收购分时传媒后，将其定位为联播网媒介销售平台，借助其成熟的销售团队与客户资源，提升联播网广告销售能力。2014 年 9 月，公司收购易事达和友拓公关后，进一步夯实"软硬一体化"战略，同时向通过友拓公关向线上延伸，尝试数字化与移动化布局，努力打造大户外传媒业务体系。

### （二）通过"产品＋技术"一体化模式提升产品创新水平

建联光电一直注重对自身研发实力的积累，并将技术研发与产品应用紧密结合。截至 2012 年底，公司共有研发人员 133 人，已取得授权并在有效期内专利总数 75 项。在 LED 超大尺寸显示、高清节能显示、LED 光栅显示、快速组装模组和逐点校正等技术领域积累了多项国内外领先的核心技术。通过技术研发的积累，建联光电在户外高端 LED 广告媒体应用等领域优势明显，公司采用"产品＋

服务"一体化模式,重点关注中高端 LED 产品,从产品生产、系统搭建到工程技术支持与系统维护等方面进行一体化服务,形成了以高端广告媒体、舞台演艺与展会、及政企宣传为核心优势领域,并逐渐向体育场馆、轨道交通等领域渗透的竞争格局。

# 第三节　浙江阳光照明电器集团股份有限公司

## 一、发展概况

在传统照明时代,阳光照明是国内照明行业的龙头企业。目前,公司的主营业务为节能灯、LED 灯等产品的研发、设计、制造、销售。阳光照明目前是中国最大的节能灯生产和出口企业。截至 2014 年第三季度,阳光照明实现营业收入24.1 亿元,同比增长 1.27%;实现净利润 2.14 亿元,同比增长 18.6%。

## 二、发展战略

### (一)通过组建战略联盟汲取其他企业的优势技术

在照明领域,战略联盟与合作对于建立竞争优势和保持技术先进性十分重要。战略联盟是指超过正式公司之间的交易,但是低于拥有正式所有权或兼并的合资企业的合作协议。战略联盟的价值不在于其协议或交易本身,而在于合作伙伴平息组织摩擦、长期高效的合作以及应付面临的变化。阳光照明一直非常重视与其他企业在合作研发、共享技术和技术互补方面的合作,并应用到企业的发展中。2001 年,阳光与飞利浦照明联合,组建合资公司,共同致力于节能照明产品的研究与开发,2002 年与韩国碧陆斯株式会社成立合资合作公司。开始积极参与国际合作,引进国外先进生产和管理技术,合作同进步。

### (二)坚持实施走出去战略

阳光照明紧紧坚持"走出去"和"自有品牌"的战略。其产品不但畅销国内市场,还远销欧洲、南美洲、北美洲、东南亚、南亚及中东等地区,它是我国最早拥有自营进出口权的企业之一,产品已获得美国 UL、FCC、欧洲 VDE、CE、GS、TUV、加拿大 CSA、北欧五国等 50 多项国际标准认证,并在我国电光源行业中率先通过 ISO9001 质量保证体系认证、ISO14001 环境体系认证和国家节能认证,并积极参与国际合作。

## 第四节　杭州远方光电信息股份有限公司

### 一、发展概况

远方光电是光电（光学、电学、光电子学）检测设备和校准服务专业供应商，是国内专业从事 LED 和照明光电检测设备研发、生产和销售的龙头企业之一，是国家火炬计划重点高新技术企业，是 LED 光电检测行业的唯一一家上市公司，是国内首家 CIE 正式官方会员企业，ISO9001 国际认证通过企业、国家"双软"认证通过企业，拥有美国 NVLAP 认可实验室和中国 CNAS 认可实验室。公司的主要产品包括光谱分析仪、分布光度计、LED 热阻结构分析系统、LED 老化与寿命测试系统、光辐射安全测系统、LED 在线监测设备、荧光粉及物体色测试仪器、亮度计、照度计、电磁兼容测试设备等。公司到 2013 年底已获得授权的专利 139 项，其中包括中、美、德发明专利 41 项、实用新型专利 78 项、外观设计专利 20 项，并主导或参与了 30 多项国际、国内标准或技术规范的制定和修订，技术在国内居领先地位。公司的主要客户包括中国计量院、联合国开发计划署、美国国家标准技术研究院、台湾地区工业研究院、SGS、ITS、TUV、DEKRA、CTI 等国际高水平检测实验室和科锐、飞利浦、通用、奥司朗、三星等国际照明巨头。

### 二、发展战略

#### （一）通过产能优势和业务领域优势挤压对手市场空间

2013 年远方光电出资 6000 万元在萧山经济开发区成立全资子公司远方谱色科技有限公司，投资 3 亿元建设颜色及光电检测成套设备研发生产基地项目，项目主要功能为颜色和光电检测成套设备的研发（颜色检测设备及系统、LED 在线检测成套设备、EMC 及分布式电站成套检测系统的研发和小批量试制）和生产（颜色检测设备及系统、LED 在线检测成套设备、EMC 及分布式电站成套检测系统的生产和 LED 全产业链在线检测代工服务）。其中的颜色检测分析设备为公司新研发的产品，不同于光电检测中测试自发光，其主要用于测试反射光，主要用于纺织、印染、涂料、汽车、印刷、纸张、塑料等多个行业。远方光电现阶段市场、产品前期调研已经完成，样机也已研制完成，还需要前期的准备时间和市场导入，而生产基地的建成将加速颜色检测设备的投产和推动新产品的上市进度。该项目将有助于公司实现科技研发的产业化拓展，提升产业化能力，补充现有产能，布局新业务领域，扩大公司的营业收入和净利润，提高公司的核心竞争力。

## （二）依靠"技术支撑公司"等外脑机构维持企业创新源泉

在技术研发方面，远方光电投入持续增加，积极做好前期技术储备工作。由于检测仪器行业作为高技术、多学科交叉、技术密集型的行业，我国企业在技术、经验和资金上与国外企业有一定差距，要把国产仪器做强，就需要前期有足够多的资金投入，较长时间的技术积累，并且短期内不要指望回报可以快速显现，只有脚踏实地地做好前期的技术积累和长期的研发投入，做大企业规模，扩充各种检测仪器的产品线，才能有实力与国际巨头在国内外市场进行竞争。远方光电针对光电行业的发展趋势，尤其是 LED 照明检测和物体颜色检测方面新的市场需求，公司高度重视对产品研发的投入和对研发综合实力的提升，积极做好新产品的研发和技术储备工作，公司现已拥有较强的专业技术实力，在国内处于领先地位。远方光电已经建立了浙江省工程技术研究中心、企业技术中心、院士工作站、博士后工作站等平台，提高公司创新研发、快速研发、持续研发的能力。公司的技术储备方面，不仅包括 LED 照明线上检测设备，公司还在研究开发太赫兹光谱仪、物体颜色检测设备等方面的技术，未来有望进入安防、食品、粮食、化学、生物检测等新领域。

# 第三十八章　电子材料、元器件及仪器设备行业重点企业

## 第一节　北京当升材料科技股份有限公司

### 一、总体发展情况

北京当升材料科技股份有限公司（简称"当升科技"）成立于 2001 年，是专业从事锂离子电池正极材料研发、生产与销售的高新技术企业，主要产品包括钴酸锂、锰酸锂、多元材料等锂离子电池正极材料，以及四氧化三钴、多元材料前驱体等前驱体材料，产品应用领域涵盖小型锂电和动力锂电领域。当升科技已经发展成为国内锂离子电池正极材料的龙头企业之一，于 2010 年 4 月成功登陆创业板，是国内唯一一家锂电正极材料上市公司。

尽管 2014 年我国电动汽车产销量增长迅猛，带动锂离子电池以及相关配套材料市场稳步扩大，但由于锂离子电池正极材料行业周期性产能过剩，行业竞争十分激烈，产品价格持续下滑，当升科技 2014 年主要营业指标出现不同程度下滑。2014 年，当升科技实现营业收入 6.2 亿元，比上年同期减少 0.8%，净亏损 0.3 亿元，而 2013 年同期还实现净利润约 0.1 亿元。截至 2014 年 12 月 31 日，当升科技的总资产达到 10.2 亿元，比上年同期增加 2.5%，其中净资产为 8.2 亿元，比上年同期下降 3.3%。

### 二、企业发展战略

当升科技将充分利用在小型锂电领域形成的技术平台优势、质量管理优势、渠道优势和品牌优势，与国内外有实力的动力锂电厂商合作开发动力锂电用的多

元材料、锰酸锂产品和磷酸亚铁锂产品，力争尽快在动力锂电领域实现规模销售，带动业绩迅速增长，成为动力锂电正极材料领域的领先者。

### （一）加快新产品研发进程

当升科技一贯坚持把新产品研发作为首要工作，力争以新产品研发带动技术创新和产品转型升级。高端动力锂电正极材料是当升科技主攻的研发方向和重点领域，将进一步集中研发力量，重点攻克并为国际客户开发出用于小型锂电的高电压多元材料，顺利完成了产品从中端向中高端的转型升级。同时推动用于动力锂电的高端多元材料通过国际客户的材料评价和电池评价，为下一步加速向动力汽车市场进军奠定了基础。此外，两款高电压钴酸锂产品已经完成了研发和送样，其性能大幅提升，下一步将加快推进产业化进程。

### （二）积极提升生产规模

当升科技募集资金投资项目"江苏锂电正极材料生产基地一期工程"2014年已经全部建设完成并投产。该工程的关键生产设备均由国外引进，整体生产工艺已达到国际领先水平，为公司生产高端锂电正极材料提供了良好的硬件支持。下一步，当升科技将加快推进锂电大客户的审核认证工作，提升国际国内大客户对该生产基地的工艺和装备水平的认知度，释放这一基地的产能，提升生产规模，降低生产成本，提高产品市场竞争力。

## 第二节　有研新材料股份有限公司

### 一、总体发展情况

有研半导体材料股份有限公司（简称"有研硅股"）成立于 1999 年，其前身是半导体材料国家工程研究中心，同年在上海证券交易所挂牌上市，2014 年变更为有研新材料股份有限公司（简称"有研新材"）。有研硅股是国内半导体材料行业的主导企业，多次承担"九五"、"十五"硅材料研究重大课题，完成了 2 项国家产业化工程，实现了我国硅单晶行业的九个"第一"。2014 年在合并有研稀土、有研亿金和有研光电后更名为有研新材，从原来的单一从事半导体硅材料的企业，发展成为集半导体材料、稀土材料、光电材料、高纯/超高纯金属材料、生物医用材料等多个重要领域于一身的新材料企业。

2014 年，面对全球经济不景气、产业政策调整、下游需求不振、主要产品价格波动等经营不利因素，有研新材紧紧围绕年初制定"抓市场、调结构、保增长、创未来"的工作方针，在积极采取措施剥离经营效益不佳的硅材料业务板块的同时，努力调整其他业务板块的经营状况，保证了年初制定的经营目标的顺利实现。2014 年有研新材实现营业收入 24.2 亿元，同比增长 5.2%；实现净利润 0.6 亿元，同比增长 72.2%。截至 2014 年 12 月 31 日，有研新材的总资产达到 31.3 亿元，同比增长 6.6%。其中净资产为 27.3 亿元，同比增长 56.0%。

## 二、企业发展战略

有研新材未来将重点围绕硅基半导体材料、化合物半导体材料、微电子与光电子工艺制程配套材料、稀土金属及合金、稀土磁功能与发光功能材料、光纤配套材料、红外光学材料等，充分利用自身技术优势和行业地位，加强与关联企业合作，高速推进在建项目的落地实施，努力将有研新材建设成为国内领先、国际一流的微电子与光电子材料、稀土冶金与功能材料的科技创新和产业基地。

### （一）整合资源，力争提质增量

有研新材将紧紧围绕发展战略，认真分析产业动态和市场形势，主动调整战略方针，充分挖掘市场机会，集中优势、合理布局，积极拓展政府支持力度大、新材料产业成长潜力大的区域市场。不断优化市场营销体系，积极探索新的营销模式，努力提高市场份额，实现销售收入稳步增长。

### （二）制度保障，确保合法合规

有研新材将继续加强体制机制建设，及时修订完善相关规章制度，强化内部控制，加强对日常经营活动的监管，重点对财务活动、产业化项目建设、合同履约等方面进行仔细审查，对存在的内控缺陷和问题，及时督促整改，有效防范风险，确保公司整体平稳运营。

### （三）加强研发，打造领先优势

有研新材将依托有研总院的科研优势，加大科研投入，积极开展科技创新工作，推动技术革新，提高公司核心竞争力，力争实现集成电路制造用高纯金属 / 合金靶材产业进入世界前五名，光电子器件制造用化合物半导体产业、稀土发光材料产业、光纤配套材料产业等进入世界前三名。同时加速推进产业化项目建设，确保各项战略计划得到顺利落实，进一步提升公司品牌形象和盈利水平。

## 第三节　广东生益科技股份有限公司

### 一、总体发展情况

广东生益科技股份有限公司（以下简称"生益科技"）成立于1985年，是我国最大的覆铜板生产企业。1998年在上海证券交易所上市，是目前国内唯一一家覆铜板上市公司。主要产品有各类覆铜板和多层板用系列半固化片。生益科技技术力量雄厚，是东莞市唯一一家拥有国家级企业研究开发中心的企业，产品质量始终保持国际领先水平。

2014年在国内、国际宏观经济及电子市场大气候的影响下，全球印制线路板工业整体仍保持增长态势，生益科技营收增速也开始回暖，实现营业收入74.2亿元，同比增长12.9%，增速较2013年提高5.1个百分点；实现净利润5.2亿元，基本与2013年保持一致。截至2014年12月31日，生益科技的总资产达到83.1亿元，其中净资产为43.9亿元。其中，2014年生产各类覆铜箔板6475.9万平方米，比上年同期增长12.0%；生产半固化片7737.9万米，比上年同期增长2.1%。销售各类覆铜箔板6234.3万平方米，比上年同期增长7.5%；销售半固化片7873.7万米，比上年同期增长6.3%；生产印制电路板617.3万平方米；销售印制电路板569.0万平方米。实现营业收入741806.74万元，比上年同期增长12.9%。

### 二、企业发展战略

生益科技未来战略仍将利用自身优势坚持做大做强覆铜板主业为主，继续强化公司在多品种、交货、质量、价格、技术等综合竞争优势，针对不同竞争对手，通过差异化竞争赢得竞争优势。

#### （一）确立新的技术纲要

经多年的实践、认识、再实践、再认识的不断循环，2015年生益科技将进一步确定技术路线图并依此明确技术平台、产品平台、工程化的三大技术着力点及相互关系，并依托过去若干年的成功实践，确立实施的基本结构、组织、方法等，是生益科技技术发展的重大突破，将深刻影响未来的技术进步。

## （二）推进管理体制改革

紧紧围绕"创造价值"这一主轴，继续推动"自上而下"的管理体制改革，利用 ERP 上线运作全面推广信息化管理模式。全面完成了公司岗位任职资格评定及薪酬制度改革，完善人力资源管理制度和结构。加快推动全面预算管理，通过预算管理杠杆的引导，市场、生产、供应等各环节均主动协调和互相支持，使集团资源实现有效调配。实现法务管理和内部控制实施常态化，进一步规范公司运营。

## （三）优化资产结构

为了做大做强主业，生益科技将进一步通过资产重组，推动子公司改制上市，优化资产结构，促使非主营业务资产的发挥更大经济效益，实现多元化发展。在继续做大做强主业的同时，将积极研究关注与主业技术或业务相关的产业项目，以及新兴产业、高新技术项目的投资机会，以保证可持续的长远发展。

# 第四节　上海飞乐音响股份有限公司

## 一、总体发展情况

上海飞乐音响股份有限公司（以下简称"飞乐音响"）成立于 1984 年，是我国第一家股份制上市公司。最早从事音响生产，后不断调整产业结构，已经成为集绿色照明、IC 卡、电子部件、计算机系统集成与软件开发于一体的多元化公司。2014 年，飞乐音响通过发行股票及支付现金方式收购申安集团 100% 股权，打通并延伸了 LED 照明灯具至应用端照明工程市场的产业链条，实现强强联合。经过深度融合后的飞乐音响，拥有遍布全国近 80 万平方米的十大研发生产基地和一个国家级技术中心，并由近一个世纪家喻户晓的中外驰名商标"亚牌"统领，使之成为全国照明行业企业布局最广、实力最强的民族品牌龙头企业。

2014 年我国 LED 照明市场需求迅速增长，带动产业出现恢复性增长，但飞乐音响在致力于调整自身产业结构的同时，未能抓住市场机遇，主要经营指标变动不大。2014 年飞乐音响实现营业收入 21.3 亿元，比上年同期下滑 0.4%，实现净利润 0.6 亿元，同比增长 12.5%。截至 2014 年 12 月 31 日，飞乐音响的总资产达到 55.4 亿元，其中净资产为 29.0 亿元，分别比上年同期增长 127.5% 和 144.8%，主要是收购申安集团所致。

## 二、企业发展战略

飞乐音响将坚持"市场优先、技术领先、转型发展"的发展战略，坚持"质量、诚信"的核心价值观，继续专注于绿色照明产业的发展，以"亚"字品牌为载体，打造面向客户的品牌管理体系、销售运营体系及业务规划体系，传承百年诚信，保持科技领先，实现"成为中国一流照明企业"的公司愿景。2015 年的经营目标为主营业务收入 38.5 亿元，力争完成 50 亿元。

### （一）加快产业转型

飞乐音响将致力于从传统制造型企业向提供整体照明解决方案的现代服务型制造企业转型，通过产品和服务的融合，实现分散化制造资源的整合和各自核心竞争力的高度协同，达到高效创新的制造。公司力争在未来成为国内最具影响力的照明解决方案服务商，以崭新的面貌向世人展示公共照明专家的品牌形象，传播质量诚信这一照明行业历久弥新的品牌文化经典。

### （二）加强市场开拓

面临 LED 快速发展、节能环保标准对照明技术的更高要求以及劳动力成本的持续上升等，飞乐音响将深化研发设计能力，发挥大项目运营中心的规模化及品牌型营销的重要作用，加快发展照明应用产品和市场开拓，积极发展自主品牌，以渠道建设为依托，实现基地战略，形成照明系列产品优势互补，扩大生产规模并加强管理，力争成为中国一流的照明企业。

### （三）推进兼并重组

飞乐音响将制定公司发展战略规划，继续实施收购兼并战略，以开放性的心态积极寻找合适的收购兼并对象，通过收购兼并做大做强公司绿色照明产业。同时，不断优化公司组织架构，建立灵活高效的运营机制，实现兼并企业与飞乐音响的无缝接入。

# 第五节　横店集团东磁股份有限公司

## 一、总体发展情况

横店集团东磁股份有限公司（以下简称"横店东磁"）于 1999 年成立，主要从事磁性电子元件的研发、生产和销售，后扩展至光伏以及其他领域，2006 年在深圳证券交易所上市。横店东磁目前是全球最大的永磁铁氧体生产企业，也是我国最大的软磁铁氧体生产企业之一。"东磁"牌磁性材料为"中国名牌"产品及"国家免检产品"。

2014 年得益于磁性行业的产品升级和太阳能市场的回暖，横店东磁延续良好发展势头，营业收入和净利润实现双增长。全年营业收入达到 36.7 亿元，同比增长 12.3%，实现净利润 3.8 亿元，同比上年增长 36.5%。截至 2014 年底，横店东磁的总资产达到 47.8 亿元，净资产为 32.9 亿元，分别比上年增长 8.9% 和 11.8%。其中，永磁铁氧体业务实现收入 13.8 亿元，软磁铁氧体业务实现收入 6.5 亿元，光伏产品业务实现收入 13.1 亿元。

## 二、企业发展战略

2015 年，横店东磁将围绕"做强磁性、发展能源、适当投资"的核心战略发展，在管理上重点抓"技术创新"、"精益管理"、"客户战略"、"聚焦产品"、"自动化、无人化"这五项基础管理工作，在经营上要求各产业围绕"131K"的管理目标落地。预计 2015 年完成销售收入约 39.5 亿元，实现净利润 4.1 亿。

### （一）持续推动永磁产品升级

"做强磁性"始终是东磁的立业之基、发展之本，"做强磁性"的硬指标是大于行业的增长率。永磁事业部在积极响应国家提出的智能制造战略推进工厂无人化技术改造项目基础上，不断提升 9 材系列产品比重，实现 12 材系列产品批量上市，逐步推动永磁产品升级换代。

### （二）不断完善软磁产品链条

软磁事业部将致力于提高市场占有率，聚焦高端客户，加大欧洲市场重点客户开发力度，加强终端客户的开发力度，积极配合客户前期开发，重点关注无线充电产品等新技术的发展；聚焦"三新一增"，大力拓展磁粉芯、镍锌市场，扩建合金磁粉芯生产线、铁氧体磁片分厂、合金制粉厂，持续优化产品结构。

### （三）积极促进光伏业务扭亏为盈

太阳能事业部年将继续"逐步转向积极、适度追求销量"，"电池以产定销、优化毛利空间"及"聚焦客户需求，促进产品提升"的经营策略，通过专注晶硅制造、聚焦电池组件、单晶多晶并重、多元市场布局来提升市场竞争力拓展市场空间。同时，在确保已建成光伏电站安全运营前提下，积极争取更多电站建设指标，促进光伏业务实现扭亏为盈。

## 第六节　长飞光纤光缆股份有限公司

### 一、总体发展情况

长飞光纤光缆股份有限公司（简称"长飞股份"）创建于1988年5月，原名为长飞光纤光缆有限公司，2013年12月完成股份制改造，正式更名为长飞光纤光缆股份有限公司。长飞股份由中国电信集团公司、荷兰德拉克通信科技公司、武汉长江通信集团股份有限公司共同投资。总部位于武汉市东湖高新技术开发区关山二路四号，是目前我国产品规格最齐备、生产技术最先进、生产规模最大的光纤光缆产品以及制造装备的研发和生产基地之一。长飞股份主要生产和销售通信行业广泛采用的各种标准规格的光纤预制棒、光纤及光缆，也设计及定制客户所需规格的特种光纤及光缆，包括特种集成系统，已经成为全球最大的光纤预制棒供应商、全球第二大光纤及光缆供应商。长飞股份拥有最完备的光纤及光缆产品组合，为全球通信行业及其他行业提供各种光纤光缆产品，包括广播及电视通信网络、公用事业、运输、石油化工及医疗。2014年12月，长飞股份在香港联交所正式上市，成为国内首家也是唯一一家在香港上市的专注于光纤预制棒、光纤和光缆等产品的公司。

2014年，在我国大力实施信息消费以及宽带中国战略带动下，三大运营商继续大力发展4G网络以及居民宽带基础设施建设，长飞股份各项营业指标保持快速增长势头。2014年，长飞股份实现营业总收入56.8亿元，同比增长17.6%，实现净利润4.5亿元，同比增长12.5%。截至2014年年底，长飞股份总资产65.9亿元，净资产29.1亿元，分别同比2013年增长31.8%和92.7%，主要是实现上市所致。其中，光纤预制棒及光纤业务实现收入32.3亿元，同比增长18.6%，光缆业务实现收入19.9亿元，同比增长9.5%。

### 二、企业发展战略

长飞股份的战略目标是巩固并进一步提升于中国乃至全球市场的领先地位，致力于成为研发及制造光纤预制棒、光纤及光缆与提供有关产品市场推广及咨询服务的全球领导者。

## （一）巩固光纤预制棒和光缆的领先地位

在继续优化 PCVD 生产工艺的同时，积极开发光纤预制棒互补生产工艺及技术，优化技术配置，全面提升生产效率。继续扩大光纤预制棒和光缆的产品生产规模，积极满足自身发展需求，降低平均生产成本。进一步加强产业链深度垂直整合，推动关键供应商实现就近配套，优化原材料供应体系。

## （二）推动产品多元化发展

在继续巩固光纤传统应用市场的领先地位之余，研究和洞察行业发展趋势，加快新产品的研发及产业化，积极推动新产品在推广应用，拓展光纤光缆新应用市场的发展潜力。加快有源光缆发展步伐，取代当前广泛使用的铜线电缆；积极布局医用光缆，实现进口替代，培育国内医用光缆市场。

## （三）加速全球化发展战略

充分利用我国实施的"一路一带"发展战略，积极在东南亚以及非洲等国实施本地化战略，选定合适地区建立海外销售平台，加快产品出口。同时，积极布局光纤及光缆海外生产基地，降低运输成本，有计划选择合伙人建立海外生产基地，凭借合伙人的关系有效扩大客户群体。

# 第七节　歌尔声学股份有限公司

## 一、总体发展情况

歌尔声学股份有限公司（简称"歌尔声学"）成立于 1997 年，主要从事微型电声元器件和消费类电声产品的研发和制造，主要产品包括微型麦克风、微型扬声器/受话器、蓝牙系列产品和便携式音频产品，广泛应用在移动通讯设备及其周边产品、笔记本电脑、个人数码产品和汽车电子等领域，客户涵盖三星、苹果、LG、松下、索尼、谷歌、微软、缤特力、思科等国际顶级厂商。在微型麦克风领域，歌尔市场占有率居世界同行业之首；蓝牙耳机 ODM 业务和 3D 眼镜业务量均居世界第一；在微型扬声器/受话器领域，歌尔居国内同行业第二名、国际第三名。歌尔声学业绩一直保持稳定快速增长，2008 年在深圳证券交易所成功上市。

2014 年全球智能终端产业稳步发展，智能手机、平板电脑等传统智能设备保持稳定增长，以智能汽车、智能家居、可穿戴设备等为代表的新产品形态不断涌现，带动歌尔声学各项经营指标实现稳步增长。2014年歌尔声学实现营业收入127.0亿元，比2013年同期增长26.4%，实现净利润16.6亿元，同比增长26.8%。截至2014年12月31日，歌尔声学的总资产达到177.6亿元，比上年同期增长41.0%，其中净资产为83.3亿元，比上年同期增长31.5%。其中，电声器件业务实现收入98.6亿元，同比增长21.4%，电子配件业务实现收入26.1亿元，同比增长60.4%。

## 二、企业发展战略

面对复杂的国内外经济形势，歌尔声学瞄准智能消费电子时代新的产业机遇，紧紧把握互联网同制造业融合的产业趋势，提出了向"大声学、可穿戴、传感器、精密制造"四大业务方向的战略转型，在巩固原有智能手机、智能平板电脑、智能电视等行业市场占有率基础上，积极布局可穿戴产品领域、智能家居、智能汽车等领域，抢占新兴高端市场，构建市场导向和技术导向的核心竞争力，强化品质管理、成本管理以及价值链垂直整合，致力成为世界一流的电子信息企业。

### （一）不断加强技术创新和新产品开发

歌尔声学将推进技术导向公司建设，使公司成为真正的技术驱动型公司，继续加强在传统优势领域的技术研发力度，保持技术领先地位，掌握新产品领域核心技术，使技术创新成为公司利润的来源点。不断加强微型数字麦克风、MEMS麦克风、微型扬声器/受话器、扬声器模组等产品的升级换代；在消费类电声产品方面，进入大声学研发领域，专注于通过蓝牙、WiFi、ZigBee等无线技术实现无线音箱产品智能化，服务智能家居的普及。

### （二）积极探索歌尔4.0发展模式

歌尔声学将进一步夯实多年在精密制造领域经验、技术积累，响应国家制造业转型升级号召，探索歌尔工业4.0的发展模式，以高度的柔性自动化生产，满足智能消费电子个性化的产品需求，应用自行开发自动化设备，通过二维码、新型ERP系统、MES系统的使用，实现生产效率的飞跃和生产费用的降低。

### （三）持续推进人才引进与培养

伴随着业务规模的迅速扩大，歌尔声学更加注重组织活力的培养，聘请外部管理咨询机构，积极优化组织架构及内部流程，打通人力资源发展通道，实施以股票期权激励计划等员工激励措施，搭建起共赢的利益分享平台。同时，歌尔声学将坚持引进和培养并重的人才发展模式，积极推动高端技术及管理人才引进，扩大与国内外知名高校和高新技术公司的合作；对内，组织广大员工参加以学历教育、职业技能教育为主的在职教育，提高各层级管理技术人员的管理、技能水平。

## 第八节　北京七星华创电子股份有限公司

### 一、总体发展情况

北京七星华创电子股份有限公司（简称"七星电子"）于2001年成立，2010年在深圳证券交易所上市。七星电子的主营业务为，主要产品为大规模集成电路制造设备及高精密电子元器件，是国内大规模集成电路制造设备领先企业，也是军工电子元器件研发生产的骨干企业。其控股股东北京七星华电科技集团有限责任公司，是在原七〇厂、七〇六厂、七〇七厂、七一八厂、七九七厂、七九八厂六家建于"一五"期间的国家骨干电子企业的基础上，重组、改制而成的高科技企业集团。

2014年我国光伏市场逐步回暖以及平板显示产业投资规模显著扩大，七星电子光伏设备及TFT设备收入增长明显，带动公司主要经营指标回升。2014年七星电子实现营业收入9.6亿元，同比增长11.9%，扭转了2013年的下滑势头，实现净利润0.4亿元，同比下降近60%，降幅较2013年扩大33个百分点。截至2014年年底，七星电子的总资产为38.9亿元，其中净资产18.3亿元，分别同比2013年同期增长3.7%和0.4%。其中，集成电路制造设备产品实现收入4.6亿元，较上年同比增长23.7%；电子元器件产品实现收入4.2亿元，同比增长8.7%。

### 二、企业发展战略

七星电子的发展战略是以集成电路制造工艺技术为核心，不断培育集成电路装备的竞争能力，向集成电路、太阳能电池、TFT-LCD和新型电子元器件等领域作产品拓展，尤其是太阳能电池制造等新兴行业将作为公司重点产品领域。2015年经营目标：营业收入10亿元，净利润0.5亿元。

## （一）加快突破 12 英寸集成电路制造关键设备

通过承接国家 02 重大专项，公司在 12 寸集成电路制造设备领域实现突破并加速产业化步伐。2015 年，计划完成 300mm90/65nm 立式氧化炉 / 质量流量控制器研发及产业化项目国家验收工作；65—45nm 铜互连清洗机设备产业化项目完成 65nm 设备工艺验证及 28nm 设备装配工作；45—32nm LPCVD 设备产业化项目设备样机在中芯国际完成工艺验证。完成 300mm 28—14nmALD 项目国家专项立项审批，并加速推进落实工作。

## （二）积极布局新能源行业

针对光伏设备市场客户降低成本，提高生产效率的需求，七星电子研发的 25MW 晶硅自动线已实现整线工艺贯通，2015 年完成控制软件测试实施；进行批量连续生产，验证自动线可靠性；进行自动倒片机开发测试及光伏工艺设备的工艺验证。2015 年我国新能源汽车推广将步入井喷期，对于锂离子电池市场的长效驱动作用将愈发凸显，锂离子动力电池市场投资力度还将进一步提高，七星电子将继续以市场为导向，进行新技术研发积累，预计年内完成动力电池全自动卷绕机的验收及大容量搅拌机的设计、实验。

## （三）稳步推进电子元器件业务军民融合发展

在国家将军民融合上升为国家战略后，军工电子元器件国产化将得到更大力度的国家政策支持，七星电子将借这一历史机遇，稳步推进电子元器件业务发展。2015 年，公司将继续保持在高精密片式电阻、电容、晶体器件、微波组件领域的技术研发，通过生产线技术改进及工人专业技能培训，提高产品可靠性、稳定性，从而提高客户满意度，继续保持元器件业务的上升态势。

# 展 望 篇

# 第三十九章  主要研究机构预测性观点综述

## 第一节  整体产业和技术趋势研判

### 一、爱立信《2015年ICT产业发展趋势报告》

全球电信设备商爱立信对 2015 年 ICT 产业发展趋势进行研判,指出 2014 年,全球 LTE(4G) 用户规模达到 4 亿,其中中国用户超过 9000 万,3G 用户正在快速向 4G 过渡,联网设备数量和流量消费量都在快速增加,正在快速驱动 ICT 产业变革。从 2015 年起,ICT 产业将出现下面的发展趋势:

一是融合了传感功能的可穿戴设备、智能家电、智能汽车、智能住宅将逐步走向消费者,手机成为处理个人生活的信息中心。随着宽带连接和云计算能力被引入工业化生产领域,工业互联网开始萌芽。到 2020 年,绝大多数的网络连接将出现在机器类通信 (MTC) 中。

二是从 2014 年到 2020 年,移动数据流量有望以 40% 的复合年增长率增长,到 2020 年,相较 2014 年移动数据流量增长 8 倍。数据流量不断催生新的应用产生,应用的井喷反过来生成了新的流量,这种循环发展的结果,导致数据流量的几何级增长。

三是可编程网络将成为网络社会新的基础。用户需求的复杂性和工业互联网的出现,要求网络识别出这些千差万别的需求,提供最优解。现在,软件定义网络 (SDN)、网络功能虚拟化 (NFV) 等新兴技术已经成熟。

此外,爱立信认为移动技术正在逐步走向 5G,目前各家厂商还没有达成技术标准的共识,但 5G 概念的技术验证设备已经在各设备商中出现。根据 IMT2020(5G) 推进组提出的 5G 愿景,未来,1000 亿设备将接入网络,是现联网设备数量 100 倍以上，网络传输速率将提升 100 倍，数据流量消费将增长 1000 倍，传输时延将小于 1 毫秒。当我们每秒接收 1G 文件，每天接收的数据流量超过 100G 时，还没有一种手机能满足这种需求，当车联网成为标配时，传统汽车行业的面貌将因此改变。技术的演进正在对 ICT 行业产业链带来改变。

## 二、IDC《2015年全球科技10大预测》

IDC 报告对 2015 年全球 10 大科技做出预测。认为支出增长全部来自新技术、无线数据是通信行业增长最快的部门、"平板手机"成为移动增长引擎、新合作伙伴关系将改变云计算格局、数据即服务将推动新的大数据供应链、物联网将使传统 IT 行业继续快速扩张、云服务提供商改变 IT 格局、行业专用数字平台快速扩张、采用新的安全和打印创新、中国将对 IT 和电信市场有"火箭式影响"是影响全球的十大科技趋势。

## 三、IHS《未来五年改变世界的技术》

根据 IHS 科技，万物互联、云计算、大数据和 3D 打印是最有可能在未来五年改造世界的三种技术。3D 打印也被称为增材制造，它鼓励通过促进建立新的结构和形状的设计创新，并在无须额外的生产成本的情况下允许无限的产品复杂性，同时 3D 打印通过缩短创意到原型的周期极大地加快了产品上市时间。3D 打印产业的总收入预计将以接近 40% 的年增长率直至 2020 年，合计市场规模预计将从 2014 年的 56 亿美元增至 2020 年的 350 亿美元。

云计算 / 大数据带来的变革计算和消费市场。大数据和数据分析部分是一种相互独立但又相互联系的变革性的技术，通过运用云计算来分析不同来源的数据，以发现隐藏的模式，使预测分析变得可行，实现巨大的效率。IHS 预测，全球企业基于云的架构的 IT 支出将增加一倍，从 2012 年的约 1150 亿美元达到 2017 年的约 2300 亿美元。

物联网成为万物的互联网。世界正处于物联网的早期阶段（IOT）——即是基于互联网相连的设备可以被用于增强交流，自动完成复杂的工业过程，并产生了大量信息的技术演进。为这种演变的重要性提供一些背景，互联网连接设备的使用数量将从 2014 年的不到 200 亿增长到 2024 年的预计超过 800 亿。

## 四、Gartner《2015年十大信息科技趋势》

市场研究公司 Gartner 发布了一年一度的十大信息科技趋势报告。认为2015年的十大信息科技趋势是普适计算、物联网、3D打印、先进分析技术、丰富环境系统、智能机器、云端/客户端架构、软件定义的应用程序和基础架构、网络规模IT、基于风险的安全与自我防卫，并认为这些趋势会在未来三年内对行业产生重大影响。

表 39-1　2015 年十大信息科技趋势

| 发展方向 | 技术趋势 | 技术内涵 |
|---|---|---|
| 真实与虚拟世界的融合 | 无处不在的计算 | 计算环境不断扩大，消费电子产品、联网屏幕、手机、可穿戴式设备等都成为重要内容。因应移动用户的需求而有所变化，需注重用户体验的设计。 |
| | 物联网 | 将各种事物数字化以便结合数据流与服务，就能创造出四种基本使用模式：管理、获利、运营和扩张。 |
| | 3D打印 | 2015年全球3D打印机出货量可望增长98%，到2016年出货量更将翻倍。 |
| 实现智能无处不在 | 无所不在却又隐于无形的先进分析技术 | 随着嵌入式系统所产生的数据不断增加，分析技术将成为市场焦点，企业内外各种结构与非结构的数据都可以拿来分析。 |
| | 充分掌握情境的系统 | 无所不在的嵌入式智能与信息分析相结合，将催生出具备周遭环境感应与回应能力的系统。 |
| | 智能机器 | 环境感知技术加上深度的信息分析，为智能机器世界提供了所需的先决条件。 |
| 技术对数字化商业转变 | 云/用户端计算 | 云和移动计算的汇流将使得可传递至任何设备的中央协调式应用程序持续增长。 |
| | 软件定义的应用程序和基础架构 | 应用程序到基础架构这一切的敏捷式开发方法，是企业提供数字化商务所需运行弹性的必要基础。 |
| | 网络规模IT | "网络规模IT(Web-scale IT)"是一种在企业IT环境当中提供大型云端服务供应商能力的全球级计算模式。 |
| | 基于风险的安全与自我防卫 | 企业将逐渐认识到要提供一个百分之百安全的环境是不可能的。一旦企业承认这点，就能开始采用一些较为复杂的风险评估与缓解工具。 |

数据来源：Gartner, 2015 年 1 月。

## 第二节　重点行业和产品市场现状与趋势

### 一、智能手机

市场研究机构 Strategy Analytics 最新研究报告指出，2014 年，全球手机市场规模首次达 10 亿美元。安卓的智能手机出货量从 2013 年的 8 亿台增长至 2014 年的 10 亿台。安卓操作系统的市场份额占 81%，采用安卓操作系统的智能手机出货量首次超过 10 亿台。采用苹果 iOS 系统的智能手机出货量虽然不到 2 亿部（1.927 亿台），但却占据智能手机市场利润份额的 15%。

中国、印度尼西亚等新兴市场带动整个行业增长，2015 年这一局面将持续。新 iPhone 6 和 6 Plus 机型目前重新为苹果的增长注入活力，以及他们更大屏幕的设计迅速获得富裕消费者的认可。

2014 年，针对相对小众市场的微软操作系统手机的出货量达 3880 亿，占全球市场份额的 3%。虽然微软的 Windows 平台主导 PC 市场，但在智能手机市场继续奋力抗争，多年持续在 3% 左右的市场份额。微软仍需加强硬件合作伙伴建立自己的手机生态系统。

此外，Strategy Analytics 指出，2014 年全球智能手机用户数量达 20 亿。预测到 2015 年底，全球智能手机用户数量将达到 25 亿，占世界人口的 35%。

市场调查机构 IDC 数据也基本佐证了 Strategy Analytics 的观点。2014 年苹果和谷歌在全球平台市场所占份额合计高达 96%，其中谷歌 Android 操作系统所占据的市场份额为 81.5%，苹果 iOS 操作系统所占市场份额为 14.8%。其次是微软（2.7%）和黑莓（0.4%）。

### 二、计算机

行业研究机构 Canalys 最新数据显示，2014 年全球 PC 市场表现仍相对较为稳定，全年 PC 出货量达到了 5.28 亿台，出货量同比增长 3%。

市场调研机构 IDC 最新数据显示，2014 年全球 PC 出货量继续下滑，增速由 2013 年的 10% 下降为 2%。Mac 迎来了苹果公司成立以来最好的一个季度，出货量增长 16%，苹果也因此超过华硕成为全球第五大 PC 品牌，苹果仍然是 PC 市场的最大赢家。

低端平板电脑的表现极其疲软，主要原因就是低端平板电脑市场遭到了大屏幕智能手机的蚕食以及激烈的价格竞争机制导致此类产品的盈利能力几乎完全丧失，从而导致制造商和渠道合作伙伴的吸引力衰退。Canalys 预计，大显示屏的平板电脑将在 2015 年起到关键作用。

## 三、平板电脑

市场调查机构 IDC 最新数据显示，2014 年平板电脑出货量为 2.296 亿台，较 2013 年增长 4.4%。

从品牌看，华硕出货量要高于联想，排在第三位。苹果和三星仍分居第一和第二位。不过苹果 iPad 全年出货量较上年下滑 14.6%，三星则增长 1.1%。联想增幅最大，达到了 43.5%。亚马逊则暴跌 66.4%。全球平板电脑总出货量为 2.296 亿台，较 2013 年增长 4.4%。

腾讯发布《2014 中国平板电脑用户行为报告》指出，近 70% 的用户每天使用平板电脑，平均每天使用 1.9 小时。晚上蜗居在家使用居多数，家里和宿舍成为使用最多的地点。近五成用户和家人共用，iPad 共用比例明显高于安卓 Pad。此外，iPad 用户平均常用应用数量与安卓 Pad 用户相当。

## 四、集成电路产业

2014 年 12 月，美国市场调查公司 IHS 发布调查报告，预计 2014 年全球半导体销售额将比上年增长 9.4%，达到 3532 亿美元，实现自 2010 年以来的最高增长率。并认为，如果说 2013 年的市场扩大（增长 6.4%）主要得益于存储器领域的增长，而 2014 年整体表现都很出色，在年末假日季，各个领域的供应商都能因此而受益，可见集成电路市场较为健全。

针对半导体市场分为 28 个小领域，2013 年，这 28 个领域中有 12 个领域的业绩超过了上年，而 2014 年将有 22 个领域超过上年。2013 年 DRAM 和闪存实现了 30% 以上的增长，其他半导体产品的增长率只有 1.5% 左右。2014 年 DRAM 和闪存依然表现出色，市场将扩大约 20%，而其他半导体产品也将实现 6.7% 的增长。

## 第三节  新兴产品与细分领域市场现状与趋势

### 一、平板显示产业

根据 IHS DisplaySearch 研究表明，三星、LGE 和索尼前三大电视品牌 2014年的电视面板采购量超过了全球总电视面板出货量的三分之一，达 37%。且 2015 年该比例仍将继续扩大。预测前三大电视品牌厂商 2015 年的 LCD 电视出货量将比 2014 年增长 16%，达到 1 亿 1000 万台，同时面板需求量将占总供应量的 42%。

三星、LGE 和索尼的电视面板供应控制优势将更加明显，这将对小规模竞争厂商带来更多压力。因为这三大领先的电视厂商势必将对今年的全球面板供应带来更大影响，因此面板厂商将其列为第一优先级客户，最先满足它们的需求。

美国科技博客 Mashable 认为，2015 年美国国际消费电子展 (CES) 突出展现了未来显示技术七大趋势。一是 4K 并非终点；二是量子点技术接近现实，带来优秀的体验；三是大而薄成为主流；四是弧面屏尚未形成潮流；五是用户期望智能电视，但目前尚不是必需品；六是 2015 年将是 4K 笔记本之年；七是内容依然为王。

### 二、LED产业

市场研究机构 NPD DisplaySearch 估计，2014 到 2017 年，用于路灯、直下式背光、射灯和其他高亮度应用设备的高功率 LED 出货量年复合成长率 (CAGR) 将达 13%；该机构的 LED 照明和显示器供需季报 (Quarterly LED Lighting and Display Supply/Demand Report) 并预测，高功率 LED 需求量将从 2014 年的 185 亿颗增至 2017 年的 270 亿颗。

究其原因，虽然高功率 LED 的价格较中小功率 LED 的价格为高，不过在路灯成本结构中，LED 光源在 LED 仅在路灯总成本中占据一小部分，为了达到路灯所需要的高可靠度及性能要求，大部分厂商皆会使用可靠度较佳的高功率LED，因此推动了高功率 LED 出货量的成长。而且随着能源成本的上升，各国政府为了达到高效节能的目的，高亮度照明需求将持续成长。

### 三、物联网产业

全球管理咨询跨国公司埃森哲子公司 Acquity 最新数据显示，仅有 4% 的用户拥有物联网设备，而到 2015 年年底这个数字有望上升到 13%。预计 2019 年全球 69% 的家庭都至少有一台物联网设备。

前瞻产业研究院最新数据显示，我国物联网近几年保持较高的增长速度，2013 年我国整体产业规模达到 5000 亿元，同比增长 36.9%，其中传感器产业突破 1200 亿元，RFID 产业突破 300 亿元。预计到 2015 年，我国物联网产业整体规模将超过 7000 亿元，信息处理和应用服务逐步成为发展重点。

### 四、数字家庭

市场研究机构 StrategyAnalytics 发布了 2015 年数字家庭行业 15 大趋势和预测，分别是：1. 谷歌将凭借安卓电视撼动智能电视行业；2. 超高清电视应用加快，但一二级市场将显现；3.Windows10 将驱动 PC 销售恢复正常增长；4.Netflix 将使 2015 年美国订阅用户数下降 30%；5. 微软将推出云游戏业务；6.YouTubeMusicKey 将打破目前音乐流媒体业务的平衡；7.2015 年平板销售将恢复两位数增长；8. 平板连接数将成为恢复两位数增长；9.2015 年针对平板的全球平均售价；10. 针对传统付费电视运营商更多的 OTT；11. 从运营商处获得更多的游戏发行；12. 由于新技术和更多光纤部署，宽带速度变快；13.2015 年在智能家庭的消费者支出；14.BluetoothMesh 将成为智能家庭主要竞争者而兴起；15.2015 年将出现更多的智能家居的收购案。

### 五、智能硬件

百度发布的《中国智能硬件行业年度调研报告》显示，智能硬件产业链的不断完善、互联网基因的物联生态和巨头们的战略部署是当前智能硬件市场的显著特点。互联网公司正在做物联云平台，以此介入智能硬件。2014 年经历了"连接人与服务"到"连接人与设备"以后，互联网巨头纷纷进入智能硬件市场，并纷纷推出智能硬件单品，以及以不同角度的平台化切入。

### 六、可穿戴设备

Gartner：2015 年健康可穿戴设备的出货量将继续下滑，这是因为健康／健身类可穿戴设备与智能手表在功能上有所重叠。而随着显示器成本下降和功能通用性设计增强，2016 年健康 / 健身可穿戴设备又将回升。

摩根士丹利：在最乐观的情况下，可穿戴设备市场规模到 2020 年可以达到 10 亿部，届时它的增速将超越智能手机和平板电脑。

Forrester：可穿戴设备用户 2015 年将增长两倍。增幅将主要由苹果的 Apple Watch 带动，预计这款设备明年将吸引 1000 万用户。

中国互联网络信息中心（CNNIC）《2014 年中国网民搜索行为研究报告》显示，截至 2014 年 6 月，我国搜索引擎用户规模达 50749 万人，网民使用率为 80.3%，是中国网民的第二大互联网应用；其中，手机搜索引擎用户规模达 40583 万人，手机网民使用率达到 77.0%，是除手机即时通信以外的第二大手机应用。

# 第四十章　2015年中国电子信息制造业发展形势展望

## 第一节　整体运行发展展望

展望2015年，我国电子信息制造业从外部环境、整体产业、细分行业、产业转型四方面一致呈现出新的发展态势。尤其是2014年以来，产业突如其来的出口负增长态势，对2015年产业发展埋下了严峻的基调。但同时，应看到集成电路政策效应的显现，以及智能硬件和跨界转型的加速，将为产业注入新鲜活力。我国电子信息制造业由大变强的历史任务面临严峻挑战，但也呈现新的契机。

### 一、国内外宏观经济普遍降温

全球经济仍然处于低位徘徊，不同经济体面临挑战各异。国际货币基金组织（IMF）将2015年全球经济增速预期由4.0%下调至3.8%。由于法、德等核心国经济回暖以及希腊逆转颓废态势，三季度欧元区和欧盟GDP同比增速都好于预期。但由于通货紧缩压力上升，以及希腊政府仍面临着确保主权债务的一系列挑战，2015年欧元区表现仍然令人担忧；由于长期经济结构失衡和石油能源收入下降，俄罗斯经济下行风险增强，而其他新兴经济体也面临通缩压力，难以开启高速增长。有国际机构调查显示，38%的受访者认为全球经济正在恶化，达到两年来的最低谷。

中国经济也将在波折中低位运行，各行业领域皆面临下行压力。从2014年我国经济趋势看，从一季度的低位增长至二季度增速（7.5%）回升，再至三季度（7.3%）的下降和四季度的再回升（7.4%），可以看出，虽然货币政策、基础建设投资项目等政策引导产生了明显成效，但是由于基础脆弱，预计2015年经济基本面仍然难以出现明显回升。特别值得关注的是，房地产市场长期拐点的来临，对我国经济全面转型提出了紧迫要求。由于缺乏显著的增长点，预计2015年中国经济增速可能继续小幅下降，至7.2%—7.3%。

我国电子信息制造业也受到国内外宏观经济的深刻影响，出现了自金融危机后的首次出口负增长，产业投资不断波动。受上年基数较高以及打击对港虚假贸易等因素影响，2014年以来我国电子信息产品进出口态势极其严峻。从年初开始，我国电子信息产品进出口总额由正转负，直到11月累计出口增速才持平，12月累计出口增速由负转正。受稳健的货币政策和财政政策影响，产业投资状况同样令人担忧，规模以上电子信息产业完成固定资产投资额同比增长仅为10.5%，相较同期工业投资，电子信息制造业投资低了3个百分点，并且再创今年以来单月最低水平。预计2015年我国电子信息制造业出口有望结束负增长，投资增速约为10%，产业外部环境较为严峻。

## 二、增速面临降至个位数风险

我国电子信息制造业增速进入较低的增长区间。自一季度以来，我国电子信息制造业增速陡然下滑，直至二季度企稳回升，再至三季度基本稳定，但其中只有3个月增速高于10%，即7个月增速都出现了个位数。2014年1—12月，全产业销售产值达10.4万亿元，同比增长10.1%，比2013年同期回落1.1个百分点。成熟市场产品产量增速不断下滑，移动通信基站增长形成亮点。手机产品增速继续下降，彩电产量明显上升，移动通信基站增幅超过100%，成为重点产品的最大亮点。2015年我国电子信息制造业仍然面临着国内外市场深度调整的影响，出口难以成为产业重要增长极，但国家集成电路推进纲要等政策有望拉动产业发展，预计产业规模增长水平与2014年基本持平，保持在10%左右。

全行业整体效益有望上升。2014年，我国规模以上电子信息制造业盈利能力不断提高，支撑效益增长的重要力量持续增强。众多领域龙头企业经营效益普遍良好，个人电脑领域的利润增速再创新高，家电巨头的转型战略也促使利润增速高达18%，元件企业利润总额平均增长超过25%，集成电路制造业利润率达近年来最高水平。可以预期，2015年我国电子信息制造业在转型升级带动下，利润有望进一步提升，达到4.5%左右，不断逼近工业平均水平。

政策引导为产业发展注入新鲜活力。2014年以来，在集成电路、平板显示、光伏企业规范条件、彩电行业/手机行业品牌建设以及推进云计算创新发展等方

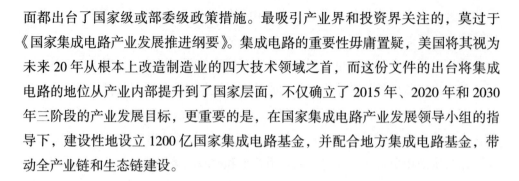

面都出台了国家级或部委级政策措施。最吸引产业界和投资界关注的，莫过于《国家集成电路产业发展推进纲要》。集成电路的重要性毋庸置疑，美国将其视为未来20年从根本上改造制造业的四大技术领域之首，而这份文件的出台将集成电路的地位从产业内部提升到了国家层面，不仅确立了2015年、2020年和2030年三阶段的产业发展目标，更重要的是，在国家集成电路产业发展领导小组的指导下，建设性地设立1200亿国家集成电路基金，并配合地方集成电路基金，带动全产业链和生态链建设。

## 三、产业增长点正在发生变化

通信设备制造业仍然是产业发展增速最快的行业，在过去的两年多时间内，成为产业快速增长的主要领军者。但是，从2013年三季度开始，由于智能手机市场正逐渐饱和，行业增速已经持续下滑。2014年1—12月，通信设备行业销售产值增速已经降至16.6%，比2013年同期下降6.6个百分点。预计通信设备行业仍将是电子信息制造业最重要的引领者，但鉴于智能手机市场的逐渐饱和，增速仍将持续下降，2015年可能降至15%以下。

家用视听行业和计算机行业出现缓慢增长。家用视听行业内销市场回暖，实现内销产值4113亿元，同比增长2.4%，高于2014年1—11月0.4个百分点；计算机行业出口增速扭转了2013年负增长局面，全年计算机行业实现销售产值同比增长2.9%，但计算机行业占全行业比重仍继续下滑。展望2015年，联想成功并购IBM X86服务器的后续效应将显现，带动提升我国服务器行业国际竞争力，以及云计算发展的巨大需求，可能带动计算机产业的发展。而随着平板显示产业自给率的不断提高，电视供应链不断完善，但智能电视面临的内容监管不确定性增加，家用视听行业发展喜忧参半。

集成电路产业在政策推进下不断追赶前进，成为产业未来3—5年的最重要增长力量。根据中国半导体行业协会统计，2014年前三个季度中国集成电路产业销售额达2125.9亿元，同比增长17.2%。其中，第一季度销售额为587.5亿元，同比增长13.4%，增速为–15.4%；第二季度为751.1亿元，同比增长17.7%，增速为27.8%；第三季度为787.3亿元，同比增长19.7%，增速为4.8%。受益于全球经济形势继续好转，特别是以便携式移动智能设备、智能手机为代表的移动互联设备的快速增长，预计第四季度中国集成电路市场将继续平稳增长。《推进纲要》

的发布以及首轮数亿的投资基金将会带来广阔发展空间，预计2015年集成电路产业将成为拉动产业发展的重点，逐渐确立在产业中的基础性、引领性作用。

## 四、智能硬件与跨界转型成为关键词

手机制造商加紧转型可穿戴设备。一方面，我国智能手机发展逐渐成型，我国智能手机厂商已经具有世界级规模，具有挑战新兴领域的实力；另一方面，智能手机增长从高增长区间进入正常增速，推动智能手机厂商对新型领域的布局。2015年，苹果将正式推出可穿戴手表Apple Watch，这一款被期待的明星产品可能点燃可穿戴市场。国内智能手机巨头也积极布局可穿戴领域，小米已投资25家公司智能硬件相关公司，涉及网络监控头、智能血压计等领域，有望拓展小米用户群黏度，进一步提升增值服务类型和方式；联想10月首次曝光了首款智能手环sw-b100，并且随着对摩托罗拉收购的进行，Moto360等可穿戴产品也将进一步充实联想的可穿戴家庭。2015年美国消费电子展（CES）期间，中兴、华为也有望推出智能手表等可穿戴新品。

计算机、家电企业增强全产业链智能化。紫光集团通过对国内芯片龙头企业展讯通信和锐迪科的并购，在短时间内跻身全球芯片设计企业前20名，并一举成为内地芯片设计行业的龙头企业，迅速进入芯片行业全球第一梯队，对于改变目前我国芯片设计业过于分散、企业规模过小的发展困局具有极其重要的示范效应。湘鄂情与安徽广电联合，跨界进入安徽省家庭智能有线电视云终端，而海尔电视和阿里巴巴联手发布海尔阿里智能电视，这些举动都可能成为2015年智能电视和智能家居领域跨界合作的风向标。

智能汽车可能成为下一个跨界竞争新领域。智能汽车涉及电子元器件、芯片、软件、互联网等电子信息领域，技术的融合、产品的融合、业务的融合和模式的融合。国际IT巨头已经积极入局智能汽车领域，如苹果、谷歌、微软将移动智能终端操作系统向汽车迁移，IBM发挥大数据、云计算等方面优势开发全方位联网移动汽车解决方案，而国内的小米、中科博太等企业，也开始积极关注向智能汽车领域的跨界发展，发挥既有的智能操作系统生态圈优势，或通过掌控智能芯片等核心关键技术，实现信息技术与智能汽车的融合。

## 第二节　重点行业展望

### 一、计算机行业

2015 年，随着国内经济结构的不断调整，以及云计算、移动互联网、大数据、4G 移动通信等引发的新一轮 IT 系统建设及业务投资落地，我国计算机制造业仍将保持"稳中有升"态势，行业增速维持在 2.5% 到 3% 之间，但行业长期提振因素依然缺乏。

#### （一）多芯竞争

目前市场上呈现 x86、ARM、POWER 多元演进态势。我国服务器芯片走了一条自主发展与引进消化吸收再创新相结合的路线。一方面大力推进基于 MIPS 架构的自主芯片龙芯，另一方面扩大现有 x86 架构的国产服务器的市场份额，并与 IBM 开展基于 POWER 架构指令的授权，力争形成自定义能力。预计 2015 年，在 x86 领域，中国厂商的技术实力和市场影响力将进一步增强，国产 x86 服务器国内市场份额有望接近 60%，并在国内涉及金融、电力等重要行业关键业务领域得到广泛应用。在非 x86 领域，国内以开放 POWER 处理器为核心的产业生态圈将逐渐成型，具有自主定义能力的 POWER 芯片服务器有望推出并进入国内市场。

#### （二）定制领跑

定制化服务功能的开启，成为当前服务器厂商们竞争走出同质化的突破口。在超大规模数据中心使用的服务器，通常对处理器、主板、机架、扩展单元、存储单元等方面，都有着自己的要求，需要通过某些"硬件重构"，在功耗、输入 / 输出能力方面做到通用服务器难以达到的改善。预计 2015 年的服务器市场，融合架构和集成系统将会获得快速发展，高端定制化服务器市场将成为厂商争夺的焦点。

#### （三）自主产品的大规模行业应用

近年来，全球范围的信息安全事件多发，国家层面针对信息安全领域的各种政策密集出台，信息安全问题已上升为国家战略。我国信息技术企业已在相关领域全面布局，研发投入和市场拓展投入巨大并形成一定成果。2015 年，以自主核心芯片和国产操作系统平台为核心，我国将在对信息安全影响巨大的高端服务器、工业控制、网络设备等关键领域形成重要突破，自主信息技术产品和信息系统在重点行业实现大规模应用。

## 二、通信设备行业

### （一）新兴市场成为我国企业突破瓶颈的主战场

2015 年全球市场和国内市场智能手机的出货量将同比增长 6.8% 和 7.1%，而全球市场平板电脑的出货量将增长 8.0%，增速首次降至个位数。但新兴市场表现优异，预计 2015 年市场增速达到 33.3%，其中印度市场增速高达 63.5%，是我国市场增速的 9 倍，其余市场如东南亚、非洲和南美洲等地也将会依然保持高增长率发展态势。从市场数据看，我国企业亟待加快部署"走出去"战略，新兴市场是我国企业走向全球的主战场。

### （二）寡头竞争态势日趋明显，市场整合步伐加快

近几年，全球前五名的智能手机企业市场份额总占有率超过 50%，2014 年第三季度三星、苹果、小米、联想和 LG 五家企业市场份额总计超过 50.1%。芯片行业更为严重，在 3G 和 4G 领域，高通公司一家独大，占据 95% 以上的市场份额和 66% 以上的销售收入，行业过早进入寡头竞争时代。未来，随着高通垄断时代的结束，国内企业间知识产权纠纷频发，专利缺乏的中小企业或山寨品牌将会被洗牌，从而淡出市场。市场整合步伐的加快将导致"大者恒大"，"弱者愈弱"，最终会加剧寡头竞争态势。

### （三）安卓阵营整体向中高端转型，高端市场竞争加剧

目前，智能手机产业出货量中，安卓阵营占据 80% 以上的市场份额，但高端产品主要由三星等极少数公司把控。同时，智能手机盈利方面，苹果、三星两家公司占据了行业的 96% 以上利润，HTC、索尼和微软诺基亚等处于亏损状态，我国全部企业利润总额不足 4%。我国智能手机企业利润额严重偏低，主要是由于高销量、低价格等原因导致。目前，安卓阵营中的企业如华为、小米、酷派等均已认清现状，摆脱机海战术，正在全面积极向中高端市场转型。同时，随着高通反垄断案的结案，国产智能手机行业的利润率有望提升至 10% 左右。

### （四）新技术、新产品层出不穷，产业进入后摩尔时代

随着产业成熟和竞争激烈，移动智能终端产业产品和技术的创新迭代加

快，产业发展已经打破业界主流定律。其中，核心技术如64位处理器，十六核/三十二核、4GB/8GB内存、10nm工艺制程等进入常态化，智能终端的发展突破摩尔定律和贝尔定律。此外，4K/8K显示屏、曲面显示、蓝宝石屏幕、可折叠屏幕、无边框技术，软硬件安全化等新兴技术的接连出现，也昭示了智能终端产业的后摩尔时期。未来，智能手机的软硬件性能将追赶PC，以用户需求为主的应用程序和硬件配置占据核心地位。

### （五）平板手机与平板电脑融合，进一步侵蚀 PC 市场

从市场层面来看，平板电脑并非是用户刚需，其定位也只是娱乐用品。未来，随着智能手机屏幕的不断变大，平板电脑尺寸不断缩小，平板电脑将与大屏幕智能手机融为一体，成为大尺寸平板手机。在平板电脑市场需求日益缩小、用户饱和度逐渐提升的情况下，平板手机将成为人类的主导性计算设备。而平板手机市场规模的扩大，将进一步侵占 PC 的市场空间。平板手机将成为通讯、娱乐、社交和办公的主要工具。

### （六）低端智能手机硬件"零利润"，新的商业模式涌现

随着移动互联网的迅猛发展和电子信息制造业技术的不断提升，硬件配置和原材料成本日益下降，低端智能手机将向硬件零利润过渡，用户可不付费或少付费购买低端智能手机。智能手机仅扮演着应用程序分发渠道和应用入口的角色，规模以上企业靠提供应用软件和增值服务业务赚钱成为大势所趋。新的商业模式如企业把运营成本、硬件毛利、大量的广告费、渠道费等全都让利给用户，从而在应用分发、游戏联运、电商等方面实现盈利。

### （七）技术创新能力成为决定智能手机企业竞争力的关键

我国智能手机产业增速及市场规模连续多年全球领先，已成为全球最大的智能手机生产和出口国。华为、中兴、联想、酷派、小米等国产品牌稳居全球出货量前十位，市场影响力持续扩大，迈入了国际化发展的新阶段。在新的起点上，我国智能手机行业既有望迎来全球产业链话语权加重、新兴市场需求快速增长、整机利润率提高等机遇，又必将面临同质化竞争加剧、专利诉讼风险加大、国际化发展遇阻等挑战。产业竞争更加激烈，市场重构即将到来。预计 2015 年，智能手机企业在加强品牌建设、产业链整合的同时，会更加注重决定技术、产品发展的关键环节，夯实并不断提升技术创新能力将成为重中之重。

## 三、家用视听设备行业

### （一）视听产业发展保持平稳，延续低速增长态势

世界经济发展形势依然复杂，不确定因素对视听产业发展构成一定影响。Wits View 数据显示，2014 年全球液晶电视出货量增速仅为 3%，较为低迷的全球市场对我国彩电产业也产生了一定影响。随着刺激彩电高速增长的人口红利和政策红利的消失，低速增长甚至负增长将成为彩电产业发展的新常态。彩电市场的增长动力将逐渐从增量市场转向存量市场。据奥维咨询预测，2015 年我国彩电零售量、零售额仍将分别同比下降 1.5%、6.9%。未来显示技术的创新虽能激发部分需求，但不足以形成大规模的升级换代的现实需求，不能使现有市场格局发生彻底改变。同时品牌竞争亦会加强。将来产品、技术、品牌、渠道以及商业模式的集成创新成为取胜的关键。预计 2015 年我国视听电子产业将保持稳中趋缓的发展态势，其中，智能电视、超高清电视等产品进一步快速发展，将成为产业发展新的利润增长点。

### （二）新型显示技术持续演进，人机交互方式更趋灵活

随着新型显示技术的加快应用，电视显示效果不断提升，显示应用灵活性持续增强，超高清显示、激光投影显示、柔性显示、OLED、量子点显示等技术的发展推动电视的成像方式、产品形态发生变化，彩电也逐渐向超高清分辨率和大尺寸演进，使电视的现场感和真实感的大为提升。Displaysearch 预测，2015 年，全球量子点电视出货量预计将达 130 万台，IDC 数据显示，2015 年全球超高清电视出货量将达 1000 万台，中国 OLED 电视出货量达 15 万台，中国智能电视渗透率达 80%。新型人机交互技术是智能电视技术创新的重要方向之一，传统的遥控器已不能满足控制和交互的需要，语音、手势、体感等新型交互技术将得到广泛应用，手机和可穿戴设备等控制方式持续探索，极大提升交互应用的灵活性；低功耗和节能技术将加强推广应用，有效提高了电视机产品的节能环保水平。

### （三）产业融合创新步伐加快，生态体系面临重构

随着信息技术的不断发展，"4C"融合的不断深入，我国数字视听产业将从单纯整机生产向上游高附加值领域延伸，从产品制造向内容服务、运营服务和生产服务等领域渗透，产业集群将加速从成本导向型向创新驱动型升级，形成以融合创新为特征新产品和服务形态，使生产与服务融合、软件与硬件融合的趋势愈

加明显。以智能电视为例，智能电视以多样化应用服务为核心，商业模式向"制造＋内容＋服务"方向创新发展，下一代互联网、下一代广播电视网、物联网、云计算、新一代显示、人机交互、内容保护与可信安全等新技术广泛应用，彩电企业向产业链上游延伸，同时也加快推动了制造业与服务业更深层次的融合发展，丰富的应用服务已成为智能电视可持续发展的重要推动力。计算机厂商、互联网厂商、数字内容提供商等通过整合资源将向视听整机领域渗透，从而实现产业链上下游协同发展，实现制造与运营融合、终端与内容融合、网络与业务融合，跨企业、跨行业之间的竞争与合作将不断加剧。

### （四）家庭互联网入口逐步形成，数字家庭发展升级

智能电视是智慧家庭的重要信息化入口，有广阔的发展前景。随着智能电视产品创新和生态系统建设的不断完善，智能电视在家庭互联网中的核心地位进一步巩固，成为各方布局的焦点。中国电信推出以智能电视为核心的智慧家庭服务平台"悦 me"。该平台与牌照方、内容方合作，提供丰富的视频内容和教育、健康、购物和社区等服务。阿里巴巴数字娱乐事业群对外发布了家庭数字娱乐生态战略，邀集了华数、EA 等生态合作伙伴厂商，构建"影视＋音乐＋游戏＋教育"的内容生态联盟。2014 年 8 月，海尔电视和阿里数字娱乐拟于 9 月发布智能电视系列新品，为智能电视在线玩游戏、购物、观看 4K 视频提出全新解决方案。2014 年 12 月，小米参股美的，全面布局智慧家庭产业。未来围绕"客厅"的竞争变得异常激烈，运用新的商业模式占据客厅入口，通过打造功能强大的服务平台，成功构建企业专属智能家庭生态圈成为企业的主要发展战略。

## 四、平板显示行业

### （一）平板显示产业规模稳步扩大

2015 年，平板显示产业将呈现平稳发展态势。全球平板显示产值仍将保持年均 5% 左右的增长，我国则将保持 40% 左右的快速增长。其中液晶显示仍将是平板显示的主流，以 LTPS TFT 和 Oxide TFT 技术为背板技术的 AMOLED 技术可能会出现快速发展势头，另外，激光显示、柔性显示、3D 显示等新兴技术也具有较好的发展前景。

## （二）产业转移进程明显加快

我国是世界上最大的显示终端生产国和消费国，预计到 2015 年我国彩电产量将超过 1.5 亿台，其他电子终端产品也将持续增长，从整体供需的角度看，受经济危机影响，国际大厂放缓了产能投资，而近三年来我国的集中建线为承接全球新型显示产能转移提供了良好条件，全球平板显示产业布局向中国转移的进程将明显加快。

## （三）产业布局进一步合理

随着多条高世代线的建设，我国平板显示产业布局将更加合理。预计 2015年，我国平板显示产业集中度将进一步提高，京津唐、长三角、珠三角以及成渝鄂等四大产业聚集区都将拥有高世代线。为配合地区终端需求，各产业基地在面板生产线和产业链上下游布局方面均有所取舍，发展各具特色。珠三角地区将有 2 条 8.5 代高世代线建成投产，进一步满足广东、福建等电视生产基地的面板需求，稳定供给。以重庆、成都、武汉为代表的川渝鄂地区着重在中小尺寸面板和触摸屏方面展开布局，将进一步完善该区域移动智能终端产品产业链建设。

## （四）价格战和专利战一触即发

2015 年，随着我国新型显示产业的发展壮大，全球平板显示市场竞争的日益激烈，国外竞争对手开始采取价格、专利、标准、法律等多种手段打压国内企业，在我国产业链建设和市场开拓方面制造障碍。由于我国平板显示产业起步晚，企业建线时间短，产线折旧大都没有完成，而且我国产线折旧期本就长于国外企业，因此，价格战成为竞争对手打压我国企业的首选。由于我国是韩国和我国台湾地区液晶面板的主要出口地，其产业迫切需要我国液晶面板实现进口零关税，因此液晶面板成为相关经济贸易谈判中的重中之重。

## （五）提高色彩表现范围成为技术创新热点

技术进步推动传统产品提升竞争力。继 3D、4K 之后，显示技术高附加值化竞争的新竞争核心已经明确成为"扩大 TFT–LCD 的色彩表现范围"。采用量子点的光学材料置于背光与液晶面板之间，使得 TFT–LCD 的色域达到或超过 OLED的水平。夏普与高通子公司合作开发的微机电快门（MEMS）型显示器也达到了同样的水平。

## 五、太阳能光伏行业

### （一）生产规模持续扩大

展望 2015 年，随着下游应用市场的不断扩大，对多晶硅市场需求也在提高，另外，我国新增产能投产和复工产能利用率逐步提升，预计我国多晶硅产量将达到 14 万吨，产品价格仍将在 20 美元 /kg 以下，企业仍将承受低价压力。在电池组件方面，随着光伏行业的整体好转以及由于组件价格下降使得光伏发电成本不断逼近甚至达到平价上网，预计我国光伏组件有望超过 35GW，产业集中度进一步提高。但是由于国内大型地面电站的电力消纳和分布式应用推动进展缓慢问题，不确定性因素增大，此外日本市场也缺乏发展后劲，美国对我"双反"正如火如荼，欧盟也启动对我出口组件产品的贸易规避措施调查，这些不利因素都将给企业带来供需及经营压力。

### （二）技术不断进步

展望 2015 年，技术进步仍将是产业发展的主题。预计产业化生产的多晶硅电池转换效率将超过 18%，单晶硅电池有望达到 20%，主流组件产品功率将达到 260—265W。硅烷流化床法多晶硅生产工艺有望实现产业化生产，单晶连续投料生产工艺和 G7、G8 大容量铸锭技术持续进步，金刚线切割技术将得到进一步应用，PERC 电池、N 型电池有望实现规模化生产。但是也应看到，技术进步给晶硅组件成本下降的空间越来越小，新技术、新商业模式正快速崛起。新型太阳能电池如钙钛矿电池，理论转换效率达到 50%，短短五年电池转换效率已从 3.8% 提升至 20% 以上，电站资产证券化也在力促制造企业与投资商合作推动商业模式创新。

### （三）兼并重组进程不断加快

在政府政策引导、金融机构支持下，企业兼并重组进程将不断加快。工业和信息化部发布了《关于进一步优化光伏企业兼并重组市场环境的意见》，一定程度上消除了兼并重组过程中的政策性障碍，金融机构也在通过相关政策性基金支持企业加强兼并重组，为企业兼并重组创造了良好的政策环境。《光伏制造行业规范条件》相应指标的提升也进一步提高了光伏企业的技术门槛，其与国内其他政策的进一步协调融合也将加快落后产能的淘汰。同时，随着市场的良性发展，光伏行业发展逐渐呈现了"大者恒大、弱者愈弱"的"马太效应"，那些竞争力不强、经营情况不好的光伏企业将逐步通过重组退出光伏市场，而龙头光伏企业将通过收购其他企业扩大产能以抢占市场份额，或获得先进生产技术。

### （四）市场稳步增长

展望 2015 年，在光伏发电成本的持续下降、政策的持续利好和新兴市场快速兴起等有利因素的推动下，全球光伏市场仍将持续扩大。预计 2015 年全球光伏新增装机量将达到 50GW，我国在 2014 年结转项目和 2015 年新增项目带动下，将达到 15GW，分布式光伏应用将在光伏扶贫等驱动下，规模将进一步增大。但是，受限于光伏发电成本、补贴总额和消纳能力，随着装机规模的不断扩大，特定区域的装机量也将受限于消化瓶颈，这就需要尽快解决电力消纳问题，同时促进企业不断开拓新兴市场，转变发展战略，从生产商转向服务商。光伏应用方式也应从"粗放式"向"精细化"方向发展，继续拓宽光伏应用深度与广度。

## 六、半导体照明（LED）行业

一是预计 LED 产业上游将以整合为主，利好龙头企业。随着一批 LED 芯片和封装企业退出，预计 2015 年上游市场集中度进一步提高。龙头企业具有技术优势和规模效应，虽然产品价格仍将小幅下降，但盈利能力随着开工率和良率提高将开始逐步回升。

二是预计下游 LED 照明市场将进一步放开，商业模式创新助力企业腾飞。LED 照明产品的技术含量高、使用年限长、其经济效益体现在节能效果上，因而客户更加重视照明企业的产品质量和服务能力。通过 EMC、垂直电商等商业模式创新，新兴品牌将避开传统实体渠道红海竞争，同时专注出口的企业能够分享快速成长的全球市场。

## 七、电子材料、元器件及专用设备行业

2015 年是我国"十二五"规划收官之年，同时也是创新驱动发展战略全面实施之年，随着科技体制改革进一步深入，创新活力开始凸显，加上国家资金引导、社会资本投入，电子材料、元器件及专用设备行业有望迎来新的快速发展阶段，开始由"量变"向"质变"转化。

### （一）产业呈现加速增长态势

展望 2015 年，全球主要国家积极部署智能制造，加快传统制造业转型升级，加速新能源、新能源汽车等战略性新兴产业快速增长，将进一步带动全球基础电

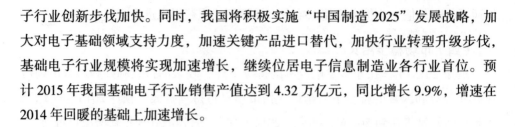

子行业创新步伐加快。同时，我国将积极实施"中国制造2025"发展战略，加大对电子基础领域支持力度，加速关键产品进口替代，加快行业转型升级步伐，基础电子行业规模将实现加速增长，继续位居电子信息制造业各行业首位。预计2015年我国基础电子行业销售产值达到4.32万亿元，同比增长9.9%，增速在2014年回暖的基础上加速增长。

### （二）创新意识持续增强

2014年，第27届中国电子元件百强企业研发投入强度达到3.7%，全年研发经费增长均超过收入增速。企业专利成果丰硕，京东方2014年新增专利申请量超过5000件。参与国际标准制定的话语权不断增强，2014年我国积极主导制定了在射频连接器、同轴通信电缆等领域的国际标准，对自主技术和产品走出去起到了重要的推动作用。重点技术领域不断取得突破，28纳米处理器成功制造，国内首款智能电视SoC芯片研发成功并量产。展望2015年，随着创新驱动发展战略持续实施，加上科技体制改革开始深入，企业创新意识持续增强，创新活力不断激发，专利申请量将明显增加，高水平创新成果不断涌现，我国基础电子产业创新能力将得到显著提升。

### （三）企业加快国际布局

随着我国基础电子行业企业实力不断增强，为了抢占国际市场，纷纷走出国门，开展全球布局，尤其是近两年在我国实施"走出去"战略的推动下，基础电子企业全球布局步伐加快。集成电路方面，长电科技在国家集成电路产业投资基金的支持下花巨资收购全球第四大封装厂新加坡上市公司星科金朋，目前已经达成协议，2015年将完成收购工作，这也是我国集成电路行业首个跨国并购案例。太阳能光伏方面，欧美光伏行业持续低迷，不少企业处于破产倒闭边缘，给我国企业提供了国际布局机遇。我国企业将有更多向欧美进军，以进一步提升自身实力，打开欧美以及新兴市场。

## 第三节　重点区域发展展望

### 一、长三角地区发展展望

#### （一）"长江经济带"建设为长三角地区电子信息产业进一步快速发展创造环境优势

长三角地区地处"一带一路"的核心区域，推进"一带一路"建设要抓住关键的标志性工程，帮助有关沿线国家开展本国和区域间交通、能源、电力、通信、商贸、IT制造、信息服务等基础设施规划，共同推进前期预研，提出一批能够照顾双边、多边利益的项目清单，并最终实现落地结果。而长三角地区在电子信息制造业领域拥有明显优势积累，因此，随着"一带一路"战略的不断深化落实，长三角地区的优势地位将进一步得到显现。

#### （二）产业转型升级为长三角地区电子信息产业合作提供新动力

长三角地区是中国经济发展的主引擎之一，但近年受到全球金融危机的影响和内部环境资源约束，区域发展模式和路径亟须调整和转变。在长三角地区开展前瞻性电子信息技术合作研究，更好地把握国内外信息技术、信息产业、信息化应用现状和趋势，逐步推进信息化与工业化融合发展，在更大范围内整合优势资源，有利于提高区域产业的协同效率；探索建立更有效的技术合作模式，推动形成以技术标准和规范为核心的产业集群，更有利于增强区域内整体产业的竞争力。

#### （三）城市化、区域一体化进程加快为区域电子信息产业合作深化提供新空间

持续推进城市化进程，提高城市的综合承载能力和水平，加速推进区域一体化发展是长三角地区下一步发展电子信息技术产业的重要任务。城市化进程加速必定为区域合作带来更大空间。上海加快建设"四个中心"和现代化国际大都市，亟须在社会民生、城市综合安全、航运交通、产业合作等领域与周边城市全面对接；南京、杭州、合肥、苏州、无锡、宁波等区域性中心城市要进一步释放地区潜能也必须快速打通上海这个国际出口通道，建立通畅、宽阔的信息渠道；区域一体化、同城化发展需求为深化电子信息技术领域合作提供了更大空间。

## 二、珠江三角洲地区发展展望

2015 年，在国家大力推动信息消费、智能制造、产业转型升级的形势下，珠三角地区电子信息产业仍将延续较好发展势头。电子信息制造业转型升级步伐加快，新型平板显示全产业链逐步成型，手机、彩电等终端产品基本完成智能升级。软件和信息服务业进一步瞄准移动互联、云计算/大数据、物联网等新兴业态，积极促进两化深度融合，提升信息服务水平。

### （一）产业增速步入稳步增长阶段

2015 年珠三角地区电子信息产业规模增速将步入稳步增长阶段，完成销售收入总规模有望达到 3.76 万亿元，同比增长 9%，增速较 2014 年有所回落。其中，受智能手机、智能电视等新产品增速放缓影响，电子信息制造业预计实现销售收入 3.1 万亿元，同比增长 7.6%，增速较 2014 年下滑 0.5 个百分点；在两化深度融合、信息惠民等重大工程的带动下，软件和信息服务业将持续快速增长势头，预计实现业务收入 6600 亿元，同比增长 15.3%，增速同比 2014 年下滑近 4 个百分点。

### （二）新技术、新业态加快发展

随着国家集成电路产业投资基金开始运作，广东省正在推动设立省级集成电路产业发展投资基金，扶持一批集成电路创新企业和重大项目，这将大大加快珠三角地区集成电路产业发展步伐，完善集成电路产业链。同时，珠三角地区将继续举办中国手机设计大赛和手机创新周，积极培育可穿戴设备等产业新增长点，支持智能终端产业链技术交流和产业协作，打造产业生态圈。广东省正在着手制定《广东省自主时空信息服务"十三五"规划》，建立技术创新平台和应用服务平台，将极大推动珠三角地区自主信息服务产业创新发展。随着广东省继续加快物联网产业示范基地和物联网工程技术创新中心建设，2015 年培育 10 家示范基地、100 家重点示范企业，珠三角地区将凭借良好的产业基础成为广东省物联网产业的发展中心。

## 三、环渤海地区发展展望

### （一）地区带动作用进一步凸显、产业规模继续扩大

伴随着京津冀一体化速度的加快，环渤海地区大市场优势更加突出。预计"十三五"期间，环渤海地区电子信息制造业中的集成电路、计算机及网络设备、

智能移动终端、视听及平板显示以及太阳能光伏等领域将获得全面发展，战略性新兴产业如云计算、大数据、移动互联网、物联网、智能智造、智慧城市等也将随着地区性经济一体化的进一步成熟而实现产业化。此外，随着环渤海地区的继续发展，信息产业的产销规模继续提升，但增速有所趋缓。

### （二）科技创新加快，传统产业依托信息化转型升级速度变快

环渤海地区传统工业占比较大，生产性企业普遍面临调结构、促增长的关键时期。而环渤海地区高端知识人才密度大，科技创新实力高于全国普遍水平，战略性新兴产业发展迅速。随着两化融合的深度推广，科技创新将加快促进传统产业转型升级。高新技术产业继续引领地区产业结构转型。部分传统工业，如船舶行业、新能源行业将从路径依赖发展成路径创新的模式。高新技术产业引领产业结构转型是环渤海实现地区经济转型、抢占发展制高点、保持经济稳定持续健康增长的重要途径之一。

### （三）信息技术支撑经济社会发展的重要位置逐渐凸显

未来，环渤海地区将基本实现信息通信技术广泛应用。在经济社会各领域推广应用信息通信技术，实现与生产制造和经营管理深度融合，在政府管理和社会公共服务领域普遍应用，向商业活动和社会其他领域全面渗透。全面建成面向农村的信息服务体系。此外，通信技术将对环渤海地区在节能减排方面起到带动作用。节能降耗、绿色环保新技术全面应用，预计到"十三五"末，环渤海主要城市单位电信业务总量综合能耗比"十二五"末降低10%。

## 四、福厦沿海地区发展展望

### （一）产业高度集聚，地区带动作用进一步加强

福厦沿海地区经过30多年的发展，已经成为我国电子信息产业发展的重点区域之一，为我国电子信息产业整体核心竞争力的提升做出了重要贡献。福州、厦门、漳州、泉州、莆田五个区市是福建电子信息制造业的核心区域，福州、厦门则是福建软件业的核心区域。园区作为产业集聚载体的作用将进一步显现，福建省信息产业园区年产值占全部信息产品制造业总产值将达三分之二以上。福建省内国家级电子信息产业园区将继续发挥引领带动作用，辐射周边区域，拉动经济转型升级。特别是作为全国唯一的"光电显示产业集群试点"的厦门火炬高新

区的辐射带动作用十分显著,福州作为国家高技术产业基地的地位将进一步巩固。未来几年,福厦沿海地区对周围地区经济、产业发展的带动作用将进一步加强。

### (二)产业结构持续优化,新兴产业发展提速

福厦沿海地区电子信息制造业产业结构进一步优化升级,计算机、网络通信和数字视听等基础优势产业规模不断扩大,新技术新应用升级换代,彩电实现数字化、网络化、智能化,移动通信实现3G向4G的升级过渡,各种智能终端、物联网设备和节能产品层出不穷。结合云计算、物联网、大数据产业的快速发展,以及软件和信息服务业比重的稳步提升,产业链配套完善水平进一步提升,从上游终端制造到下游应用服务的产业链不断完善。新型显示、LED、物联网和光伏等战略性新兴产业发展迅速,将成为福建省电子信息产业的新增长点。未来数年,福厦沿海地区新兴产业将聚集一大批产业链相关企业,技术创新能力和产品研发水平不断提升,产业活力和可持续发展能力不断提升。

### (三)对外开放水平提升,海峡互通渠道优势日益增强

福厦沿海地区紧盯信息产业创新成果和前沿领域,跟踪国际信息产业转移态势,引导本地企业与跨国公司加强联合与合作,鼓励跨国公司在福建设立研发中心。按照完善产业链、提高产业集中度的要求,进一步引导外商以兼并重组、风险投资和投资基金等多种方式推动福建信息产业的结构调整和升级,推动福建省信息产业由价值链环节的低端向高端转移。随着我国电子信息产业整体发展环境的不断完善以及海峡两岸关系的不断改善,福厦沿海地区已成为海峡两岸互通发展的重要渠道之一。对于这一有利条件的充分利用,将使福厦沿海地区电子信息产业在未来几年内加速发展,成为东南沿海地区产业发展的核心聚集区,并在全球电子信息产业发展中体现出更为重要的价值。

## 五、中西部地区发展展望

### (一)产业规模保持快速增长势头

"中国制造2025"发展战略的实施为中西部地区承接产业转移提供了新的契机,预计2015年,中西部地区仍将延续"十二五"以来的良好发展局面,加快产业转型升级步伐,电子信息产业规模将实现加速增长,增速继续位居全国领先水平。2015年,中西部地区电子信息产品制造业有望实现主营业务收入23000

亿元，占全国电子信息产业比重将进一步提高，预计将达到29%。

## （二）政策扶持力度进一步加大

随着东部地区产业发展进一步成熟，党中央、国务院将加大中西部地区崛起的重大战略决策力度，促进西部大开发和振兴老工业基地的速度。扶持政策将以中西部地区发展特色为出发点，充分发挥当地比较优势，围绕市场配置资源的原则，实现资源优化分配。改变"一刀切"的政策扶持方式，保障中西部地区因地制宜的可持续发展。预计2015年国家对于中西部和东北地区，支持力度将继续加大，特别是在重大规划、重大政策、重大改革、重大项目审批核准和资金安排方面给予支持和倾斜。对中西部城市倾斜的电子信息产业大项目的投资会继续增多。

## （三）生态保护和工业发展之间的矛盾成为新时期的关键问题

随着中西部地区承接产业转移的力度不断加大，产业为中西部带来的污染转移问题也日益严重，如何避免东部地区先开发后治理的被动局面出现，将是未来一段时间中西部地区发展的关键问题。2015年是"十二五"规划的收官之年，也是"十三五"规划的开局之年，是中西部地区进一步发展的关键时期，也是在2020年前全面建成小康社会的攻坚期，解决好发展与保护之间的矛盾将成为中西部地区未来一段时间发展的重点，在预防、支持、补偿以及加强执法力度等方面将有更多的措施和手段。

# 后 记

　　《2014—2015 年中国电子信息产业发展蓝皮书》由赛迪智库电子信息产业研究所编撰完成，力求为中央及各级地方政府、相关企业及研究人员把握产业发展脉络、了解产业前沿趋势提供参考。

　　参加本课题研究、数据调研及文稿撰写的人员有：中国电子信息产业发展研究院罗文、安晖、王世江、温晓君、耿怡、李扬、李艺铭、林雨、江华、余雪松、宋德王、潘江玲等。在研究和编写过程中，本书得到了工业和信息化部电子信息司领导，中国光伏产业联盟、中国半导体照明 /LED 产业与应用联盟、中国 OLED 产业联盟等行业组织专家，以及各地方工信部门领导的大力支持和指导。本书的出版还得到了院软科学处的大力支持，在此一并表示诚挚感谢。

　　本书虽经过研究人员和专家的严谨思考和不懈努力，但由于能力和水平所限，疏漏和不足之处在所难免，敬请广大读者和专家批评指正。同时，希望本书的出版，能为我国电子信息制造业的健康发展提供有力支撑。

# 研究，还是研究
# 才使我们见微知著

| | | |
|---|---|---|
| 信息化研究中心 | 工业化研究中心 | 规划研究所 |
| 电子信息产业研究所 | 工业经济研究所 | 产业政策研究所 |
| 软件与信息服务业研究所 | 工业科技研究所 | 财经研究所 |
| 信息安全研究所 | 装备工业研究所 | 中小企业研究所 |
| 无线电管理研究所 | 消费品工业研究所 | 政策法规研究所 |
| 互联网研究所 | 原材料工业研究所 | 世界工业研究所 |
| 军民结合研究所 | 工业节能与环保研究所 | 工业安全生产研究所 |

编 辑 部：赛迪工业和信息化研究院
通讯地址：北京市海淀区万寿路27号电子大厦4层
邮政编码：100846
联 系 人：刘颖 董凯
联系电话：010-68200552 13701304215
　　　　　010-68207922 18701325686
传　　真：010-68200534
网　　址：www.ccidthinktank.com
电子邮件：liuying@ccidthinktank.com

**赛迪智库**
面向政府 服务决策

# 思想，还是思想
# 才使我们与众不同

| | | |
|---|---|---|
| 《赛迪专报》 | 《两化融合研究》 | 《装备工业研究》 |
| 《赛迪译丛》 | 《互联网研究》 | 《消费品工业研究》 |
| 《赛迪智库·软科学》 | 《信息安全研究》 | 《工业节能与环保研究》 |
| 《赛迪智库·国际观察》 | 《电子信息产业研究》 | 《工业安全生产研究》 |
| 《赛迪智库·前瞻》 | 《软件与信息服务研究》 | 《产业政策研究》 |
| 《赛迪智库·视点》 | 《工业和信息化研究》 | 《中小企业研究》 |
| 《赛迪智库·动向》 | 《工业经济研究》 | 《无线电管理研究》 |
| 《赛迪智库·案例》 | 《工业科技研究》 | 《财经研究》 |
| 《赛迪智库·数据》 | 《世界工业研究》 | 《政策法规研究》 |
| 《智说新论》 | 《原材料工业研究》 | 《军民结合研究》 |
| 《书说新语》 | | |

编 辑 部：赛迪工业和信息化研究院
通讯地址：北京市海淀区万寿路27号电子大厦4层
邮政编码：100846
联 系 人：刘颖 董凯
联系电话：010-68200552 13701304215
　　　　　010-68207922 18701325686
传　　真：010-68200534
网　　址：www.ccidthinktank.com
电子邮件：liuying@ccidthinktank.com